绍兴文理学院出版基金资助

大学文化传承创新研究

——审视大学第四功能

张代宇　著

中国纺织出版社有限公司

内 容 提 要

教育的本质在于通过文化传承与创新，使人们实现对自然生命的超越和升华，使人格被唤醒。大学是一个文化综合体，对大学第四功能"文化传承创新"的重视契合了教育的本质。本书基于大学"第四功能"视角统摄大学文化传承创新研究，系统阐述了文化内涵，大学文化与人才培养、科学研究的内在联系，大学与城市文化的互动，大学对新时代、新形势的回应等。充分彰显了"大学"这一"文化综合体"在立德树人与城市文明建设中的地位，呼吁大学和城市管理者站在更高视角考量大学文化。

本书可为从事大学文化研究和思想政治教育研究的学者们提供参考。

图书在版编目（CIP）数据

大学文化传承创新研究：审视大学第四功能/张代宇著 . -- 北京：中国纺织出版社有限公司，2023.5

ISBN 978-7-5229-0590-7

Ⅰ. ①大… Ⅱ. ①张… Ⅲ. ①高等学校－校园文化－研究 Ⅳ. ①G647

中国国家版本馆 CIP 数据核字（2023）第 083079 号

责任编辑：沈 靖 责任校对：王花妮 责任印制：王艳丽

中国纺织出版社有限公司出版发行
地址：北京市朝阳区百子湾东里A407号楼 邮政编码：100124
销售电话：010—67004422 传真：010—87155801
http://www.c-textilep.com
中国纺织出版社天猫旗舰店
官方微博 http://weibo.com/2119887771
三河市宏盛印务有限公司印刷 各地新华书店经销
2023年5月第1版第1次印刷
开本：710×1000 1/16 印张：12.5
字数：200千字 定价：68.00元

前　言

古越大地，人文荟萃。绍兴是一个有文化的城市，绍兴文理学院也是一所有文化底蕴的地方综合性大学，二十多年来，本人在此地此校学习、生活、工作，无时无刻不感受到江南文化的浸润和文明城市的魅力。作为一名教育工作者，偶尔也有动笔的冲动，写过一些小诗，发过几篇关于文化的论文，如《论和谐校园文化建设与人才培养》《文化认同视角下社会主义核心价值观的大众化》《"双一流"视域下大学文化规划建设新思考》等，但总感觉缺少系统性，进步也不快。已过不惑之年，深感天地转、光阴迫。壬寅之春，开始思考开展大学文化研究。

大学的四大功能：人才培养、科学研究、社会服务、文化传承创新。学者们对前三个功能研究较多，而对于第四个功能的研究较少。大学文化，研究者众多，有的研究侧重于校园文化活动，也有的侧重于大学精神，还有的侧重于文化育人。如何立意选题，成为首要任务。2021年，本人有幸作为学校"十四五"规划的团队成员之一，主要负责大学校园文化规划相关内容的调研和执笔拟稿，参阅了一些文献，积累了宝贵的素材，有了一些新的思路，于是决定从大学功能入手开展研究。一方面，将大学文化传承创新与大学其他功能建立有机的联系，如第二章就专门论述文化传承创新与教育、科研的融合；另一方面，将大学与所在城市及时代背景紧密联系起来，如第四章着重论述大学文化与城市文化互动辉映，第五章结合时代变革下的特点和需求，研究大数据时代、新媒体时代、文化安全视域下的文化传承与创新等。在研究方法和理论观点上注重创新，如第三章第五节突出大学特有的组织属性，对于学术文化进行重点研究阐释，提出学术文化构建的几个方面：尊重学者、崇尚学术、鼓励学术活动开展、营造学术氛围、优化体制机制、弘扬科技文化等；第二章强调加强人文社科学科专业建设、尊重人文社会科学内在规律等。

　　由于自身水平有限，对大学文化传承创新的研究尚浅，书稿中难免存在诸多不足，希望学者们批评指正，以便进一步完善并开展深入研究。感谢在撰写过程中提供建议帮助的各位专家、同事们！

2023 年 3 月于风则江畔

目　　录

第一章　大学文化传承创新理论概述

第一节　文化概述

文化是什么，是怎样产生的。这往往是研究文化相关课题的学者首先要回答的问题。在远古时代，当第一只类人猿拿起一块石头作为采集、渔猎的工具，或者把石块有意敲碎、打磨，用作切割食物的工具，人类就进入了石器时代，文化也随之逐渐产生。后来随着人类交流、群居、战争等需要，逐渐出现语言、文字符号，人类的思维能力也进一步得到加强，文化在漫长的历史发展中不断沉淀、积累，不断丰富、完善，形成了如今多姿多彩的人类文化世界。尽管文化产生的具体时间标记难以界定，但学者们对于"文化是人类特有的现象"这一论断，在认识上基本是统一的。我们常说人类是"万物之灵"，如果人类没有经过文化形成的过程，这个论断就是无法立足的，文化始终贯穿人类社会历史发展的整个过程，因此，我们可以认为人类的文化史与人类的进化史基本上是同步并行的。

一、文化的内涵

随着社会的发展和时代的进步，在不同的场域，文化的内涵和外延有不同的表述。千百年来，不同的学者对"文化"进行了不同的定义和阐释，可谓"一千个人眼中就有一千个哈姆雷特"。例如，蔡元培先生说："文化是人生发展的状况。"[1] 梁漱溟在《中国文化要义》中说："文化，就是吾人生活所依靠之一切……文化之本义，应在经济、政治，乃至一切无所不包。"[2] 在中国的古文字中，"文"是象形字，是"纹"的古字，意指"纹身"，后来逐步引申为"纹路""条纹""花纹""文章""文采"等。因此，从这个字的本意上看，我们也可以理解为，古代人开始以"纹身纹饰"为美，开始有了追求美的意识，这

---

[1] 高叔平. 蔡元培教育论著选［M］. 北京：人民教育出版社，1991：278.

[2] 吕树倩. 回首墨中寻梅开：论传统文化的返本开新［J］. 大众文艺，2014（9）：144.

也意味着"文化"属于精神领域的范畴。著名历史学家钱穆认为："文化本来就是精神性的，只有物质堆砌的话不能称为文化。"中国古代文献中关于"文化"的最早提法，目前已知最接近的表述是《周易》中的"观乎人文，以化成天下"，意思是通过观察与研究伦理道德、文明礼仪，达到教育教化人类和引领社会风尚的作用。因此，从字面上理解，"文化"也就是"人化"的过程，这是对文化起源和文化本质的高度概括。从文化的功能作用发挥上来看，文化是"以文教化"或"以文化人"，即通过文化的传承与创新，对一代一代人进行教育、启迪、熏陶、塑造，使人的智慧得到开启、美德得到修炼、性情得到陶冶、思想得到升华、人格得到完善，人是文化的创造者，也是文化的创造物❶。

西语里的"cultural"是指有教养的、有文化的、修习的，也有栽培的、培植的、耕作的、开垦的意思，可见，西语里关于文化的最初含义，也是指对原始自然事物进行人为改造、再造，也是一个"人化"的过程。这也就表明，首先要有人类的活动印迹或人为改造的过程，才可以成为有"文化"的事物，比如山上的花草树木，本没有文化，有园艺工作者把它们移植到城市，做成景观，也就赋予了它们文化的意蕴。河流本没有文化，如果人们为了防洪、农业灌溉建造了堤坝、疏通了河道，或为了方便通行架设了桥梁，就赋予了这条河文化的意义。文化学的奠基者、英国人爱德华·泰勒认为，文化是一个复杂的总体，包括知识、信仰、艺术、宗教、神话、道德、法律、风俗以及其他社会现象❷。美国"文化人类学之父"博厄斯在其1930年出版的《社会科学百科全书》中，将文化定义为：包括社区中所有习惯，个人对其生活的社会习惯的反应，以及由此而决定的人类活动❷，这一类定义把文化看作包罗万象的整体。

本书所用到的文化概念主要是指包括风俗习惯、道德修养、学术思想、科技文艺、文学作品、机制制度、文化活动等在内的各种精神财富，邓小平则习惯于表述为"精神文明"。

---

❶ 王晓锋. 推进文化传承与创新，引领大学发展新境界［J］. 南京理工大学学报（社会科学版），2012（2）：34-35.

❷ 刘科荣. 现代传媒环境中的高校校园文化建设研究［D］. 赣州：赣南师范学院，2013.

二、文化的特征

文化通过潜移默化的、润物细无声的方式，影响或塑造着个人的世界观、人生观、价值观和个人的性格特征，影响或塑造着一个民族的核心价值观和集体性格特征，核心价值观包括一个民族的生活风俗、思维方式、价值观念、行为特征等，而集体性格特征是关系到一个民族价值归属感、民族认同感和内部凝聚力的根本因素，这就是文化的力量。文化拥有一些具体的基本特征，综合学术界的观点，文化主要体现四个基本特征：精神性、传承性、创造性、多样性。

（一）文化的精神性

如前所述，它是文化最基本的特征。按照文化的结构理论，文化有物质文化、精神文化、制度文化、行为文化等分类，这里的物质也是经过人为改造后的物质，不是自然界本来就存在的、没有经过人类思想改造、没有人的意识参与的物质。改造后形成的物质，也就有了一定的意义和价值，这也是属于精神层面的，因此，精神性是文化的第一属性。文化的精神性还表现为，它强调人的选择、学习、适应、融入、改造、交流、传播的过程，文化通过精神的引领带动，使人们的精神境界得到提升、精神生活得到丰富，社会的精神文明得到增强，为实现人的自由全面发展创造条件和提供动力。

（二）文化的传承性

有的学者也称文化的传承性为文化的继承性、文化的传统性。《文化树——世界文化简史》是美国文化学者拉尔夫·林顿的文化史著作，他在这本书里阐述了"社会的继承即文化"的观点，认为文化指的是任何社会中的人从长辈中学到又传给下一辈的众多的行为。这一类定义强调了文化的特性之一，即文化的继承性、传统性、遗传性❶。文化的传承性是文化的基本属性，这种传承指的是一种自觉的、自主的传承。如果从"批判地继承"角度来讲，文化传承过程中还要考虑文化的发展性，也就是对待传统文化要一分为二，对于糟粕要坚决摒弃，对于精华要吸收发展，把传统文化置于时代的背景下去斟酌考量。文化继承是文化发展的基础和前提，继承下来的文化并不一定全部得到发展，还需要对文化进行有选择性的改造创新。因此，可以说文化的发展包含文化传承，文化发展是指文化随着时间的推移而变化提升，焕发新的生机。在文

---

❶ 刘科荣. 现代传媒环境中的高校校园文化建设研究［D］. 赣南：赣南师范学院，2013.

化传承方面，大学是重要阵地，大学里的学者和学生，是文化传承的主体力量。大学要坚守文化传承的使命担当。一方面发挥传统文化本身的育人作用，培养具有深厚爱国情怀、较强传统文化素养、较高思想道德品格的学生；另一方面要通过科学研究和社会服务，构建大学和城市文化沟通的桥梁，为城市文化的传承发展提供人才支撑和智力服务。

（三）文化的创造性

文化的创造性也称为文化的创新性。创造性一般是指个体和集体产生新奇独特的、有社会价值产品的能力或特性，也称为创造力❶。文化创造的过程包含着人的精神活动、思维活动和实践活动，结果一般表现为"发现"或"发明"。文化创造的"新奇独特"意味着原始创造，想别人之未想，做别人之未做；文化创造的"有社会价值"意味着所创造的产品或作品能发挥作用，比如具有审美价值、文学价值、艺术价值、学术价值、经济价值、政治价值、育人价值等。文化本身具有创造性，它不是一成不变的，一成不变也不利于文化的持续发展。文化创造性的前提是文化的继承性，没有继承就缺少文化创新的源头活水，缺少创新的土壤，也就缺少了灵魂，体现不出文化的特色。文化的创造性还需要文化具有开放性，文化是一个开放的体系，封闭的环境难以实现创新，要主动吸收借鉴世界先进文化，以及先进的文化创新方法，为我所用。

（四）文化的多样性

有的学者也将文化的多样性表述为文化的结构性。世界的文化和文明客观上是存在多样性、差异性的，每种文化各自都有不同的特色，不同的文化分区既有一定的相对独立性，也在不断地渗透和交流。世界上没有两片完全相同的树叶，不同的群体、族群、民族、国家、区域也有不同的文化，承认文化的多样性和差异性，秉持"和而不同"的理念，是尽可能避免民族冲突、推动民族团结的思想基础。

第二节　文化传承

人类文化是由不同的民族在特定的时空创造并传承下来的。文化传承是

---

❶ 于中华. 浅析思想政治教育对培养创造性人才的作用［J］. 中国商界：上半月，2013.

文化本身具有的属性，每个个体都在以不同方式参与自身民族的文化传承。因为不断传承，文化才能延续；因为不断传承，人类的文化才具有丰富性和完整性。文化在一定的时代和环境下传承，其传承主体有国家、社会、学校、家庭、个体。文化主体在进行文化传承的过程中，往往会根据时代的需要、环境的变化、区域的特点做出选择，这种主动选择性的传承，使文化的传承不是一成不变的传递，而是发展性的传承。优秀的文化得以保存传承，不合时代要求的文化逐渐消逝，这就是文化创新发展，即文化随着时间的推移而创造性变化，文化传承是文化创新发展的基础。

文化具有区域性、民族性。文化是一个民族的根脉灵魂，是民族精神气质形成的内在基因，如果一个民族的文化丢失了，这个民族基本上也失去了存在的根基，会随着时代的发展而慢慢消逝，或者被另外的民族所替代。所以对文化的传承，每个民族的每个个体都有义不容辞的责任。著名作家冯骥才曾说过[1]："一个民族不管有多么博大精深的文化，关键是你现在手里还剩多少，你对自己的文化知道多少，还有你心怀多少文化的自尊与自豪。否则，你辉煌的过去与你的关系并不大。"

国家和社会是文化传承的重要推动力。国家对文化的重视，是文化能够系统性、完整性传承的最大保障。国家可以通过政策导向、法律制定、社会引导、经费保障等做好顶层设计。

意大利对历史建筑保护非常重视，制定了许多保护政策，比如对有一定历史的、有保护价值的建筑，不能拆除，其内部装修，以及周边是否可以新建其他建筑，都需要有专门部门审批同意后才能实施。正是因为这些政策，使得很多历史建筑得以完整保存和保护。近年来，中国城乡建设明显加快，在大开发大基建过程中，国家从法制层面加强了对文化遗产的保护，"先环评，后基建；先考古，后基建"的现象明显增多，使众多地上地下文化古迹因抢救性发掘而得到有效保护。

家庭是文化传承的基本单元。自从家庭产生，便有了家庭教育，由此家庭成为文化传承的基本单元。从原始社会氏族部落开始，为了维持部落的延续，年长者通常会向年幼者传递经验，如怎么狩猎，怎么耕作，怎么抵御外敌

---

[1] 冯骥才. 中国正在走向粗鄙化［N］. 中国新闻周刊，2012-06-08.

在战争中赢得胜利等，这些都是家庭教育的雏形。在教育的过程中，原始的文化开始传承下来，最先是以口口相传的方式，后来为了方便传承和记忆，逐渐产生了文字符号。漫长的封建社会时期，中国对家庭教育更加重视，其家庭教育文化在世界范围内都具有典型意义。从"修身、齐家、治国、平天下"的思想可以看出，家庭教育好，是实现"国治、天下平"政治理想的前提和基础。历史上产生了许多关于家庭教育的人物和典故，如孟母三迁、岳母刺字的家庭教育故事，以及颜之推、司马光、曾国藩等家庭教育著名人物等。

学校是文化传承的主要载体。从文化与教育的发展历程来看，文化和教育始终是无法割裂的。教育的传递、传播过程，就是以文化人的过程，文化的形成依赖于教育，两者是紧密相连的。苏联学者做了这样的描述❶："文化与人的发展，与'培养'人的精神和肉体，与对个人的道德教育、知识教育相联系的传统，可追溯到古代。"学校是教育的主体，它实施的是有组织、有计划、系统性的教育，同时也是文化传播的主体，大学更是如此。大学是开展知识的传播、创新和创造，并以知识为载体开展文化传承创新的学术组织，当然也是一种文化组织，文化传承与创新是大学的先天责任和本职任务。大学的资源优势赋予了大学文化传承的天然使命，大学拥有全面系统的学科、专业，有各类研究平台、研究团队，相对宽松的学术氛围，有各类文化传承的人才，他们自然承担着大学文化传承的使命。高水平的大学教师不只是教书匠，他们更是学者、专家、文化人，比如北京大学，就产生了大量历史、文化、哲学方面的学者，如胡适、冯友兰、熊十力、张岱年、宗白华等。大学还拥有大量青年学生，他们思维活跃，好奇心强，善于接受新事物，是文化传承的主力军。

第三节　文化创新

一、文化创新的内涵

文化创新是社会创新的重要方面。我们首先了解一下创新的概念。1912年，约瑟夫·熊彼特 (Joseph Schumpeter) 在《经济发展概论》一书中提出："创

---

❶ 朱磊. 人类学视野下的思想政治教育初探［J］. 当代教育与文化, 2017（5）: 56–60, 72.

新是指把一种新的生产要素和生产条件的'新结合'引入生产体系。"他被认为是创新理论的鼻祖。20 世纪 50 ~ 60 年代，随着科学的进步和技术的革新发展，美国经济学家华尔特·惠特曼·罗斯托 (Walt Whitman Rostow) 提出了"起飞"六阶段理论，把"创新"的概念发展为"技术创新"，把"技术创新"提高到"创新"的主导地位 **❶**。

我国对技术创新的系统全面研究，基本上是在 20 世纪 80 年代以后，代表人物如李京文、傅家骥等，均是我国技术经济与技术创新学的奠基人物。傅家骥先生对技术创新的定义核心意义在于，通过生产条件和技术、金融、组织体系、商业模式等各类生产要素重组创新，使生产效率更高、生产成本更低、工艺方法更新、产品的市场竞争力更强。"科技是第一生产力，人才是第一资源，创新是第一动力"，可见创新在社会经济发展中的重要作用。创新意味着更新、变革，其方法在于"创"，意味着"无中生有"或者将已有事物打破常规定势，其结果在于"新"，有新方法、新理念、新思想、新事物等产生。创新的内涵十分丰富，从新的构想、新的观念、新的理论、新的决策、新的方法、新的设计到它们在实践中运用的过程，都是创新的具体表现形式。

从当前社会对创新领域的关注度比较来看，相对于文化领域的创新，人们往往对科学、技术、经济领域的创新更加关注。从国家和地方政府制定的鼓励创新的政策来看，也比较容易发现当前对文化创新的政策措施相对较少，如果有创新导向，也基本上是从经济角度考虑，热点集中在文化产业创新、文旅融合发展等方面，总体来看，说明当前政府、社会对于文化创新的重要性认识还需要进一步提升。社会的全面发展进步，共同富裕改革发展事业的深入推进，需要政治、经济、社会、文化、生态等各领域的协同发展，这些领域相互联系、相互支撑，必须共同发展，才能实现社会的全面进步和高质量发展。科技创新能通过提升生产力的科技含量，增强科技创新能力、科技成果产业化能力、科技发展的可持续能力，助推经济社会跨越式发展，文化创新除了能提升文化产业的竞争力，更重要的是能提升人民的精神境界、精神动力、精神品质，更好地推动人的全面发展和社会的全面进步，满足人民群众对幸福美好生活的追求。

---

❶ 张舀格. 海尔洗衣机发动"新洗衣革命"［J］. 现代营销（学苑版），2009（6）：101–103.

文化的创新必然与文化的传播、传承、交流密切联系在一起。文化传播、传承、交流是文化创新的前提和基础，为创新提供知识的来源、思想的启发；而文化创新融于文化传播、传承、交流过程中，反过来推动文化更好地传承和更好地发展，所以文化传承与创新是系统的、有机的统一整体。文化在交流的过程中传播、在传播的过程中创新、在创新的过程中传承发展，发展的根本动力又来源于创新，于是这样周而复始向前推进。

文化创新与一定的社会生产方式相联系，并受到生产力与生产关系、经济基础与上层建筑的矛盾运动规律制约，当生产力的发展要求革新社会制度时，表达这种要求首先是来自思想文化领域，思想和文化的创新是社会变革的先导和前奏❶。因此，文化创新是社会实践发展的必然要求，是文化自身发展和社会变革的内在动力。文化创新离不开文化实践，实践是人们有意识、有目的的活动，是构建物质文明的前提，也是构建精神文明的前提，只有在这种不断改造客观世界的实践活动中，人们才能创造出属于人类世界的丰富多彩的文化。社会实践中会不断出现新的问题和困惑，引起人们的思考探索，思考、回答和解决这些困惑和问题的过程，就是文化产生的过程。社会实践还为文化创新创造基础条件，提供物质资源。综上，实践是文化产生的前提，文化反过来指导实践，通过不断的文化实践，促进人的全面发展。中华民族有悠久的历史、丰富的文化资源，只有在不断创新实践的基础上才能更好发展，展现更大生机活力。

二、文化创新的类型

（一）原创性创新

中国近代以来的部分技术创新，很长一段时间采取的思路是吸收借鉴，并在此基础上进行二次创新，这在一定程度上缩短了创新周期，取得明显的成效，在一定的历史阶段有其积极意义。但随着国际形势的变化，一方面，我们发现有的技术很难"拿来"了，尤其是高科技领域的关键核心技术，所谓"卡脖子技术"；另一方面，若长期实行"拿来主义"，将弱化国家自主研发和自

❶ 李长真，牧士钦，白清平. 关于推进我国大学文化创新问题的几点思考［J］. 理论导刊，2017（1）：100.

主创新能力。于是，近年来，国家特别强调原创性创新、颠覆性创新、自主创新等，这种意识从国家到民间都越来越强。在文化领域，对于原创性创新的重要性认识不够，这是最容易忽略的领域。本质上这就是要求文化领域、哲学领域加强自主原创性创新。

原创性创新，有的学者也称为"突破性创新""原发性创新"或"颠覆性创新"，这是创新程度、创新难度、创新影响最大的创新❶。要回答和解决在重大历史时期带有根本性的重大问题，没有创造性前瞻性的思考，是无法实现的。当今世界正处于前所未有之大变局，给我国带来各类挑战，同时也给我们的文化创新带来新的机遇。国家的硬核实力，不仅是科技的强大，而且包括文化软实力方面，从某方面讲，文化软实力更管长远、管根本。相比之下，我国在提出自主创新的过程中，强调的主要是科技创新的基础性作用，对文化资源价值重要性的认识显然不够❷。另外，为了激发自主创新，社会还需要形成鼓励自主创新的文化、鼓励自主创新的制度，在知识产权保护、文化包容、制度扶持等方面持续探索。尤其是在人文社会科学领域，要形成颠覆性的创新，需要冒很大风险，因此需要更大的勇气。创新文化建设的核心精神就是鼓励自由探索，宽容失败。中国传统文化中蕴藏的丰富而独特的原始性创新资源，需要我们结合时代需求加以挖掘阐发。

（二）二次创新

这是大部分时候我们习惯采取的创新方法。二次创新又包括了几种方法。一是渐进式创新，即在相对成熟的思想体系上，在思想、理论、学说、观点等方面进行的非根本性的创新；二是突破性创新，是结合时代需要和个人研究做新的阐释或新的拓展，使思想体系更丰富，产生新的文化成果，或者在文化成果普及推广过程中，在实践路径上做出创新，使其得到更广泛的认可接受。渐进式创新与突破性创新相比，在创新的难度、深度、方式等方面存在明显差异，渐进式创新是渐进式、迭代式的，通过逐步创新，实现量的积累，继而在原有事物上实现质的变化，实现整体跃升。渐进式创新应该是大多数人创新时经常采取的模式，具有普遍借鉴意义，也是文化传承创新的重要手段。二次创

---

❶ 李春华. 有关文化创新的几个问题［J］. 理论探索，2011（3）：5–7.

❷ 张超中，武夷山. 创新文化与中国文化创新［J］. 中国软科学，2010（10）：64–75.

新方式还有综合性创新，包括通过整合、叠加、集成、融合、交叉等方式实现创新，这种创新有的需要跨界整合，有的需要内部资源交叉重塑，这种整合不是简单地相加，而是系统性融合，是二次创造，也就是我们经常所说的要达到"1+1 ＞ 2"的效果，最终形成一种新的文化样式、文化风格、文化流派等。

三、文化创新的内容

从当前学术研究热点和文化创新的实践情况来看，学者们对于文化创新的研究一般集中在体制机制方面，如文化政策制定；科技应用方面，如数字赋能文化产业；文化理论研究阐发方面，如宋韵文化的有关文学作品、名人文化、文化和文学现象研究等。学者王伟光认为，文化创新总体来看包括"内容、形式、手段"三个方面，一是内容创新，指的是重大文化理论、文化观念和文化知识的创新，提出有利于社会进步的重大文化主题；二是形式创新，指文化艺术形式和题材等方面的创新；三是文化技术创新，采用新的手段，促进文化的生产与传播❶。本书综合学界观点，重点阐述四个方面，一是文化体制和文化理念创新；二是传统文化的创新发展；三是文化产业创新（或文化应用创新）；四是文化交流和借鉴吸收。

（一）文化体制和文化理念创新

文化是一种生产力，是综合国力的重要组成部分。中国的文化体制改革与其他领域的改革一样，也是在改革开放的大潮大浪中艰难推进，也是"摸着石头过河"的探索过程，深受社会关注。文化改革不是孤立的，它与城市的改革开放的活力密切相关，比如中国内地第一家音乐茶座——广州东方宾馆的音乐茶座，就诞生在改革开放的前沿阵地，引领了当时的时尚潮流。中国的文化体制改革，需要自上而下的政策指导和示范推动，相关政策的出台基本上是在20世纪90年代之后，从那时起，国内逐渐有了"文化市场"的概念，"文化产业"也被写入中央部委有关文件，有关具体制度也逐步丰富完善，使文化事业有关各项改革走上了有法可依的道路。部分文化事业单位走上了市场化改革道路，并取得了成效，如山东省大众日报社实行改革后，使其在全国新闻单位中率先实行自收自支、自负盈亏，该公司的改革模式为后来全国大多数新闻报业单位

---

❶ 王伟光. 创新与中国社会发展［M］. 北京：中共中央党校出版社，2003.

改革提供了样板。其改革模式主要是组建报业集团，实行宣传功能和经营功能的分离，也就是今天常说的"管办分离"，极大地激发了企业的活力，实现了靠"输血"维持向"造血"发展的转变。正是因为改革的成功，大众报业集团后来也被确定为"全国首批文化体制改革试点单位"，获得了"报业创新奖"。

文化内容和文化形式的创新是当前开展文化创新的主要方向，这也是最容易感知的两个方面。内隐的深层次的文化创新是思想理论创新、体制机制创新，这是难点和重点，也是影响文化创新效果的根本因素。要根据我国的国情，探索中国式的文化创新道路、中国式的文化现代化道路，这就要求我们的文化体制既能确保正确的文化方向，又能适应全球化特点，还能适应市场经济特点，最重要的是要能激发文化创造的活力、文化产业的潜力、文化传播的吸引力，构建中国文化事业发展的特色，探索独特的经验。

一是要按照市场化的规律制定产业政策，按照"培优、育强、扶特"的思路，形成具有较大社会影响力和市场竞争力的"品牌"文化集团企业，通过发挥品牌的优势来参与国际文化竞争，尤其要结合大数据时代、智能化时代特点，培育新兴业态的文化企业，实现弯道超车；二是要进一步理顺政府和文化企事业单位的关系，加大力度改变长期以来的国家政府包办文化的模式，真正实现管办分离；三是深化现有文化企事业单位内部改革，逐步建立有利于调动文化工作者积极性，推动文化创新，多出精品、多出人才的文化管理体制和运行机制；四是要加强文化法制建设，建立和完善相应的法律法规和知识产权保护体系来规范市场，为文化创新创造提供良好的社会环境❶。

文化创新是创新型国家的核心要素。创新型人才始终是推进文化创新的第一资源，人才培养又正是大学的第一功能，高校同时也集聚了大量人文社科类科研工作人员。据学者研究，全国80％以上的人文社会科学研究人员在高校，全国80％以上的人文社会科学研究成果出自高校❷。因此，大学走上国家文化创新的前沿和中心、打造人文社会科学研究高地，成为应然选择。大学要重新审视文化传承与创新的功能定位，充分认识到大学对于建设创新型国家应当承担

❶ 冯智慧. 全球化时代中国文化安全面对的挑战及对策［D］. 延吉：延边大学，2006.
❷ 李硕豪，刘立宾. 现代大学的文化传承与创新功能及其实现［J］. 扬州大学学报（高教研究版），2012（4）：20.

的使命责任，培养更多创新型文化人才，开展更多的人文社科类原创性研究。

（二）传统文化的创新发展

中国的传统文化是一座思想宝库、艺术宝库、智慧宝库，文化的创新首先是对中华优秀传统文化的创新，使之得到更好的传承和发展。我们不能离开传统文化空谈文化创新，文化的创新和科技的创新在规律上有一定的区别，离开传统文化的文化创新，就会丢掉特色，失去灵魂，迷失方向。反之，传统文化资源若不实行创造性转化和创新性发展，就将会面临消亡的风险，更不用说能体现出时代价值和世界价值。

2022年中央广播电视总台春节联欢晚会播出的《只此青绿》舞蹈节目给全国观众留下了深刻印象，这是由一幅宋代的古画《千里江山图》而展开的一台舞蹈剧目，充分体现了中华文化精神和东方美学特质。这是博物馆、艺术院团、新闻媒体跨界合作的一次成功探索，是实现中华优秀传统文化创造性转化和创新性发展的成功探索案例。郑州歌舞剧院在2021年河南卫视春晚上演出的舞蹈《唐宫夜宴》，也是把弘扬传统文化与运用现代技术创新表达相结合，一群以唐代侍女俑为造型的少女，在充满中国水墨画和各种传世国宝的现代博物馆里婆娑起舞，广受好评，并在国内外社交平台上引起广泛关注。大型歌舞剧《云南映象》由著名舞蹈家杨丽萍编导和主演，充分挖掘乡土文化、民族文化元素并在舞台呈现，在悉尼州立大剧院演出，深受好评，这也是文化创新、文化交流传播的成功案例。中央电视台曾打造了一档大型纪录片《记住乡愁》，讲述乡村之美，乡村之故事，契合了当下乡村振兴的主题，充满了生活的味道和人生的哲理，触动观众的心灵。此外，由中央电视台打造的《舌尖上的美食》纪录片，把中国的饮食文化发扬光大。由此可见，立足传统文化基因，运用现代科学技术，打磨精品，才能推动文艺创作从"传统"走向"现代"，从"书斋"走向"大众"，从"高原"走向"高峰"。

（三）文化产业创新

政府和社会经常强调的文化创新，大多数是指文化产业创新。文化产业是经济发展的必然产物，文化产业创新反过来会促进文化的传承与发展，促进文化事业的整体发展。文化产业创新的前提是文化体制机制创新、理念思维创新，这是释放文化产业活力的前提。现在所谓的文化产业创新，绝大部分时候主要是指大力培育文化创意产业。文化创意产业是在经济全球化背景下产生的以创造力为核心的新兴产业，强调一种主体文化或文化因素依靠个人（团队）

通过技术、创意和产业化的方式开发、营销知识产权的行业，主要包括广播影视、动漫、音像、传媒、视觉艺术、表演艺术、工艺与设计、雕塑、环境艺术、广告装潢、服装设计、软件和计算机服务等方面的创意群体❶，文化创意产业拥有巨大的经济潜力。

随着大数据、元宇宙、智能机器人、新媒体等技术的不断发展，文化创意产业将呈现新的形态，滋养新的模式。创意产业尤其是新业态的创意产业，与传统产业有较大区别。传统产业高度依赖"人力"，创意产业高度依赖"智力"。创意人才成为未来的稀缺资源，有条件的高校应适应新的形势变化，对支撑创意人才培养的学科、专业进行布局，要结合学校的历史基础和发展实际做出学科专业调整，以适应新时代对文化创意人才培养的需要。

从社会层面的整个教育体系来讲，需要形成鼓励创造和创新的氛围，如完善教育评价体系、人才评价体系，重视素质教育，释放人的天性和活力，培养审美意识，保护人的想象力，培养人的创造力等，这是一项系统的持久的工程。

另外，要重视新业态新模式的创意产业培育，注重做好"文化+"和"+文化"的文章。"文化+"方面，要基于传统文化产业的基因基础，加以改造提升，赋予新的内涵，寻求新的增长点，未来尤其要重视实施"文化+科技"战略，使新技术新理念赋能文化产业。"+文化"主要是指传统产业加文化，赋予传统产业文化意蕴、文化内涵，对传统产业进行文化表达，如纺织产业是传统产业，但通过纺织品创意设计、服装与服饰设计、服装表演，就会赋予纺织产业新的增长点，新的发展动能；绍兴黄酒是传统产业，但通过策划推广，结合历史文化讲好黄酒故事，就会形成黄酒文化，也会带动黄酒消费；旅游业是传统产业，但"旅游+文化"的文旅融合，却是当前的热点。如有的乡村在推进乡村振兴的过程中，充分利用现有民宅资源进行改造设计，打造成网红书吧、高端民宿等，为乡村寻找到新的文化增长点、经济增长点。目前来看，文旅融合基本上是各个地方政府在文化产业创新方面的主要方向，可能源于该方式具有比较容易切入的操作方式、比较直观的产出效益和发展潜力。

（四）文化交流和借鉴吸收

中华文明之所以绵延五千年而不中断，源于其自身开放包容的特点，要坚

---

❶ 谭旭东. 坚定文化自信鼓励文化创新［N］. 中国文化报，2017-11-27.

持"以我为主，为我所用"的文化主体意识和态度，注重吸纳外来文化。比如西方文化中强调的理性精神、科学精神和演绎逻辑学方法等，就是中国传统文化中比较缺失的。经济发展不能搞封闭主义、保守主义，文化创新同样如此，只有广纳博收，才有利于做好文化比较，进行文化再创造，在吸纳外来文化的同时要做好文化推广和文化交流，增强中国文化的国际影响力。实现中华文化的创造性转化和创新性发展，要中外结合。

近年来，中华文化国际传播也有一些比较成功的案例。2021年9月，网络公布了2020～2021两年期间的十大案例，这是大连外国语大学与中国日报网共同开展的研究项目成果。这些案例就是我们在文化传播领域的主动探索，发挥了新媒体的传播效力。比如"云游中国"文化旅游系列项目；被网友誉为"当代鲁班"的阿木爷爷展现"神秘中国木工技术"，在海外圈粉百万；纪录片《寻找功夫》于2020年获得第五届加拿大金枫叶国际电影节"纪录片类最佳制片"和"纪录片导演成就奖"、戛纳丝绸之路电影节"最佳叙事类纪录片"奖，这就是一个通过国外资深功夫爱好者讲述中国故事的成功范例，也是深入挖掘中华传统文化的当代价值和世界意义的有益探索❶。

第四节　大学的功能及演变

大学功能随着社会政治、经济、科技、文化等不断发展而演变，这种演变不是在原有功能上的替代，而是在原有功能上的深化与扩展，每一次功能扩展，都给世界的高等教育带来新的发展机遇，也给社会经济带来新的繁荣，同时也带动了世界科技文化中心的转移。目前广泛认同的大学功能有四个：人才培养、科学研究、社会服务、文化传承创新。

一、人才培养功能

现代意义上的大学，学者们基本上认为是从欧洲中世纪的大学开始萌芽的。中世纪的欧洲，城市不断发展，贸易逐渐复兴，大量商业行会出现，文

---

❶　2021—2022中华文化国际传播十大案例［OL］．中国日报网．

化与文明交流频繁，各种知识资源加速整合，原来以宗教为主导的西欧社会，开始出现了世俗行业的兴盛繁荣，社会此时就需要各行各业的专业人才，于是，有一些人就开始聚集或被召集起来，他们交流知识学术和技能，或者聘请人员进行讲解，满足社会对各类人才的需要。大学"university"源为拉丁文"universitas"，具有"集合"之意，因此现代意义上的大学最初就像商业行会或社团一样，是一个特殊群体的"集合"，形成一种知识性、学术性比较强的特殊组织，这些特殊群体因知识交流和传授而聚集在一起，当时的大学有人也称为教师社团或学生社团。

在欧洲南方的意大利，成立于1088年的博洛尼亚大学刚开始就是由一群语法学、修辞学和逻辑学的学者们组织起来的。在欧洲北方，以法国巴黎为中心，汇聚了阿伯拉尔等一大批知名学者，成立了教师社团组织，在他们的邀请或吸引下，四面八方的学生前往塞纳河畔，1150年巴黎大学成立，逐渐形成了以教师为中心的欧洲北方大学模型❶。这两所大学被认为是最早的两所大学，从成立之初就具备了培养医学、法学、神学等专业人才的功能。此时的大学，主要是为了追求知识、启发心智，因此教书育人是最主要、最基本的功能。

随着社会的不断发展进步，后期建立的各类大学纷纷开始培养各种适合当时社会发展的新兴专业人才，对于人才的培养更加系统、科学、全面和专业，基本上是社会需要什么专业的人才，大学都能培养出来，大学通过人才培养造就大批社会所需要的人才，从而直接推动了社会的进步，也推进了大学本身的发展。不管后期大学功能如何演变，19世纪英国著名思想家约翰·亨利·纽曼对大学的人才培养功能坚定认可，他是传统大学理念的捍卫者，他认为❷："大学是传授普遍知识的场所。忙于向学生传授自己现有知识的人，不可能有闲暇或精力去获取新的知识。探寻真理的人往往是离群索居，心无旁骛。这是人类的常识。最伟大的思想家在研究自己的课题时总是专心致志，不允许自己的工作被打断。他们在做别的事情时总是心不在焉，行为怪癖，对课堂教育和公开课多少都有些退避三舍。教学需要和外界打交道，而试验和思辨的条件则是隐居。"从我们今天的理解来看，简言之，他认为，因为教学和科研的不同特点，以及时

---

❶ 张陈，崔延强. 现代大学的基本功能［N］. 人民日报，2010–12–31.

❷ 刘宝存. 纽曼大学理念述评［J］. 复旦教育论坛，2003（6）：73–76.

间精力的分配问题，科研工作和教学工作往往是不能兼顾的。纽曼坚持教学是大学的唯一职能。实际上，在科学研究成为大学的职能之前，也就是德国柏林洪堡大学创立以前，不管是学界还是民间，基本认同大学"人才培养"的唯一功能。这期间的大学教授等学者可能也会从事科研工作，但他们开展科研往往是在教书育人之外的其他个人时间，也往往是在校外机构开展科研工作，当时的科研还带有较强的个人色彩，没有上升为集体的意志，使之形成大学功能的共识。

二、科学研究功能

赋予大学科学研究功能始于德国柏林大学，也就是后来的洪堡大学。大学的使命变化，始终是与时代的发展变革紧密联系在一起的。19世纪，自然科学首先在西方实现了飞速发展，比如能量守恒定律、细胞学说、生物进化论等，也出现了一批杰出的科学家、哲学家，如法拉第、西奥多·施旺、施莱登、黑格尔等。古老的大学面临科学及工业革命的挑战，促使人们对高等教育功能进行新的思考和探索。19世纪初，普鲁士教育部部长威廉·冯·洪堡受命创办了柏林大学，他在高等教育理论和实践方面做出了很多探索，不仅对德国，而且对世界其他高校办学思想都产生了较大影响。洪堡将"科研与教学统一"原则应用于柏林大学，大学的科学研究功能逐渐成为大学的必不可少的一个功能。德国也因为重视教学与科研相统一，从那时起成为欧洲乃至世界的高等教育中心、科技文化中心，独领风骚上百年。

当今社会，随着科技的进步和经济的飞速发展，知识，特别是科学技术日益成为推动社会前进的重要力量，科学技术现在被公认为是第一生产力，大学是开展科研的天然良港。首先，大学拥有大量教授、博士等学者，很多国家的顶尖科学家也在大学工作；其次，大学拥有优良的图书信息资源、仪器设备资源、学术研究环境、办公和生活环境；最后，大学拥有浓厚的学术与学习氛围，也有相对自由宽松的时间安排等。因此，大学科学研究功能逐渐与人才培养功能相结合，与社会需求相结合，水到渠成地成了大学的使命和职责。

大学的科学研究范围十分广泛，人类生活生产实践产生的各类困惑和问题都可以进行研究探索，有的研究着重提出基础理论，有的研究侧重于应用和技术开发等。由于大学在知识传承创新、科学技术研究方面发挥着巨大的作用，使大学理所当然地成为一个国家、一个地区、一个城市的学术高地、知识高地、人才高地、创新高地。尽管我们认同了大学科学研究的功能，但是并没有替代大学人才培养的功能，两者互相促进、互相融合、并行不悖。大学不同于其他纯粹的研究院所、研究中心，科学研究并不是直接目的，而是伴随着人才培养需要而自然进行的，教学往往是旧知识的传播，科学研究则是新知识发现和发明，两者不断互动，推进了人类知识体系的更新完善，科学研究为提高人才培养质量服务，这也符合康德提出的"人是目的"的思想。美国基于德国研究型大学的先进模式，也相继成立了若干研究型大学，如霍普金斯大学，其创始人约翰斯·霍普金斯希望打造一所专注于扩展知识、研究生教育和鼓励研究风气的新式研究型大学，该大学是美国第一所以讨论班方式授课、第一所分专业录取本科生的大学，其理念和模式都对后来的美国大学产生了巨大的影响❶。后来的哈佛大学、耶鲁大学、哥伦比亚大学、普林斯顿大学、克拉克大学、芝加哥大学等相继效仿建立，这些大学仍然保留了人才培养的功能，而且开发了社会服务的新功能，使大学的功能又一次丰富。

我国对于大学的建设也经过了长期艰苦的探索。自20世纪90年代对标发达国家先进大学，提出建设"世界一流大学"目标以来，从国家政府层面启动了若干工程，也就是我们现在熟知的"211""985""双一流"等名词，当然也意味着需要大量资源的分配和投入。大学在具体建设过程中，在"蛋糕"的二次分配中，如果没有正确的导向，有时也难免产生误区，比如把大量的人、财、物资源投向科研工作，重视以科学研究为核心的评价指标体系的构建和运用，教学上的投入相对薄弱，久而久之，大学的人才培养功能就会逐渐弱化。正如英国著名教育学家纽曼所指出的，如果大学的主要职能是从事科学研究，那为什么还要有学生呢？大学和一般科研机构、企业等的基本区别就在于，大学的首要功能是教书育人❷。

三、社会服务功能

对于大学社会服务功能的产生，学界普遍认为是以美国的"赠地学院"产

---

❶ 周锋，蔡晖. 高校科研为地方经济发展服务：以约翰·霍普金斯大学为例［J］. 中国基础科学，2009（2）：57.

❷ 张陈，崔延强. 现代大学的基本功能［N］. 人民日报，2010-12-31.

生为标志的。美国高等教育发展建立在欧洲高等教育发展已有的经验基础上，虽然起步相对较迟，但通过博采众长、融合吸收、创新实践而获得了后发优势，既借鉴了中世纪的博雅教育传统，也吸收了德国重视科研的经验，在此基础上又赋予大学社会服务功能，从而使美国短时间内构建了世界著名的高等教育体系和先进的高等教育理念。1862年美国颁布的《莫雷尔法案》规定：联邦政府向各州每位议员赠拨3万英亩土地，并将之售出，用所得经费建立永久性基金，以资助、供给和维持至少一所专门的学院，这所学院主要讲授农业和机械制造工艺方面的知识，培养为当地工农业生产服务的各种技术人才❶，威斯康星大学就是在此背景下成立起来的。威斯康星大学成为把社会服务作为高校职能的先驱，其校长查尔斯·范海斯就明确提出一个观点："服务应该是高校唯一的理想。"范海斯不否认大学的其他功能，但他更希望大学在发扬人才培养、科学研究功能的同时，帮助解决社会发展中遇到的实际问题，这些问题可能涉及政治、经济、社会管理等各个领域。范海斯认为，威斯康星大学要在一个农业大州的主要生产项目奶牛场中生存和发展，教授的皮靴上不能不带有牛粪，威斯康星大学应该为实现威斯康星州的改革目标服务，成为全州所有人的大学，大学也必须把整个州作为大学的校园❷。

普林斯顿大学校长威尔逊认为❸："一所大学能在国家的历史上占一个位置，不是因为其学识，而是因为其服务精神。"他曾在担任威斯康星大学校长期间，把大学为社会服务的理念转化为办学治校的实践，威斯康星大学的办学模式也影响到美国其他高校，甚至影响着世界其他高校的办学理念和办学实践。因此从高等教育发展的历史进程来看，把高校的触角向社会延伸，促使高校和城市、社会融合发展，首先是从美国的高等教育开始的，从而在之后相当长的时间里，世界高等教育逐渐实现了三大功能的整合，逐步形成了高校办学功能的共识。

我国近现代大学自诞生之日起便承担了国家使命和社会责任。我国19世纪初诞生的大学，就是为了教育自强、教育救国而建立的。如今，大学更是承担为国育人的使命，承担了科技强国的使命，为国家社会改革发展事业努力贡

---

❶ 杨自杰. 从大学职能的角度论大学的非赢利性 [J]. 科技视界，2014（5）：149.

❷ 俞俏燕. 论英美地方大学和地方的共赢模式 [J]. 教育评论，2012（4）：156–158.

❸ 郭峰，苑健，牛欣欣. 论高水平本科教育语境下大学生学习文化生态的优化 [J]. 江苏高教，2021（8）：85–93.

献。我们也应该认识到，大学服务社会有其自身特点规律，它不是直接的经济服务、产业服务，大部分是间接的服务，如平台效应、人才支撑、科技创新、文化辐射引领等，尤其是部分高水平大学，拥有国家重点实验室、国家重大平台，通过科技创新服务社会、服务国家战略的作用更加明显。地方性普通高校，为地方产业发展培养急需的高质量应用型人才则是首要任务。大学教育是一种社会参与性活动，大学的社会服务职能是将大学产生的理论应用于实践活动的总和，其在社会需要中产生，同时又作用于社会发展❶。

四、文化传承创新功能

（一）大学的文化功能

历史的车轮进入 21 世纪，时代赋予了这个东方文明古国更多的使命，能否拾起旧日的辉煌，造就新的科技中心、文化中心、高等教育中心，需要若干代人去解答。曾任山东大学校长的徐显明认为❷："当今社会，文化逐渐成为一个国家经济社会发展的主要支撑，是软实力，守护、传承、创新软实力，已是大学必须承担的新功能。"社会在强调科技创新的同时，也要重视人文的守成。当今社会文化方面存在两大不平衡，即西方文化与东方文化严重失衡，科技文化与人文文化严重失衡。清末民初，中国近代教育逐渐萌芽，张之洞等提出"中体西用"思想。经过 100 多年的发展，"西用"得到发展，科技兴国、实业兴国战略客观上推动了中国社会的快速发展。但是，"中体"的思想并没有得到巩固，人文精神有被忽略的现象。人文教育在整个国民教育体系中的重视程度明显不足，在"学好数理化，走遍天下都不怕"的思想指导下，大中小学对传统文化的教育是有所缺失的，加上社会上实用主义、功利主义向高校蔓延，导致我们对传统文化的继承、发展和创新步履维艰。

中小学具有知识传递、文化传承功能。大学和中小学相比，承担着更大的作用，因为大学对文化，不仅是传承，还有选择、研究、批判、创造、引领等诸多功能。因此，中国的大学，有使命进行更多理性文化思考，为中华民族

---

❶ 刘硕硕. 社科评论|对大学社会服务职能的理性认识［EB/OL］. 中国社会科学网.

❷ 徐显明. 文化传承创新：大学第四大功能的确立［J］. 中国高等教育，2011（10）：10–11.

优秀文化的传承、创新与传播探索有效路径。社会最终发展的目的是人的全面发展，是人的现代化，这就需要使人具备文化底蕴和综合素质，而不仅仅是掌握谋生的技能，因此大学在立德树人的过程中，要尽量避免"重技术轻人文"的现象，我们现在所倡导的"五育并举"，就是为了不断努力实现人的全面发展。大学的文化传承创新是全体大学人共同的使命，不局限于某一学科、某个学院，它是大学整体的、系统的功能。

大学自诞生之始，就是一批有知识、有文化的学者聚集到一起，讲学布道，就是启发开化人类智慧的地方，就是一个拥有教育属性和文化属性的社会组织，就是一个国家和地区的文化中心、知识学术中心。因此文化属性是大学的天然属性，"办大学的本质就是在办文化"❶，只是随着大学功能的多样化，大学人才培养、科学研究功能逐渐强化，人们对大学的文化功能没有给予充分的重视。北宋学者张载用"为天地立心，为生民立命，为往圣继绝学，为万世开太平"四句话阐述了知识分子的使命，其实这也是大学对文化的终极使命和追求。因为大学就是知识分子集聚的场所，所以大学也要着力构建精神价值，着力探讨生命意义，着力继承传统绝学，着力开拓万世基业。

在西方，大学最初也是从人文教育开始的，被称为"希腊三哲"的苏格拉底、柏拉图和亚里士多德创办自己的"学校"为的是实践自己的教育理想。中世纪的博洛尼亚大学，最早开设文学、法学、神学、逻辑学等人文学科，也是从以前笼统的大哲学中分化出来的分支学科，不但培养了哥白尼等人文主义学者，更引领了人文主义文化的发展❷。后来洪堡创办柏林大学，美国出现诸多"赠地学院"，逐步扩大和丰富了大学的功能，使大学逐渐融入社会发展、服务社会发展。但大学在融入和服务社会发展的过程中不是被动的，而是主动引领。比如在美国盛传"先有哈佛，后有美国"的说法，这不仅仅是指时间上的先后，更是指哈佛大学对美国发展的巨大引领、推动作用。大学这个组织之所以经久不衰，越来越兴旺，也是由于文化的凝聚和一代一代的传承创新。大学本质上是传承人文精神、延续民族血脉，但大学人文精神的缺失和稀薄将成为

---

❶ 卢丽君. 引领文化:大学功能研究的深化和升华: 记厦门大学教育研究院高教所的一次学术沙龙［J］. 中国高等教育，2006（18）：14–17.

❷ 阚莉. 文化传承与创新大学"第四职能"的理性分析［J］. 现代教育管理，2014（11）：11–15.

现代大学高质量发展的短板。

我国把大学的文化属性通过功能属性突显出来加以认定，有助于功能得到进一步认同和强化，并上升为理论层面、共识层面。自 2011 年提出大学第四功能以来，中国的大学一直在思考、探索和实践，通过学术界的研究和诸多大学自身的实践，中国在现代大学功能的理论和实践方面上做出了有价值的贡献。

（二）大学文化传承创新的内容

就大学功能来说，我们开展文化传承与创新，笔者认为其重点主要还是依据教育部的有关文件。教育部 2012 年颁布了《教育部关于全面提高高等教育质量的若干意见》，其中关于推进文化传承创新的内容阐述，主要表达了五层意思。一是加强文化研究，加大对文史哲等学科的支持，争创标志性成果；二是加强社会主义核心价值观教育，推进文化育人；三是秉承办学传统，弘扬大学精神，形成优良校风学风；四是加强文化设施建设和文化资源开放共享；五是通过文化"请进来"和"走出去"加强文化交流互动等。从该文件表述我们可以把握大学文化传承与创新的重点，这基本上也是当前高校在文化传承创新方面的优势和主要做法。首先，大学要重视社会主义先进文化建设，这是总体导向，以先进文化、主流文化引领大学其他文化，社会主义先进文化本身也是中华优秀传统文化与时俱进继承、延续与创新的结果；其次，大学要注重文化交流与互鉴，吸收人类优秀文明成果；最后，大学自身文化建设，重点是大学精神弘扬和校园文化建设。本书研究大学第四功能，主要是基于以上方面，又要重点突出优秀传统文化传承创新和大学自身文化建设。学者张德祥也认为❶："大学的文化传承、创新使命可以从两个维度来理解：一是建设好大学自身的文化即大学文化，二是大学对社会文化的繁荣与发展做出贡献，可以称为大学的双重文化使命。"

中华传统文化林林总总，气象万千，在摒弃和保留传承之间如何判断，如何选择，可能在不同的时代、不同的学者看来有不同的认识和理解。如果仅从科学研究的角度来看，不管是精华还是糟粕，都是研究的基本素材，不可随意丢弃，文化研究是辨别真伪好坏的前提。邵汉明在《中国文化精神》一书中着重探讨文化精神，强调民族文化研究重点和核心是研究其文化精神；蔡尚思在《中国文化的优良传统》一书中，以中国历代著名文化人为研究对象，强调

---

❶ 张德祥. 认清大学双重文化使命［N］. 光明时报，2012-02-06.

了中华文化的优良传统；张岂之先生在《中华优秀传统文化核心理念读本》一书中明确指出，中华优秀传统文化的核心理念包含天人之学、道法自然、居安思危、自强不息、诚实守信、厚德载物、以民为本、仁者爱人、尊师重道、和而不同、日新月异、天下大同等十二个方面❶。当前大学生正在修读的《思想道德与法治》（2021 年版）教材，关于中华传统美德的基本精神，表述为五个方面，即重视整体利益，强调责任奉献；推崇仁爱原则，注重以和为贵；注重人伦关系，重视道德义务；追求精神境界，向往理想人格；强调道德修养，重视道德践履❷。

即使是同一个理论和观点，通过研究做出科学的阐释、还原本意也是一种去伪存真的办法，不能一概而论。比如在封建社会发展后期，程朱理学提出的"存天理、灭人欲"，通常的理解为，"天理"是指儒家所创造和弘扬的道德伦理等有关规矩、理论；"人欲"是指人的物质欲望。有的学者简单认为它只是为了维护统治阶级的阶级利益而制定的道德规范，阻碍了时代的发展。但也有学者认为，这里的"天理"，也包括自然规律的发展，"人欲"是指消灭过度的欲望。朱熹自己阐释为："饮食，天理也，山珍海味，人欲也，夫妻，天理也，三妻四妾，人欲也。"用比较直白浅显的话解释为：人要吃饭，这是天理，而想要吃美味珍馐就是人欲了；一夫一妻，是天理，而想要妻妾成群就是人欲了。由此可见，朱熹的"人欲说"的就是过度的欲望，这种阐释比较符合时代的需要。因此，博大精深的传统文化，没有绝对统一标准，需要在深入研究辨析的基础上，结合当时的社会环境做出科学研究和阐释。

站在当下新时代发展的视角来看，优秀的传统文化应该有一个宏观的总体衡量标准，为我们开展文化传承与创新提供基本的方向。一是要适应时代需求，能推动社会进步，要具有当代价值、时代价值，不能反时代而行之，比如有的地方曾开设"女德班"进行授课，用封建时代的思想教育当代女性，就是反时代而行之，必将没有生存市场，后来被依法取缔。二是要有助于文化认同和民族团结，坚持国家统一完整观念的自觉认同和坚定实践，坚决反对民族分裂。三是要符合主流思想，提供精神支撑，符合社会主义核心价值观的基本内

❶ 张岂之. 中华优秀传统文化核心理念读本［M］. 北京：学习出版社，2016.

❷ 本书编写组. 思想道德与法治［M］. 北京：高等教育出版社，2021：145–148.

涵，体现民族精神的积极方面，助力中华民族伟大复兴。四是要有助于融入和推动世界文明。

中华文明是人类文明的重要构成，所以我们一方面要继续开放包容，注重吸收借鉴，进一步丰富中华传统文化的内容和表现形式；另一方面要让世界了解、感悟中国文化的魅力，共同朝费孝通先生所阐述的"各美其美、美人之美，美美与共、天下大同"的状态发展。最终极的标准还是通过实践，实践是检验真理的唯一标准。

因此，什么是中华优秀传统文化，或者说中华优秀传统文化的重点内容是什么？回答这个问题不亚于给文化本身下定义，因为中华传统文化的确博大精深、灿若星辰，怎么筛选把握，需要具体问题具体分析，或许我们从文件《关于实施中华优秀传统文化传承发展工程的意见》中大致可以窥探文化传承创新的核心和重点：中华文化中的核心思想理念、传统美德、人文精神等，当然支撑这些的，是数不清的各类文化载体，如浩瀚的文化典籍，丰富的文物古迹和非物质文化遗产等。尤其是一个民族的优秀传统经典文化，经过了漫长历史的筛选，应该得到珍视。

但在市场经济的冲击下，如何让其重新焕发生命力，被现代社会认同，被人民大众接受，需要进一步加强思考。如中国的京剧、昆曲、书法、中医等，千百年来被视为"国粹"，其存续可能要与社会发展的要求相吻合，这就涉及文化创新的话题。在文化这个有机整体中，文化思想和文化观念处于核心地位，体现了一个民族的思维习惯、价值理念、精神追求、集体性格。不同的价值观和思维方式决定了不同民族文化最根本的特质或特征。

对于大学文化传承创新的第二个使命，即对大学自身文化的创新发展。大学本质是学术单位，也是文化单位，因此在文化传承基础上做好文化的创新是大学的本职，是崇高使命。如前所述，大学的文化创新有双重使命，既要适应国家需要，做好民族优秀传统文化的传承创新，又要加强大学自身文化的创新发展，把大学自身这个"文化综合体"经营好、维护好，就是对国家和社会文化创新发展的贡献。要培育具有创新能力的人，为文化创新源源不断输送人才。要营造求实、求真、自由的学术氛围和学术文化，激发创新创造活力。要发挥学科平台优势和人才优势，融入社会发展，在社会主义现代化建设的伟大实践中进行文化阐释、理论创新，服务社会的文化创新和文化产业发展，以先进的思想引领社会思想等。大学同时也是国际文化交流的窗口，要树立全球视野，发挥大学人才优势、科研优势，以中外大学为载体，以人才交换培养、访学、学术交流、文化活动联合开展等为主要方式，加强文化"走出去"与"请进来"。

大学在文化创新方面，要把握以下三个要点。一是要加强科学研究，为原创性创新、自主创新做出理论贡献。在文化创新方面，大学要有超越和引领的意识，如果不能走在社会创新的前面，就失去了本身的优势，因为大学拥有大量的学术人才，有追求真理的大学生，拥有学科平台、实验室、图书资料，拥有相对自由的学术氛围等。大学不仅仅是推动二次创新，更重要的是做好原创性创新、经典创新，自觉以新思想、新知识、新文化引领社会文化创新。二是要坚定文化创新的发展方向。大学应该承当激浊扬清、去伪存真、弘扬正气的作用，始终坚持社会主义先进文化的前进方向，坚持文化的国家立场、人民立场坚持立足中国大地办大学的远见卓识。本书将在后面章节结合文化安全做进一步阐述。三是要培养造就文化创新人才，尤其是高端文化人才。人才是创新的第一资源，当前我国的文化艺术高端人才尤其是复合型人才比较稀缺，大学在文化创新的人才培养方面还面临艰巨的任务，要加强立德树人，为中国的文化事业源源不断输送人才资源。

总之，文化的传承和创新是统一整体，缺一不可。传承是基础前提，为创新提供文化基因、文化土壤；创新是为了推动更好地传承，使文化不断走在时代的前列，始终保持文化的生机活力。大学在推动文化创新过程中，要注重吸收借鉴，参与文化交流；要注重原始创新，创造经典原创作品，创新文化思维理念；要注重集成融合创新，在借鉴的基础上消化吸收，结合本土元素，结合中国实际进行再创新、再创造、再转化，构建具有中国特色的大学文化气象、文化气派。

第二章　大学文化传承创新与教育科研

第一节　文化与教育

一、教育的本质

教育是人类特有的社会现象，它是人的一种有目的、有意识的活动，最初的教育主要存在于家庭，随着学校的诞生，就出现了有组织的教育、系统的教育。教育的本质是什么，有的学者认为教育是为了使知识和技能传递，实现文化的赓续；有的学者认为教育具有上层建筑的属性，是为了培养国家所需要的人才，比如我们常说的要培养"合格的建设者""可靠的接班人"；有的学者认为教育具有生产力的属性，培养社会经济发展需要的合格的劳动者等。这些都属于教育的功能，但还不能完全解释教育的本质，王冀生对教育的本质进行阐释，他认为，作为"个体"的人的解放、发展和完善是教育活动的根本出发点，作为个体人的发展需要是社会发展需要的前提和基础，通过教育，使人的个性得到全面发展，成为富有主体精神和创造力的尽可能完善的人❶。

大学教育尽管是人类教育的较为高级阶段，但其本质也是培养人，实现人的解放和发展。人才培养是大学的核心功能和根本任务，教育教学活动是人才培养最基本的途径，是大学的中心工作，大学的其他一切活动都必须服从和服务于这个中心，即使是研究型大学，也应该坚持这一规律和原则，因为这是大学与生俱来的本质要求，这种认识可能在部分高校还是比较欠缺，或者是在具体执行时，"知"与"行"是脱节的。

中国的国民教育体系，包括幼儿园、小学、初中、高中、大学等各个层次的教育阶段，还包括社会开放大学、成人教育、继续教育等。"学校"作为一个完整的词最初出现，可以追溯到民国初年的教育改革。这次改革正是在民国第一任教育总长蔡元培先生主导下进行的，在这次改革后，民国教育实行新的学制，以往古代所称的各类学堂名称自此之后全部称为"学校"。

---

❶　王冀生. 现代大学文化学的基本框架［J］. 中国高教研究，2002（1）：34-39.

古代学堂在不同的历史阶段有不同称呼，如"庠""序""学""校""塾"等。中国原始社会，大概在"五帝"时期，有个叫"庠"地方，它既是老人养老的地方，也是老人向年轻人传授经验、进行教育的地方。如果对"庠"字本身进行说文解字，"广"的意思是高大的房子，"羊"在古代一直是善良的、美好的化身，比如"羊大"为"美"，两者合在一起，表示在高大的房子里教人从善向善，教人识美审美，引申意义也就是教化和教育。古代还有一个类似学校的地方，叫作"成均"，"成均"一词源于"大司乐掌成均之法"，出自《周礼·春官·大司乐》，意为"成人才之未就，均风俗之不齐"，有教人成人成才、教化引导风俗之意，用现在的术语表达，也就是"教育""立德树人"等，"成均"之所也就是开展教书育人的地方——"学校"。韩国首尔目前还有一所大学叫成均馆大学，该大学在 QS 世界大学排名百强之列，它的校训就是仁、义、礼、智，很容易看出这也是对中国儒家思想在办学治校中的借鉴引用。这些可谓是中国古代学校的萌芽，当时受生产力的制约，文化载体的缺乏，人才培养一般是口授相传的模式，但他们对人类的不断进化、知识的传递起到了非常重要的作用。

漫长的封建社会统治时期，无论是"官学"还是"私学"，都承担了培养人才和选拔人才的功能，如汉朝时设立的官方读书机构——太学，以及后来出现的各类书院。书院作为读书人隐居读书的地方，后来也承担着讲学和传授知识的功能，大量的科举考试人才，都有在太学或书院读书的经历。

现代大学的历史源于 12 世纪初的欧洲，也就是文艺复兴时期，其产生的背景、过程于本书第一章已进行了有关阐述。自现代大学诞生以来，大学不断进行变革、完善，但不管怎样变化，大学一直是师生共同参与学习的地方，是育人育才的地方，人才培养始终是大学的首要功能。

二、教育、知识和文化的关系

（一）教育与文化的关系

从对教育本质的描述可以发现，通过对学生实施教育，可以使学生人格健全、知识完善、能力增强、创造力提升，使个体进一步得到社会化，继而通过学校培养出来的一代又一代符合社会需要的人才，来实现文化的传承创新，也就是说教育和文化的过程是统一的、目标是一致的。教育活动本质上是一种文化活动，教育在培养人才的同时，也在进行知识传递和文化传承，并结合时代的需要、环境的变化进行知识的创新和文化的创新，从而推动人类文明的延续和实现更好的发展。因此，教育的本质是通过文化使个体完善发展并使个体社会化的活动，这是我们认识教育与作为个体的人、社会、文化发展之间本质联系的根本出发点。教育活动不能脱离社会文化而存在，教育的所有活动都是在文化系统这个大背景中展开的，文化也不能脱离教育而传承，两者密不可分，教育有传递、传播、选择、创造文化的功能。

（1）教育具有传递文化的功能。文化沿着从古至今的时间轴进行传递，使文化保存延续下来，为后人了解前人的文化创造条件。文化不是人的自然属性，而是社会属性，自然属性可以通过自然的、生物的遗传方式代代相传，实现自然基因的延续，文化不能直接进行遗传，文化的基因存在于人的意识和行为中，只能通过后天的教育引导才能传给下一代，或者存在于各类文化载体中，如自然、人文、艺术知识等，知识更需要通过教育尤其是学校的系统性教育实现代代相传。因此传递文化的功能是教育的基本功能，没有教育这一传播文化的手段，文化将无法延续，人的各种文化能力也将无从产生。教育传递文化的功能，随着人类社会的发展，其内涵也在不断地发生变化。在古代，由于文化不发达，教育传递文化的功能具有封闭性特点，它只传递占统治地位的阶级的文化，而排斥其他阶级的文化。从传递方式看，强调将人类积累的文化传给下一代，按已有模式去塑造人。进入现代社会后，教育传递文化的功能日趋开放，不仅注重传递本民族传统文化，也注意传递外来文化的优秀要素；不仅注重主流文化的传递，也关注多种亚文化的存在；不仅将人类积累的文化知识传给下一代，更着力于在这个过程中形成人的文化再生的能力。

（2）教育具有传播文化的功能。如果说传递主要是以时间为轴的纵向延续，文化传播则是指横向上的空间拓展，拓展范围可大可小，可以是一个人向另一个人的传播、一个人向一群人的传播、一个机构向另一个机构的传播、一个区域向另一个区域的传播、一个文化共同体向另一个文化共同体的传播、一个文化圈向另一个文化圈的传播等，还可以是多种文化的交互式、融合式传播❶。文化的传播可促进文化跨越地理概念进行横向蔓延，有利于促进文化的交流，有利于促进一种文化吸收另一种文化的先进元素，并加以转化，增长出

❶　许婧. 职教吸引力的文化影响因素［D］. 上海：上海师范大学，2012.

新的文化因子，从而为文化创新、文化发展提供更多可能。

文化有很多传播途径，比如历史上的战争，实现文化的强势传播，失败的国家则只能被动地接受外来文化，失去了文化的主动权。再如外贸交往，同时也加强了文化的互相交流，古代的陆上丝绸之路和海上丝绸之路，既是两条贸易之路，也是两条文化传播之路。古代人口大面积的迁移，如历史上发生的"闯关东""湖广填四川"，以及现代国家之间的移民等都会带来文化传播。

不论古今中外，教育都是一条十分重要的主流的传播途径。与其他文化传播途径相比，教育对于文化的传播，具有其一系列独特之处。第一，教育传播文化具有主动性，主动选择、主动研判甄别和主动运用，比如，当一种文化进入另一种文化圈子，选择"教育"这条传播路径时，就会有组织地开展，会根据统治阶级主流价值观需要进行教育内容的筛选，会开展有计划的教学，制订培养方案，统一编印或审核教材，有计划地培养师资等。集体的、有组织的行为就体现了国家的意志，或者是文化的意志，但这种集体文化行为，并不完全是把原有文化推倒重建，它会考虑如何吸收不同民族文化的精华，和本民族核心文化进行步骤、有选择的整合。第二，教育传播文化具有深层次特点，当一种文化通过贸易、经商、旅游、战争、移民等向另一种文化区域进行传播时，其传播的大多数只是表层文化，比如文化符号、物质文化、文化行为中的表层现象，而如果要进行深层次的文化传播和文化影响，则必须通过教育，使受教育者在价值观念、思维方式、审美情趣、学术思想理论等接纳另一种文化❶。它可以使人的文化吸收、消化、识别、选择、创造等能力得到增强，使文化心理、价值取向合理化。第三，教育传播具有系统性，既有实施过程的系统性，也包括教育内容的系统性，是一种有目的、有计划、有组织的系统实施的过程，是一种自觉的集体行为，在教育过程中所传播的文化是经过选择的，实施的步骤是经过严密计划的。它具有较大的准确性、较高的保存性，而且传播者之间在教育过程中始终是稳定的关系。从所传播的文化内容本身来看，不是零碎、无序的文化，而是系统、完整、有序的文化。通过教育传播文化，更易于使受教育者系统地认识、理解、接纳、认同其他文化的深层精神。

（3）教育具有选择文化的功能。文化选择是人类通过教育传播文化时的

---

❶ 蔡中宏. 论教育与社会发展［D］. 兰州：西北师范大学，2008.

必然过程，是教育有目的、有意识的行为。第一，基于文化意志，判断该种文化是否满足统治阶级的需要，选择符合统治阶级意志、符合主流意识形态的文化；第二，判断文化价值，是否符合人的培养的需要，能否对人的道德、艺术、文化修养和精神生活起到正面的积极作用，精华的文化得以保存，糟粕得以摒弃；第三，不同学科的选择，不同学科、专业背景人才，对文化的需求不同，在教育的过程中，会设置不同的文化教育内容。总体来讲，第一种选择是根本的选择，决定了哪些文化可以通过教育的渠道进行传播，而那些消极异质文化成分、不符合国家发展需要的文化成分或者对本国民族文化有害的文化成分，必定会被摒弃，不会纳入教育的范围。只有优秀的、有益的文化成分，才允许进教材、进课堂、进头脑，这是教育在发挥本质作用，体现国家意志。

（4）教育具有创造文化的功能。教育传递文化、传播文化、选择文化时，也就是教育与文化的互动过程，创造文化更是教育与文化的深度互动过程。教育创造文化的功能发挥，一是通过教学工作、科研工作、社会服务工作，对已有的文化进行传递、阐释，然后在此基础上进行创新或创造；二是通过培养一代又一代具有文化创新精神的学生，使他们走上工作岗位后开展文化创新。诚然，教育在传递文化、传播文化的过程中，也包含着文化的创造和更新，但正是因为教育对文化有主动选择过程，有主体和客体"教"与"学"的互动，所以教育创造文化不是简单地进行"传递"和"复制"，这个"化"的过程必定包括思想的引导、情感的沟通、文化的浸润、艺术的熏陶，是一个润物细无声的过程，在此过程中，会形成许多新的文化元素、文化思想。美国学者格里库里·贝特森指出❶："文化本身是复杂的，学习文化的过程也是复杂的，从某种意义看，每一代人对他们自己的文化，都有一个重新发现和理解的过程。每一代人不仅学习自己的文化，而且重新解构自己的文化。"因此，教育对文化的传递和传播不是简单的时间和空间的转移，施教者和受教者通过互动，对文化有接受、认识、理解、解构的过程，并内化于心，外化于行。

随着国与国之间的开放程度越来越大，新的交流和交通工具越来越先进，多元文化之间的交流、碰撞、交融、吸收日益频繁，一种文化若不善于借鉴吸收，创新发展，提升自身文化的生命力，很有可能就会被其他文化淹没、淘

---

❶　辛格尔顿. 应用人类学［M］. 蒋琦，译. 武汉：湖北人民出版社，1984.

汰。基于文化发展的要求，教育所具有的创造和更新文化的功能，正变得日益突出和重要。

不论是培养什么类型的人才，培养人才的基本内容之一就是在传播经验、知识和技能，教师是传播者，学生是接受者，从教学相长的角度讲，教师和学生共同推进人类知识的传播与创新。

（二）知识与文化的关系

辞海中将"知识"定义为人们在实践中获得的认识和经验。原始社会中长者传授的渔猎技巧和经验是知识，到如今航天飞船等高科技的产品制造，更是知识的大集成。知识的分类，就宏观笼统而言，宇宙的大小就是人类知识的极限，是人类探索自然的动力所在，从古至今人类社会演化过程中的所有社会规则，也都是知识。从大的部类来讲，分为自然科学知识、社会科学知识和人文学科知识。从细分来讲，从古至今知识体系在不断变化，比如西汉刘歆编的《七略》，其中的《辑略》是关于古代学术发展的简史，因此本书虽然名为《七略》，其实还是将宫廷藏书进行分类，将著录的图书分为七个大类，包括辑略、方技、诗赋、术数、六艺、兵书、诸子等，共38种，603家，13219卷，对后世的目录学有着深远的影响，成为中国目录书的典范。现在我们所采取的学科分类，按"学科门类""学科大类或者是一级学科""专业或者是二级学科"三个层次来设置。按照国家2011年颁布的《授予博士、硕士学位和培养研究生的学科、专业目录》，分为哲学、经济学、法学、教育学、文学、历史学、理学、工学、农学、医学、军事学、管理学和艺术学13大门类，每个大门类下设若干一级学科、二级学科等。学科和知识的分类越来越详细、系统和科学。高校就是按照现代大学的学科分类设置学科、专业，招收学生，进行授课教育。

知识和文化的关系，从狭义上讲，文化主要还是指精神财富，精神财富当然包括了人类对社会、自然实践后形成的认识和经验，也就是知识。顾明远先生指出❶："教育是培养人的活动，是把人类创造的生产经验和生活经验传授给下一代，也就是重复地把上一代从祖先那里继承下来的知识传递给下一代，促进他们的智力发展，使他们从自然的、单个的人成为群体的一分子，成为社会的人。"所以知识是文化的结果，知识也是文化的载体，是文化的一部分，

---

❶ 顾明远. 中国教育的文化基础［M］. 太原:山西教育出版社，2004.

但文化不仅仅是指知识，更是指感性与知识上的升华。从某种意义上讲，大学培养人才，传授知识，本身就是一种文化活动，知识传递传授的过程，同时也在进行文化的沉淀和文化的传承，大学是文化传播和创新主要的场所，文化的创造和形成离不开教育，文化的积淀和传承也离不开教育。

知识是文化承载和传递的工具，或者是文化的重要内容。显然知识不能等同于文化，也就是说如果高校仅仅是将传播知识和技能作为人才培养重点，尽管客观上推动了知识的传承与创新，但不能说完全发挥了高校第四功能的作用。大学培养人才始终要回答三个问题，为谁培养人才，培养什么样的人才，怎样培养人才。大学的国家使命和社会使命始终存在，要回应时代，适应时代。培养什么，一是开展专业教育，这是立身之基；二是提升眼界境界，拓展人生宽度；三是涵养精神气质和理性道德，塑造完美人格。

当前社会对于开展"专业教育"是普遍比较关注的方面，对于另外两方面的关注和认识还需要进一步提升，大量的课程基本上是通过思政课程来实现，而人文素质教育比较缺乏。国家大学生文化素质教育基地常务副主任李树勤认为，培养杰出人才，要有"全人"的育人理念，高等教育人才培养的三要素包括知识、能力和素质，其中素质又主要包括业务素质、文化素质、思想素质、身心素质，身心素质是基础，文化素质是内涵，加强文化素质教育，课程教学仍然是主渠道，大学往往是通过通识课程开展人文素质教育，但通识课程的学分比例在整个学分中比例较小，授课质量也相对较弱，越是普通高校，往往通识课程越不太被重视，世界一流大学对通识课程的要求非常高，在顶尖大学里，通识课程往往都是由最有水平的知名教授来讲授 ❶，也往往容易成为最受欢迎的"网红课""金课"。

第二节　文化传承创新与人才培养

文化传承创新的主体是人，人对文化传承创新的意识和能力，关系到文化传承创新的效果。如何培养"文化人"以及为文化服务的人，并结合时代对

---

❶　李树勤. 人才培养理念的变革与文化素质教育［EB/OL］. 清华大学官网.

文化传承创新的需求不断提高人才培养质量，是大学的使命和责任。没有高质量的人才，就没有高质量的文化。

一、人的全面发展理论

　　大学强调培养人才，但究竟要培养怎样的人才，是学术界讨论的热点，我们需要回归教育的本质进行思考。《大学》里关于"大学之道，在明明德，在亲民，在止于至善"，指明了大学人才培养的目标和方向，就是要塑造一个人格健全的人，达到"至善"的境界。哲学家亚里士多德的教育理念里面，也有关于什么是"完善的人"的观点，他认为完善的人，应该是"德智体"全面发展，"真善美"三者兼修。梁启超在《为学与做人》中指出，青年学生进学校求学问，最终的目的就是学做人，他说[1]："你在学校里学的数学、几何、物理、化学、历史、哲学、经济等，不过都是做人所需要的一种手段，不能说专靠这些便达到做人的目的，任凭你这些件件学得精通，你能够成个人不能成个人还是个问题。"教育家蔡元培先生重视人格教育，提出要让被教育者德智体美和世界观得到全面发展，其教育理念具有前瞻性，比如，他提出的"美育""公民道德教育""世界观教育""实利主义教育""军国民教育"五种教育论点，与当今的五育并举在内涵上高度一致，在现在看来这种观点仍具有十分重要的意义。

　　爱因斯坦曾指出[2]："用专业知识教育人是不够的，通过专业教育，他可能成为一种有用的机器，但是不能成为一个全面发展的人。要使学生对价值有所理解并产生热烈的激情，那是最基本的。他必须获得对美和道德上的善和鲜明的辨别力。否则，他连同他的专业知识就更像一只受过很好训练的狗，而不像一个和谐发展的人。"美国哈佛大学前校长内尔·鲁汀斯特曾经说过[3]："最佳教育不仅应有助于我们在专业领域内更具创造性，它还应该使我们更善于深思熟虑，更有追求的理想和洞察力，成为更完善、更成熟的个人。"这些理念尊重了教育的人本属性。

[1] 林文光. 梁启超文选：下册［M］. 成都：四川文艺出版社，1992.

[2] 陈晓辉. 通识教育与促进当代中国人的全面发展：有感于北京大学元培学院［J］. 黑龙江高教研究，2010（5）：36–38.

[3] 王晓锋. 推进文化传承与创新，引领大学发展新境界［J］. 南京理工大学学报（社会科学版），2012，25（2）：3.

人的全面发展理论，不能简单理解为德、智、体、美、劳的五个方面，这五个方面是外在的基本框架，构成了大学生人才培养的四梁八柱，这五个方面的内在联系，是文化，也就是说，人的教育过程是"以文化人"的过程。因此，我们不能只是培养承担知识学习和传播功能的"知识人"，也不能只是培养谋生就业的"工具人"，应当始终以人的自由全面发展为出发点，体现"以人为本"理念，加强人文终极关怀，培养人格完善的人、有文化的人、有理性的人。

当前大学在实施教育的过程中，对知识教育、技能教育、文化教育和政治教育如何融合统一，还有较多问题需要解决，要防止教育的过度工具化思维，过度功利化倾向。仅仅是开展知识训练、教学和考核考试，往往最容易操作，所以有的教师在授课时，不注重文化的教育、思想的分享和启发，即使是传统人文社会科学课程，也变成了知识训练课程。由于受实用主义思想的影响，大学在学科、专业和课程设置方面，也是紧紧以社会需要为导向，对中国传统优秀文化的教育，不管是通过第一课堂还是第二课堂，都是比较缺乏的。

中国现代大学模式是在西方大学基础上构建的，其工具性和实用性思想也是受西方的影响，这种教育理念和中国古代的注重德育、人伦教育理念相反。但不论是哪种方式，辩证来看，两种教育理念走向极端都是错误的，张之洞等提出的"中体西用"思想在当代仍然具有价值。所以现在有的大学也开始重视"文化育人"，尽管在实际操作上和理念上有差距，但总是在不断探索。在人才培养中推进文化的传承创新，在知识教育的同时做好文化教育，使知识转化为能力素质，内化为文化修养、人文精神。

在文化传承创新视野下思考人才培养，还要强调教师的文化责任、育人责任。教师不仅需要提高专业能力和学术能力，而且要提升教育理念，涵养人文素养，具备家国情怀，拥有大爱博爱，成为"经师"和"人师"，成为"大先生"，将教师的文化意识融入教育教学过程中，转化为学生的文化意识，培养既具有谋生立业的本领，又具有思想、文化、道德的自觉意识，还具有对国家社会有责任担当意识的新时代大学生。

高校的人文社会科学工作者是文化传承创新的主力军，他们在政治、历史、语言、哲学、艺术、道德等精神文明领域开展研究和教学，做出直接的贡献，但如果我们认为文化传承创新只是高校人文社会科学工作者的责任和义务，就失之偏颇，任何学科的老师在教书的过程中，都会承担文化育人的功能。高校实现"文化传承创新"功能需要全体教师共同参与。从知识创新的角度而言，不管是文科教师还是理工科教师，都在进行文化创新。

教师要注重文化修养提升。教师的文化修养，潜移默化地影响着大学生对文化的认知，教师既要做经师，也要做人师。知识传授是教师课程教学的手段，是基础性工作，人类文化的传播和人类文明的延续，才是教师课程教学的终极目标和最高境界。教师一是要有扎实的学识，不断优化知识结构，以丰富的学术魅力影响学生。二是要学会融会贯通，文科内部知识体系的融合，文科思维和理工科思维融合，人文科学与自然科学的融合，追求学术与服务社会的融合，人类与自然的会通融合等，取长补短，实现思维的创新。在交叉领域里面就需要大量做知识整合融合创新的人才，比如，有计算机专业的教师转入了对人工智能与未来哲学的研究，或者对基于大数据背景的信息隐私保护的研究，具有较强的社会意义；有心理学的教师开展脑科学的研究等。三是要具备文化责任和文化意识。教师直接面向文化传承的主体"人"，通过培养有文化的人实现文化的传承与创新，因此教师在国家的文化事业中具有至关重要且无可替代的作用。教师的文化责任，不但在于传播学术知识，传承人类文明薪火，而且在于传承民族精神和社会良知，在于坚守对高深知识的理性探究和学术自由的独立精神，在于传播人类大爱情怀，对人类生命意义的终极关怀和自我批判精神❶。只有将知识内容的传授、生命内涵的领悟、意志行为的规范，并通过文化传递功能，将文化遗产教给年轻一代，使他们自由地生成，并启迪其自由天性❷，才能真正地将"教书"与"育人"结合起来。

二、人文素质教育

（一）人文素质教育的内容和作用

当前从幼儿教育到大学教育，都特别重视素质教育。素质教育的内容很丰富，比如人的身体素质、心理素质、思想道德素质、艺术素质、人文素质、社会交往素质、智力思维素质等，但人们在实际开展教育过程中，关注最多

---

❶ 王晓锋. 推进文化传承与创新引领大学发展新境界［J］. 南京理工大学学报（社会科学版），2012（2）：4.

❷ 雅斯贝尔斯. 什么是教育［M］. 童可依，译. 上海：生活·读书·新知三联书店，2021.

的往往是智力思维素质，然而素质的各个方面都不能偏废。人文素质教育是素质教育的重要内容，当前有的大学对人文素质教育没有足够重视，也缺乏系统性，一般是融入德育、美育等教育内容中。人文素质教育的重要内容之一是优秀人文文化，教师将人类尤其是自身民族的优秀文化成果通过教育引导，转化为人内在的文化认知能力，涵养人的文化气质、文化修养和人文精神，最终综合形成人的人文素养。当前大学生人文素质缺失的主要表现，一是基本人文知识、文学知识的缺乏，尤其是对中国传统文化知识知之甚少，或者不愿意去了解；二是缺乏人文意识，人类情怀，没有足够的大爱、开放、包容、大气的胸怀；三是缺乏认识美、欣赏美、表达美的审美能力和审美素养。

1. 人文素质教育的主要内容

（1）人文知识方面。人文知识和自然科学知识是明显不同的知识体系，存在截然不同的特点，人文知识对人类社会发展的影响往往是潜移默化的、长期的、间接的，人文知识的获得主要是依托人文类学科开展的教学科研工作，这类学科在大学里通常简称文科，包括文学、中外语言学、音乐、美术、历史、哲学、法律、政治、社会学等各个方面。人文文化不仅包括西方社会启蒙的科学精神，更包括我们民族自身的优秀文化。中国古代的教育，不管是官学还是私学，都特别重视人文经典阅读，孩子幼小时就在家长或老师带领下阅读《三字经》《千字文》《声律启蒙》等经典，这些经典中充满了做人做事的智慧，充满了文化审美的营养。如果把"智慧"一词分开来看，自然科学更加注重"智"的训练，而"慧"则更多依靠人文社会科学知识。

（2）文化素质方面。即提升大学生对人文的理解和运用能力，构筑自己独特的人文气质、人文思维，吸收为人处世的传统和谐思想，认同民族价值观并拥有良好的道德修养，提升大学生的人类意识等。从"文化"的本意来看，人文素质教育就是"以文化人"的过程，人文素质的重点不是为了提升人的智力水平、逻辑思维，不是为了强化技能的运用水平，它的核心是"人"，这里的"人"也不是生物学、医学意义上的人，而是社会化的人，关注和研究的中心在于社会化的人和以人为中心构成的社会，关注人类的生存、发展及其意义价值等，从关注外物转化为关注人本身，从关注自己延伸到他人，再延伸到全人类，正确处理人与自然的关系。

（3）精神修养方面。通过人文素质教育，可以使人的精神世界更加丰富，精神境界更加提升，价值信念更加坚定，精神气场更加强大。精神修养方面的主要衡量标准还在于人们是否具有发现美、欣赏美、表达美、创造美的审美意识和审美能力，继而升华为追求美好人生德性、人生境界和社会的美好生活。人文素质教育要求学生学会做人，要求高校重视人文精神。

2. 人文素质教育的作用

（1）通过人文素质教育，提供大学生精神营养，提升大学生精神境界，有助于培养大学生正确道德认知和优良道德品格，帮助大学生树立正确的世界观、人生观、价值观，同时对大学生情感智慧的提升也有较大帮助，提升个人对自己情绪的把控、对他人情绪的包容理解，提升心理素质，解决当前有部分因精神空虚、人际交往而导致的心理问题等情况。人生不仅有物质追求，也有精神追求，不仅在追求实现个人价值，也在追求社会价值，在物质得到基本满足、个人价值基本实现之后，必定会追求精神，追求社会价值，延长自身的社会生命，追求幸福人生，体现自身最大价值。

（2）通过人文素养教育，提升大学生的综合素质、视野格局，尤其是学会如何处理人与自己、人与他人、人与社会、人与自然的关系。当前社会处于深刻的变革中，许多重大问题的解决，都有赖于多门学科、多种技术的综合运用，自然科学和人文科学互相影响，哲学、心理、伦理、人文等方面的缺失，影响科技和社会的深度发展。有较强人文素质的人，也往往具备创造性、开拓性、战略性和预见性的能力，能够具有更好的适应性。所谓人才素质的竞争，不仅是科学能力的竞争，还包括心力、精神的竞争，这是一种内在力量的竞争，这种内在的精神层面的竞争往往是通过人文修养提升得到的，也往往会在关键时刻决定事业的成败。

（3）通过人文素质教育，能够形成比较强大的民族自豪感，提振文化自信，进一步巩固社会主义核心价值观，激发爱国情怀。人文精神与科学理性不同，不仅仅强调知识和科学本身的价值，更强调家国情怀、社会责任、个人修养的统一，有助于民族文化认同，形成民族向心力和凝聚力。

3. 大学人文素质教育存在的主要问题

（1）重视不够，定位不清。人文素质教育在人才培养体系中缺少足够的位置和显示度。比如在课程设置方面，《大学语文》的存废与改革一直是人们争论的焦点。2013年有一项调查显示，全国91所高校参与的调查中，将《大学语文》列为必修课的仅有 34.8%，目前来看还有逐渐减少的趋势，《大学语文》逐渐"边缘化"❶，即使在开课的学校，这门课也变成选修课，应不应该开，怎样开，教育主管部门要做出顶层设计和总体指导，大学要结合实际，在教学内容、教学和考核方式上做出改革探索。

（2）教育内容观念落后、方式方法欠缺。开设人文社会科学类课程，加强有关知识传授，这是加强大学生人文素质教育的前提，但不是全部，大学生人文素质的提高，需要将知识内化于心，因此还需要教师教学理念的同步提升，教学方法的改革创新。教学的目的是要大学生理解普遍的人性、感悟人生的哲理、追求美好的精神境界，如果以传统知识灌输为主，缺乏师生间的讨论，缺乏人文思考，就无法触及学生的灵魂和内心，其效果会打折扣。从专业的知识化教育拓展到人文教育，注重科学教育和人文教育的融合，还需要进一步探索。

（3）大学受社会价值导向的影响较大。大学越来越开放，社会越来越融合，社会流行的思想、价值、风气很容易对高校学生产生直接或间接的影响，影响大学生的价值判断、人生观的形成、人生道路的选择等。比如就业压力，教育行政部门拥有各类考核的指挥棒，设置就业率等指标。在理想与现实之间，大学似乎只有适应社会的变化才能更好地生存和发展，以"顺利毕业"和"顺利就业"为导向的教育，潜藏在人才培养的过程中，不易察觉却客观存在。理工科学生的人文素养缺失更为严重，他们大多数因为繁忙的学业任务，埋头奔波于教室和实验室，接触人文社会科学类教育的机会十分有限，难免会影响他们的人文素质、心理素质、意志品质等综合素质，长远来看或许会影响到他们今后人生的发展高度。科学精神与人文精神是相互渗透且相互支撑的，新时代全面发展的创新型人才，一般是既拥有科学精神又具备人文精神的复合型人才，所以大学要建立一套完整的人文教育评估体系，能对理工科学生人文素养指标开展评价，包括学生的心理素质、社会适应性、团队合作意识、表达能力、知识应用能力、"文史哲艺"素养等❷。

---

❶ 刘传启. 当前大学语文教学亟需解决的几个问题［J］. 长春教育学院学报，2016（5）：3.

❷ 刘威. 理工科学生人文素养缺失及对策［J］. 现代教育科学，2008（11）：109.

（二）人文素质教育的部分政策和案例

世界的教育在不断发展，我国的教育改革也在持续推进，人文素质教育成为社会普遍关注的热点。国家也陆续出台相关政策制度，比如国家1998年颁布了《关于深化教育改革，全面推进素质教育的决定》；1999年召开第三次全国教育工作会议，颁布了《关于加强大学生文化素质教育的若干意见》；2004年推出"2003—2007年教育振兴计划"，提出"实施新时期素质教育工程"；2005年颁布《关于在高等学校增设国家大学生文化素质教育基地的通知》；2020年印发《深化新时代教育评价改革总体方案》；2021年制定《关于进一步减轻义务教育阶段学生作业负担和校外培训负担的意见》（简称"双减"）等，这些文件对深化教育改革，加强素质教育做了深入系统的部署。

中华优秀传统文化是中华民族的"根"与"魂"，进入新时代，党和国家领导人从国家战略发展高度，从中华民族伟大复兴内在需要的角度，对中华优秀传统文化的传承创新发表了一系列重要讲话，进一步增强了全体中国人民的文化自信，文化的发展也迎来新的繁荣，国家及有关部委先后制定《关于实施中华优秀传统文化传承发展工程的意见》《关于完善中华优秀传统文化教育指导纲要》《中华优秀传统文化进中小学课程教材指南》等文件，为高等学校进一步弘扬优秀传统文化、加强大学生文化素质教育指明了方向，提供了基本遵循。

从国家宏观层面的政策导向和操作层面来看，主要是两个基地的遴选和建设。一是国家大学生文化素质教育基地遴选，二是中华优秀传统文化传承基地遴选。1995年9月，大学生文化素质教育工作开始在52所院校进行试点。1999年1月，在试点基础上教育部批准建立包括北京大学、清华大学等53所院校在内的32个国家大学生文化素质教育基地。2006年3月，教育部批准北京科技大学、北京邮电大学等104所高校增设61个国家大学生文化素质教育基地。截至2006年底，全国共有93个基地157所大学进入国家大学生文化素质教育基地的行列❶，之后教育部没有新增计划。高校大学生文化素质教育基地坚持发扬中华优秀传统文化，同时也注重吸收人类文明先进成果。通过对大学生开展理论

---

❶ 尹晓龙. 国家大学生文化素质教育基地发展现状研究［D］. 武汉：华中科技大学，2008.

和实践教育，提高大学生的文化素质。其主要任务包括对从事文化素质教育的师资队伍进行选拔、培训和建设，开展有关文化素质教育的理论研究，探索文化素质教育的课程体系建设，开展文化素质教育有关实践活动等。

申报基地的高校，要求具备的条件是：一是学校主要领导重视，对于深入开展文化素质教育工作有明确的思路和措施；二是重视机构和队伍建设，学校建立和完善领导机构，配有专职或兼职管理人员，确保工作有人管，有人抓；三是能够将加强文化素质教育与学校的思想政治教育、教育教学改革等统筹起来，完善人才培养方案；四是能够将文化素质教育贯穿于专业教育之中，在专业课教学的同时做好人文素质教育，做到人文精神和科学精神并重；五是有一支稳定的、业务水平较高的从事文化素质教育的师资队伍，并能够承担培训相关师资的任务；六是重视文化素质教育的课程建设和教材建设；七是重视校园文化环境建设，积极开展丰富多彩的校园文化活动；八是学校及其上级主管部门领导明确支持建设基地，并有相应的政策支持和配套措施❶。几年来，高校大学生文化素质教育基地通过加强建设，形成了众多理论成果和实践经验，取得了一定成效，但还存在诸多不足，仍然需要持续建设、持续改善。

为进一步加强对高校文化素质教育的宏观管理和指导，教育部还成立了高校文化素质教育指导委员会。该委员会既是一个专家组织，开展有关理论和实践的研究，也是一个智库机构，为国家制定相关宏观政策，提供咨询指导和建议。委员会首届主任委员是曾任华中科技大学校长的中科院院士杨叔子，这是一位令人肃然起敬的人文素质教育的倡导者，其自身从小接受传统文化教育，有较深的传统文化功底。他强调❷，人文教育是塑造人类灵魂的教育，是振奋民族精神的教育，纵观古今中外，没有强大的人文精神支撑，就没有崇高的爱国献身精神，就难有一往无前的动力，就不可能开拓进取。关于重视和加强人文素质教育有哪些途径，下面结合部分案例说明。

一是要融入人才培养方案制订，完善人文素质教育相关内容设计。大学里除了相关特定专业有关于人文社科类的专业课程以外，大部分专业开展人

---

❶ 教育部办公厅关于在高等学校增设国家大学生文化素质教育基地的通知［EB/OL］. 中华人民共和国教育部公报.

❷ 顾子筠. 人文观照树魂立根：杨叔子院士访谈录［J］. 科学中国人，2006（8）：40.

文素质教育，其课程设计都是通过通识教育选修课来实现的。选修课就存在学生自由选择的问题，因此不能确保人文素质教育通识课的全覆盖。有的大学为了保障人文素质、公共艺术类选修课的选课率，也会采取一些措施，比如在选课环节做出规定，要求学生在大学四年中，必须有多少学分是通过修读人文素质、公共艺术类课程获得。通识课程对于打破专业局限，开阔学术视野，培养文化通感，优化智能结构，提高审美情趣，提高学生的创造性和适应性有重要意义❶。人才培养方案具体制订过程中，在人才培养目标定位、培养规格方面对人文素质要有具体要求。以华侨大学汉语言文学专业实践教育为例，在人才培养目标定位上，明确强调学生应具有扎实的汉语言文学基础和较高的文学修养、文学感悟能力、文献典籍阅读能力、审美鉴赏能力、语言文字运用与信息处理能力，培养具有国际视野与社会责任感，能为传承中华优秀文化、服务海内外经济社会发展做出贡献的高素质复合型人才。在培养规格方面注重强调热爱中华民族优秀传统文化，具有良好的人文素养和科学素养、较高的审美品位以及健康的心理和体质等❷。

复旦大学、浙江大学在通识教育的探索实践方面走在全国高校前列。复旦成立了通识教育研究中心，建有复旦学院，在理论和实践方面构成了开展通识教育的体系。浙江大学于 2019 年发布了通识教育白皮书，全面介绍了该校的通识教育体系，有许多先进的经验值得其他高校学习。比如，学校首先明确管理机制，本科生院下设求是学院，由本科生院统筹全校教学资源，负责低年级学生的通识教育，为了保障教育质量和教育效果，学校还成立通识教育中心、通识教育专家委员会、通识教育推进工作组和通识课程建设小组等机构❸。浙江大学在通识教育的课程体系方面也不断创新，包括通识必修课和通识选修课，通识必修课全国高校基本一致，包含思政类、军体类、外语类、计算机类、创新创业类、自然科学类等，通识选修课则是学校个性化的设置，包括中华传统、世界文明、当代社会、科技创新、文艺审美、生命探索和博雅技

❶ 韦晓娟. 基于通识教育理念的艺术学教育探讨［J］. 美与时代，2008（3）：34.

❷ 胡斌彬. 中华优秀文化传承与创新人才培养模式改革探索：以华侨大学汉语言文学专业实践教育为例［J］. 大学教育，2021（7）：4.

❸ 曾福泉. 浙大发布通识教育白皮书博雅之士如何"养"和"熏"［EB/OL］. 浙江新闻客户端.

艺等"6+1"类❶。

二是要加强课堂教学。人文素质教育要取得实效，离不开课堂这个主渠道。第二课堂的内容形式主要是讲座论坛、社团活动、社会实践等，可以一定程度提高教育的吸引力，是课堂教学的有益补充，但要提高教学实效，就应建立课内课外联动、理论实践结合的教学体系。开设人文学科的必修课和选修课，尤其是理工科的学生更需要加强人文素质教育。比如，可以通过开设大学语文、中国通史、文化通论、文学鉴赏、音乐欣赏、唐宋诗词赏析、传统戏曲、书法艺术、心理学、伦理学、哲学、政治学，法学、公共关系学等课程，提高学生的历史文化素养、艺术素养、法治素养、政治素养等，在课程的安排上，还要打破学科壁垒，使文理科相互渗透，逐渐提高大学生的人文素养❷。

上海交通大学注重人文素质教育通识课程建设，设置出版基金对有关课程出版教材进行支持鼓励，引导教师开发优质课程，文科学院和广大教师承担着培养全面发展的高素质人才的光荣使命，基金吸引更多高水平的教师加入通识课教学工作中。上海理工大学按照模块设计课程，几大模块的设置兼顾传统与现代、人文与科学、国内与国外，如设置了鼓励创新思维的课程、传统文化的课程、艺术审美的课程、科学探索的课程、全球化视野下的现代文明课程等。上海财经大学注重人文类通识课程的建设，对课程设置进行科学论证，有利于课程建设的延续性、稳定性。重视植根于传统文化土壤，将传统的文化经典列入通识课程，如设置"国学经典智慧""《老子》导读""中国传统音乐赏析"等课程，也设计跨文化、跨学科的综合性"跨界"课程，拓宽学生文化视野，促进文化融合创新。广西师范大学为提高学生的审美和人文素养，在人文素质教育课程体系建设方面，对本科和硕士的通识教育进行一体设计，体现学科之间的差异，体现课程建设的层次性和差异性，实现培养目标的个性化。比如，本科阶段突出艺术、体育、人文、社科、自然科学等通识课程，硕士阶段以专题形式构建课程，突出人文社科、哲学历史类的课程。作为国家"211工程"首

❶ 高耀，王莉莉."双一流"建设的阶段性成效评估与问题剖析：基于36所高校《"双一流"建设2018年度进展报告》的内容分析［J］. 中国人民大学教育学刊，2020（4）：104.

❷ 刘威. 理工科学生人文素养缺失及对策［J］. 现代教育科学，2008（11）：109.

批重点建设大学，东北师范大学面向全体本科生、研究生，相继开设了国学概论、中国传统文化、中国历史、中国传统经典阅读等一系列选修课程，并以考试、考察、社会实践等多样化的形式保证教学质量的提升和传统文化的弘扬、普及❶。曲阜师范大学位于孔子故里，在传统文化传承发扬方面走在全国高校前列，注重顶层设计，制订学校文化发展战略，面向全体本科生开设"孔子与《论语》"《大学》《中庸》《孟子》导读"等必修课，以及"生活中的儒家伦理""诸子百家概说"等60余门传统文化公选课，形成了较为系统的传统文化教育课程体系。

三是要充分发挥第二课堂作用，设计丰富的校园文化活动。策划开展文化活动是大学的优势，大学生乐于主动设计活动和参与活动，要充分发挥大学生自身的主动性、创造性，在老师的引导下，依托团委、学生会、社团等各类群团组织，开展丰富多彩的校园文化活动、暑期社会实践活动、志愿服务活动，引导学生深入广袤的农村、社区、企业、革命老区，注重田野调查，在社会实践中加强文化学习，强化文化感知，传播文化声音，谱写文化乐章。文化活动需要文化载体、文化阵地，要善于结合地方历史文化资源和学校办学特色，开拓文化载体、文化阵地。岳麓书院是古代四大书院之一，是湖南大学的学脉、文脉，湖南大学每年在开展新生始业教育时，都会组织新生走进岳麓书院感知湖南大学办学历史，让学生们感受学校优秀的文化传统，深厚的文化底蕴，提升学生爱校荣校的意识。学校还开设了必修课《中国传统文化与岳麓书院》，充分体现大学的特色文化。在环境布置上，学校注重将岳麓书院有关的传统文物、经典语录进行物化、固化，形成人文景观，通过环境育人，让学生们在潜移默化中受到传统文化熏陶。武汉大学是一所文科实力强大、文化底蕴深厚的综合性大学，注重优秀传统文化传承创新，对于传统文化类学生社团给予大力支持和有力保障，学校依托百年名校深厚的人文底蕴，通过专项策划、科学引导、重点培育，推动传统文化活动向精品化、品牌化发展，比如形成了樱花笔会、红楼论坛等一批具有较高知名度、较强美誉度、较大影响力以及较好教育效果的品牌活动❶。

---

❶ 刘淑霞. 中华传统文化与高校思想政治教育融合之实然状态与应然态势［J］. 唐都学刊，2011，27（1）：94.

第三节　人文经典与大学生培养

经典著作是人类文化与思想的重要载体，是读者和作者进行灵魂交流的重要桥梁，在文化传承创新方面具有独特的价值和魅力。大学里通过课堂教学进行的专业学习，大多是结合未来个人职业发展进行的现实选择，对人格提升和精神塑造的作用甚微，远远不能满足立德树人的需要，如何培养大学生的阅读兴趣，尤其是阅读经典的兴趣，用经典著作培育和滋养大学生，应成为新时代高校立德树人的题中之义。

一、经典著作及其阅读意义

（一）什么是经典著作

因为研究领域和研究视角不同，不同的学者对经典著作的定义有不同的描述。《辞海》对经典著作的解释为：传统的具有权威性的著作；有的学者定义为，经典是指那些具有重要影响的、经久不衰的著作，其内容或被大众普遍接受，或在某专业领域具有典范性与权威性❶；有的学者认为，经典是具有思想性、艺术性的作品或著作；有的学者采取分类列举的办法进行描述。不论怎么定义，笔者认为有两个重要特征是必不可少的。一是具有典范性，有的学者也称其为传统性，也就是说这部著作经过了时间和空间选择，是超越时空的。经典著作一定是经过了时间的沉淀、检验，有的著作在一定时期很受欢迎追捧，但它是不是"经典"还需要时间考验。二是具有权威性，该著作应该是有思想、有分量的著作，具有原创性、独创性、奠基性的特征，得到了学者们和广大读者们的高度认可，有的经典甚至是超越国家的、超越民族的、超越意识形态的。经典著作蕴涵着民族的基因、文明的种子和爱的力量，记载着人类最优秀的思想文化，蕴含着丰富的人文资源。

（二）经典著作的分类

2014 年教育部印发了《完善中华优秀传统文化教育指导纲要》，针对大学

---

❶　刘万振. 论读经典［N］. 重庆日报，2010–09–17.

生提出"深入学习中国古代思想文化的重要典籍,理解中华优秀传统文化的精髓"的要求❶。中华优秀传统文化经典著作是中华优秀传统文化的精髓,普遍具有涵养心性、启迪智慧、提升审美品位、培养家国情怀、增强文化自信的作用,是在人才培养中加强大学生人文教育的重要文本依据。中华传统文化经典灿若星河,数不胜数,开展经典书目推荐的,有教育部官方机构,有部分专家学者,还有一些是大学图书馆。尽管推荐的书目各有差别,但总有一些著作,基本上是大家都会推荐的传统经典,它们历经千百年岁月的洗礼,仍然具有无穷的魅力,得到人民群众共同认可,如四书五经、唐诗宋词、四大名著等。2017 年 9 月,中宣部等部门主持编纂的《中华传统文化百部经典》具有一定代表性,分批编纂,首批十部著作为《周易》《尚书》《诗经》《论语》《孟子》《老子》《庄子》《管子》《孙子兵法》《史记》,均由国内一流学者承担解读,并经过国内相关领域优秀学者的审订,既保证了学术的严谨性,也能基本反映当代学术界在相关领域的研究水平,具有集大成的性质,值得推广。

此外,外国经典著作展示着各国社会科学和自然科学等方面的文明和进步,学习国外经典,有助于丰富大学生知识体系,感受不同的文化,开阔视野和启迪心灵。西方传入的思想名著、文学名著,学者赵晨洁等曾以清华大学、北京大学、浙江大学、复旦大学、西南交通大学、南京航空航天大学、陕西师范大学、铜陵学院、宁波理工大学、哥伦比亚大学、广岛大学、哈佛大学的 12 份大学生阅读推荐书目为样本进行分析,排在前面十位的外国经典书目有《理想国》《神曲》《社会契约论》《新教伦理与资本主义精神》《论法的精神》《百年孤独》《哈姆雷特》《物种起源》《西方哲学史》❷,这些都是人类共同的精神财富。

(三)经典阅读的意义

1828 年,在时任校长杰里迈亚·戴的领导下,耶鲁大学发表了著名的《耶鲁报告》,极力肯定以古典学科为主的人文教育的重要价值❸。柏林大学成立初期,康德的《学科之争》《纯粹理性批判》《实践理性批判》《判断力批判》等

---

❶ 王荣. 当代大学生传统经典著作阅读现状探析[J]. 思想教育研究,2015(2):1.

❷ 赵晨洁,叶志锋. 大学生经典阅读书目体系构建及推广策略研究[J]. 图书馆学研究,2019(8):81–84.

❸ 魏金明. 加强大学生中华优秀传统文化经典著作教育研究[J]. 国家教育行政学院学报,2019(2):74.

经典著作，都是学生的必读著作。20 世纪初，哈佛校长查尔斯·威廉·艾略特组织出版了 51 卷本《哈佛经典》，在哈佛大学实施完全学分制模式下，为学生提供了丰富的阅读选择。经典著作是伟大的著作，它们往往具有恒久的魅力，在任何时代都具有重要的价值。美国教育家罗伯特·赫钦斯认为，经典名著在任何时代里都是属于当代的，经典著作是通识教育的重要文本，是指向通识教育最有希望的路径，因为这些书籍不需要教师提供指导❶。在中国，重视通识教育或者博雅教育，倡导经典阅读的高校也逐渐增多，如北京大学的元培学院、复旦大学的复旦书院、中山大学的博雅学院等，都推行经典阅读计划。

经典阅读对大学生人文素质培养起到非常重要的作用，是人才培养的重要途径。经典著作是人类优秀思想和智慧的结晶，记录和保存了人类优秀的思想，着眼于精神世界和价值世界的构建，是大学生进行人文素质教育必不可少的素材。人文素质教育是关乎人的教育，启发人们思考人生的价值，经典阅读是强调回到人、回到理解和思考、回到人的自我陶冶意义上的教育，向大学生传递人生观、世界观、价值观❷，大学生在内化于心的过程中外化于行，朝着积极向上的方向发展，通过一代又一代人的影响，这些具有人文素养的人，在自我修养提升的同时传播人类优秀文化。尤其是我们民族自身的优秀经典，大学需要发挥更多的作用，做好传承发扬工作。

中华传统优秀经典阅读对人文素质培养影响至少体现在三个方面：一是有助于修德。中国的传统文化经典，有关于大量修德养性的思想，这些思想是培养大学生大德、公德、私德的重要素材，比如关于"修身、齐家、治国、平天下"的家国同构思想，关于"上善若水""己所不欲，勿施于人"的人格思想，关于"古之立大事者，不惟有超世之才，亦必有坚忍不拔之志"的立志思想，关于"知行合一"的道德践履和事功思想。二是有助于启智。传统文化经典有很多人生智慧的启发，如《老子》《庄子》《周易》包含了观察世界、洞悉宇宙、为人处世的大智慧。《孙子兵法》被国内外军事学院奉为经典，开展研究学习；《论语》《孟子》《史记》《资治通鉴》等有较强的资政价值等。三是有助于审美。

---

❶　王荣. 让阅读经典成为大学生的"必修课"［J］. 江苏高教，2015（6）：100–101.

❷　张洪雪. 大学生阅读及其思想政治教育功能之研究［D］. 北京：华北电力大学，2018.

当前大学生的美育教育是比较缺乏的，审美素养是大学生的综合素养的重要方面，是全面发展不可或缺的环节，拥有发现美、欣赏美、创造美的能力，是身心和谐、人格健全的重要体现。

中国有太多文学经典作品让我们感受到美，"关关雎鸠，在河之洲"让我们在返璞归真中感受到古朴之美，"明月松间照，清泉石上流"让我们感受到禅意和空灵之美，还有陶渊明山水田园诗的恬静悠然、李白诗歌的浪漫洒脱、辛弃疾辞赋的豪迈奔放等，无不给人以审美体验。总之，经典著作是提高人文素养的重要载体，是我们思想的来源，能够帮我们树立正确的人生观、世界观、价值观，塑造健全的人格，能够充实我们的生活，滋养我们的心灵，赋予我们精神的力量。

二、经典阅读的方法路径探索

大学教育是课堂教育和课外教育相结合的教育，从某方面来讲，课外自主学习更为关键，仅通过课堂来加强传统文化的教育远远不够。课堂教育课时有限，往往也是被动式的教育，而课外教育可以根据自己的学习兴趣和学习时间选择，主动加强学习。但前提是，大学生需要具备这种主动阅读经典的意识。从当前阅读现状来看，情况不容乐观，大学生对读书尤其是读经典的认识不足。随着社会价值观的多元化，社会上的享乐主义、功利主义、娱乐至上等不良风气对大学学术文化的侵蚀始终存在，各类网络新媒体的兴起，更加影响大学生的阅读习惯，大学生变得浮躁而短视，读书普遍偏少，上网越来越多，读经典越来越少，看"短平快"视频越来越多。《人民日报》官方微博曾发布关于对北京大学、南开大学等9所著名高校图书馆借阅排行的调查情况，调查数据显示，《平凡的世界》《藏地密码》《盗墓笔记》以及武侠小说等文学语言类作品和通俗作品最受欢迎，对于《诗经》《论语》《史记》《理想国》《君主论》等各大高校和专家学者推荐书单中重点推荐的经典文本，其借阅排行情况不容乐观❶。某省社科系统也曾对高校大学生的阅读情况进行调研，得出三点结论：一是大学生的阅读率普遍偏低，二是手机阅读、网上阅读渐成趋势，三是阅读

---

❶ 赵晨洁，叶志锋. 大学生经典阅读书目体系构建及推广策略研究［J］. 图书馆学研究，2019（8）：79.

内容偏向快餐化、娱乐化、流行化。学者王逸鸣曾以北京大学为例，开展当代大学生的经典阅读调查分析，从调查统计结果来看，将手机、电子书作为主要阅读载体的学生占总样本比例的47%；有30%的学生读经典或者说了解经典是通过电视、电影、动画、网络游戏作品等，而不是通过读原著；在精读和泛读方面，72%的学生是泛读❶。这些调查很具有参照性，带有普遍性，基本代表了当前大多数高校的实际情况。

读经典的习惯前提要有读书的习惯，大学在鼓励学生读书方面有义不容辞的责任，除了第一课堂的教学，也要思考探索通过第二课堂加强经典著作教育的方法路径。

一是要做好制度设计。是否加强传统经典阅读，与大学的治校理念有很大关系，曾任哈佛大学校长的查尔斯·威廉·艾略特曾组织出版了51卷本《哈佛经典》，其中包括古希腊荷马史诗《奥德赛》，柏拉图的《斐多篇》《克里斯托篇》，亚当·斯密的《国富论》，达尔文的《物种起源》以及儒家经典《孔子文集》等❷。曾任北京大学校长的胡适也鼓励读经典，给大学生们列出的经典文学达87种。中国目前也有部分"双一流"大学开展经典阅读计划，比如，有的大学将《论语》《道德经》等作为公共必修或选修课，要求学生加强修读；有的学校开设《经典文化导读》《中国文化名著导读》《中外文学经典名著导读》等全校性公共课或选修课，使读经典融入全校的课程体系；有的大学不仅要求学生读经典书目，还通过组织"人文中国行""走读中国"等社会实践项目，将"读万卷书"和"行万里路"结合起来，等等。中国科学院院士杨叔子是工程领域的专家，同时也是重视和倡导加强大学生人文教育的教育家。他长期身体力行推广人文教育，比如，他要求自己的博士生参加毕业论文答辩之前，要先学会背诵《论语》《老子》等相关经典名篇。广州大学的经典诵读教育有制度、有抓手、有成效，该校制订了有关制度，明确将"中华经典诵读"作为本科生第二课堂的必修课，开发了网络考试评价系统，考试合格才能获得学分，使学生在踏入社会之前的国民教育"最后一站"，能得到比较充实的中华经典

---

❶ 王逸鸣. 当代大学生经典阅读的现状调查及分析：以北京大学为例［J］. 出版广角，2014（4）：17.

❷ 王荣. 让阅读经典成为大学生的"必修课"［J］. 江苏高教，2015（6）：101.

涵育与浸润 ❶。

为了保障读书效果，大学还需要加强顶层设计，加强资源统筹，以保持经典阅读的长期性、系统性。要融入大思政工作格局，融入"三全育人"工作体系，把宣传部、学生工作部、团委、教务处、图书馆以及相关文科学院的资源统筹起来，一起谋划，一起研讨，策划经典阅读活动。要制订落实经典著作教育规划计划，加强人、财、物等资源保障，要发挥人文社会学科和专业、图书馆、传统文化研究所、档案馆等资源保障作用和智库支撑作用。尤其是大学图书馆，不仅是藏书的场所，除了加强图书的管理和服务，还要主动参与学校育人工作，和相关学院一起开展一些引导性的活动，如书目推荐、读书沙龙、读书节等。

二是要与时俱进。在阅读方式上进行创新，提高读书吸引力。传统阅读是一个"慢"处理的过程，因为慢，所以可以系统、完整、深度地进行阅读，但要受到一定程度的环境限制，需要有时间和空间上的支持。信息化时代，网络无所不在，手机智能化程度越来越高，各种阅读应用软件（如微信读书、喜马拉雅等）深受欢迎，阅读内容丰富多样，阅读进入了"快"和"泛"的时代，为读者阅读带来极大方便，受时间空间限制较少，选择性比较多，趣味性更大，有利于互动，具有传统阅读方式无法比拟的优势，当然其劣势也必定存在，如果两者能进行优势互补，克服劣势，就能起到很好的效果。比如，有的大学将传统文化资源转化成数字资源，通过新媒体平台进行宣传传播，有的大学通过文艺展现，将传统文化搬上舞台，并通过网络直播与观众进行互动，观众可以评论、转发等，这种方式实现了内容与形式的联动，线上与线下的交流，传统与现代的互动，让经典阅读焕发出新的活力。要形成宣传氛围，新媒体时代的阅读具有受媒介操纵的鲜明特点，要借用新媒体，采取新形式，加强读经典的方式方法创新，使读经典的欢迎度、吸引力更加增强。

三是要形成读书的氛围。大学里学生社团种类较多，社团是以兴趣为纽带而组建起来的学生组织，如果没有适当的引导，出现的结果往往就是娱乐性社团占的比例较大，学校对于和专业结合紧密的社团、读书类社团要大力鼓

---

❶ 屈哨兵，纪德君. 以大学为核心构建中华优秀传统文化的传承体系：基于中华经典阅读实践的探索与思考［J］. 高教探索，2017（5）：23.

励。比如，有的学校鼓励成立读书协会、诗社、文学社、经典诵读协会、文化研习社、戏剧社等文化类社团，学生通过社团的活动获得文化涵养和文化教育的效果。学校的社团活动、竞赛活动也要有一定的读书类活动、传统文化活动，比如，有的高校开始注重中国传统节日的宣传，策划有关活动，中秋节赏月，食堂供应特制的月饼；重阳节开展登高爬山活动；端午节开展赛龙舟比赛等。有的高校组织学生参加地方性的特色文化活动，如书法节、祭禹大典、宋韵文化节等，加强校地文化互动交流。有的高校开展读书节、读书知识竞赛、书展等活动，或者邀请文化学者们进校开展经典文化讲座。

这里介绍三个比较有名的老牌读书会。一是南京邮电大学读书协会，成立于1987年，有一定的历史积淀。该社团成立之初便以"读天下书，会天下友"为宗旨，在校内积极开展读书类活动，并积极和南京以及全国高校文学性社团进行密切的合作与交流。作为老牌的优秀社团，南京邮电大学读书协会致力于为同学提供读书类的帮助、增强同学学识而努力。二是成立于1989年的中国矿业大学读书协会，在高校协会中也具有一定的影响力。他们经常在校内或社会开展一些经典活动，如图书漂流、读书沙龙、图书馆共建、红楼诗社、好书推荐、国学研修、共读一本书、微书评比赛、读书节等。三是北京大学元培学院重视大学生的人文素质教育，探索建立了学生读书会制度，构建了"好书＋名师"的读书交流机制。读书会鼓励不同年级、不同学科专业的同学围绕共同的话题开展辩论讨论，开展头脑风暴、思想碰撞。北京大学元培学院建立的这种有组织、有计划、系统推进的经典阅读教学制度，在改善当代大学生经典阅读现状这一课题上取得了一定的成果❶，有较强的借鉴意义。

在读书活动推广方面，大学要注重点面结合，人文类学院更要发挥主体作用、示范引领作用。比如，华侨大学汉语言文学学院每年举办传统文化节会活动，举办原创诗歌大赛、汉字文化大赛等有关竞赛，让同学们感受到诗词歌赋、音乐舞蹈、剪纸茶艺等传统文化魅力。绍兴文理学院是浙江省大学生中华经典诵读竞赛发起单位和竞赛基地，以教师教育学院为主要承办力量，连续承办多届浙江省"大学生中华经典诵读竞赛"，全省竞赛者同台竞秀，传播中华

❶ 王逸鸣. 当代大学生经典阅读的现状调查及分析：以北京大学为例［J］. 出版广角，2014（5）：19.

文化，深受学生欢迎。

第四节　文化与人文社科

　　如果从比较笼统的角度去定义，人文社会科学也就是我们通常所说的"文科"，它具有与"理科""工科""医科""农科"完全不同的特性，其研究对象主要是社会化的人以及由人构成的社会，研究他们中存在的现实问题，寻找其发展规律和解决之道。如前面章节所述，文化的来源是"人化"，本质是"化人"，不论是人文科学还是社会科学，其研究都与"人"有关，但这里的"人"与自然科学视域中的人，也就是生物学、生理学、医学意义上的人是有区别的，这里的"人"是作为区别于其他生物的、有思想的、能做社会活动的存在者❶。因此，人文社会科学是人们认识人类自身和社会发展规律的学科，它是研究人自身发展和人类社会发展的各种学科的总称。现实中，还存在对人文社会科学认识模糊、定位不清的现状，没有充分重视人文社会科学的作用。一所综合性大学，不能没有高水平的人文社会学科和文科类专业。当前很多大学提出创建世界一流大学、中国一流大学，一流大学不能只强调大学在自然科学、工程科学方面的指标，要赋予人文社会科学和自然科学同等重要的地位，使之相对平衡地发展。总体来看，许多高校"重理轻文"现象仍然存在，因为理工类学科更容易出标志性成果，相对来讲见效快，所以高校在理工科方面的投入大，而文科要出大成果，需要的时间跨度大，且不确定因素更多。

一、加强人文社科学科专业建设

　　学科是人类知识不断分类的结果，学科保障了知识的体系化，学科与学科之间的区别是由于知识体系之间呈现差异性，学科是人类文化传承与创新的重要载体。知识的原初形态是粗糙的整体性，是一种囊括众多的"大全"。比如，古希腊的学问就统称"哲学"，从柏拉图和亚里士多德开始，哲学家

---

❶ 蒋重跃. 人文社会科学的学科性与科学性问题［J］. 渤海大学学报（哲学社会科学版），2019（3）：1–10.

对自然和社会的笼统认识逐渐分化为一系列大致的分科，出现了"三艺""四艺"等门类。中国古代的学问最初也是笼统的，后来逐渐有了"六艺"的分类等❶，随着人类生产的发展特别是分工的扩展，不同劳动部门日益分化，特定领域的知识也就日益形成和固定❷，逐渐形成了学科。现代的学科体系是从欧洲开始的，尤其是在洪堡大学创立以后逐步完善，物理学、化学、医学、生物学、数学等具有现代意义的学科逐渐成立。

从学科的发展轨迹来看，我们可以判断哲学是最初的人文社会学科，后来出现的政治、法律、经济、社会等其他人文社会学科，都是从哲学这个母体分离出来的，后来逐渐各自成体系发展，呈现不同的学科特色，拥有了独立的学科地位。人文社会学科是人类文化的产物，又是人类文化的重要承载体，它们滋养了大学的精神文化，培养了大学的精神气质。我们现在研究大学文化传承与创新，其基础工作首先就是要赋予人文社会学科重要的地位，加强对人文社会学科本身的研究，尤其是文学、哲学、史学，作为人文学科的三大主干学科，对大学治校理念、育人模式，对大学师生的思维方法和价值取向产生直接或间接影响。

大学能否在文化传承创新方面做出更多贡献，与大学的人文社会学科发展质量有密切关系。人文社会学科在大学文化传承创新中承担内涵建设任务，没有内涵的大学文化缺乏厚重感，缺乏支撑点，缺乏持续性，大学的文化建设在深入学科以后也可以增强人文学科在文化传承创新当中的自觉意识。人文社会学科包括很多方面，如哲学、语言学、法学、教育学、文学、历史学、艺术学、经济学等，首先它们本身在进行人文社科的知识传承和创新；其次，有学科平台才能集聚更多的人才，有人才才能为社会服务，参与国家和地方的文化传承创新；最后，人文社会学科丰富了大学自身的文化，一所没有较强较全文科的学校，很难支撑起一所现代大学的精神气质，也很难塑造出具有人文气息的大学文化。大学要通过完善学科结构，提高人文学科布局和发展质量、发

❶　西方古代的"三艺"是指语法学、修辞学和逻辑学，"四艺"指算术、几何、音乐和天文学，两者合在一起即所谓"七门自由艺术"；中国古代的"六艺"是指礼、乐、射、御、书、数。

❷　王永义. 体与魂:从学科建设看大学文化传承创新［J］. 南京政治学院学报，2014，30（6）：128.

展特色，才能提高大学文化传承创新的质效。要承认学科的差异性，保持大学人文社会学科自身的特色，尊重其自身在知识体系、制度体系、思维逻辑和价值评价等方面的发展规律。人文社科类学科要尽量避免实证主义、功利主义倾向，在对文科教师进行评价时，不能只是片面地、孤立地强调文章数、引用率等量化指标，要返回到人文社会学科本身的人文价值、思想价值、育人价值、审美价值等，真正在引领社会先进文化方面起到旗帜作用。在我国，综合大学尤其是理工类大学的科研评价都很看重源于国外的 SCI、EI 和 ISTP 等论文的引用情况，若按照这个标准要求人文社会学科的教师，这不仅违背了人文社会科学的本质属性，还有失公平❶。

大学的学科和专业设置是一个动态调整的过程。为什么会调整，从宏观上来说，学科要随着时代变革和社会经济发展形势需要而改变；从中观上来说，学科要发挥大学服务地方的功能，适应地方产业发展需要；从微观上来说，学校自身发展，也需要学科专业动态调整。人文社科类相关的学科专业设置和动态调整，同样经历着这样的过程。

（一）数字变革催生数字文化产业相关学科专业

文化的传承与创新离不开市场的支持，经济社会发展和市场化，不仅为文化传承与创新提供物质基础、技术基础保障，也是文化走向社会、走向大众的过程。文化的市场化，催生了文化创意产业的发展。文化的传承与创新，与文化创意产业的发展互相促进。文化创意产业是多学科支撑、多产业融合的产业，属第三产业的重要方面，对一个地方的经济社会发展具有较强的辐射带动效应。其中文化是底子，技术是支撑，创意是关键，通过资源整合和创意创新，提升产业的附加值。文化创意产业促成不同行业、不同领域的重组与合作，如广告、动漫、影视、建筑、音乐、设计、时尚、出版、演出、软件、旅游、体育等，因此也需要各类人才的集聚。近年来，为适应社会对文化创意产业的需要，部分学校设置了"文化创意"专业，甚至为了适应网络直播的兴起，2021 年"网络直播与运营"也被列入《职业教育专业目录（2021 年）》，部分高职类院校开始开设"网络直播与运营"专业，但大学对文化创意产业领域的高端复合型人才培养，还远远不能满足产业发展需要。

---

❶ 杨忠泰. 完善高校科研评价的思考［J］. 科技进步与对策，2013，30（3）：154.

随着通信、网络、大数据、人工智能、量子技术等科学技术的发展，我们的思维方式、行为方式、生产生活方式都在悄然发生变化，科技改变生活。在文化领域，我们同样需要适应新的形势变化，大学也应该主动适应这种变化，在学科专业设置、人才培养方面，为社会提供人才智力支持。比如，随着信息化、网络化社会的到来，社会对新媒体运营管理方面的人才需求逐渐增大，国家教育主管部门主动适应社会需求。在 2012 年的高等教育本科专业目录调整中就增设了"网络与新媒体"专业，2013 年，国家推动媒体融合，有关融媒体、新媒体、自媒体的研究开始成为热点，相关媒体融合实践也在各地开展，为"网络与新媒体"专业建设发展提供了难得的机遇，创造了良好的氛围。经过十年的发展，全国已有近 300 所高校开设"网络与新媒体"专业，有的高校还开设了"数字媒体技术"专业。数字媒体技术主要包含场景设计、角色形象设计、游戏程序设计、多媒体后期处理、人机交互技术❶，培养的人才适应了网络时代新职业新岗位的人才技能需求。

（二）科技融合催生现代交叉学科专业

当前，科技不断进步，但依靠单一的科技往往无法解决高度复杂的问题，这就需要多跨协同、融合交叉，树立系统思维，有的需要学科与学科互相支撑融合，有的需要基础科学和工程技术的支撑融合，有的需要人文和自然科学、工程技术之间的支撑融合，这已然成为大趋势。综合性大学，尤其要注重学科之间的交叉融合，为有组织的科研、高水平的科研创造条件，就文化传承创新而言，需要在文化与文科、文科与科技领域的交叉学科方面做出探索实践，为新文科的发展做出探索。大学要注重学科交叉融合，要瞄准科技前沿和关键领域，加强紧缺人才培养，大力推进新工科、新医科、新农科、新文科建设，即"四新"建设。

当前，"四新"建设得到越来越多高校的重视，开始以前期模式探索为基础走向范式变革，成为引领高等教育学科建设改革创新的切入点、引领中国高等教育改革创新的标志性举措。其中新文科指，基于现有传统文科的基础进行学科中各专业课程重组，形成文理交叉，即把现代信息技术融入哲学、文学、语言等诸如此类的课程中，为学生提供综合性的跨学科学习，达到知识扩展和

---

❶　苏宝华. 应用数字媒体技术培养华文教育专业多元化人才［J］. 长春理工大学学报，2010，5（12）：97.

创新思维的培养❶。罗马大学作为意大利一所老牌综合院校，2022学年新设本科课程"哲学与人工智能"，这就是一门交叉学科的课程，该课程旨在提供哲学和工程方面的专业技能，从而研究人工智能的基础知识并进行实际应用。此课程将探索人工智能发展时代的社会伦理、新技术带来的社会和人类的变化等，比如关于提供个人数据、过程透明度及其民主管理、隐私和责任归属的问题。中国人民大学也在开始探索，我们熟知，中国人民大学是一所以文科见长的名校，但2019年，该大学宣布要建设世界一流的人工智能学院，提出要培养人文领域的人工智能开拓者，培养一流人工智能科学家、一流人工智能工程师、具有创新精神的人工智能创业者以及人工智能与各交叉学科、各实践领域深度融合的独立思考者、前沿开拓者和伟大实践者❷。在文科与科技的交叉领域，国内外很多高校都在做探索实践，如有的大学就开始设置"基因工厂与生命伦理学""人工智能哲学""信息伦理学"等交叉学科，在新文科领域，高校往往把"哲学+新科技"作为交叉融合的首选方案。在专业和课程的交叉融合方面，国内外部分高校也加强探索，如有的高校在全国范围内组建知行哲学虚拟教研室，构建以技术时代的知与行为主题的课程群，开设"知行哲学导论""信息与技术""基因伦理""现象学与认知科学""推理和决策"等多门课程。有的高校开设"文化数据管理与传播"专业，文化数据是人类文化活动的印迹，是研究人类文化的基础，它需要利用多样化、现代化的数字和计算方法进行管理、分析和交流：从数据标准、公民科学和网络应用程序，到计算语言学、机器学习和以用户为中心的设计。有的高校开设"文化与社会大数据"专业，也是利用当前比较热门的大数据技术，对经济、社会、文化生活中的大数据进行统计分析，开设了如"大数据与法律""数字艺术与文化""数字出版""大数据理论""文化与社会分析""应用文化遗产可视化"等全新的课程。

二、尊重人文社会科学内在规律

自然科学和人文社会科学的研究有着不同的特点和规律，自然科学知识

❶ 王丽华，刘炜. 助力与借力数字人文与新文科建设［J］. 南京社会科学，2021（7）：130-138.

❷ 张盖伦. 文科名校"入局"人工智能，能为我们带来什么［N］. 科技日报，2019-04-25.

的研究首先在于寻找普遍的、本质的内在规律，这些要寻找的规律本身是客观存在的，而且具有稳定性，不受个人的情感、认知等因素影响，只是暂时还没有被人们发现，研究自然科学的过程就是去发现这些规律，或依托这些规律发明新的东西。

人文社会科学是否存在规律，学者们有不同的认识，有的人认为人文社会科学的研究和自然科学的研究，在方法上没有区别，可以构建模型，进行数据分析，有规律可循。也有人认为，人文社会科学与自然科学存在着不同的研究方法，人文社会科学主要是研究人或者人类的行为，或者研究社会的运动规律，而社会运动规律的主体也是人类，人类是具有自由意志的，不管是研究者还是被研究者，是人与人的精神交流和互动，他们为实施他们的目标制订并执行计划，但是在执行过程中他们会不断地修改原有的计划，甚至放弃计划[1]，他们的研究有时也带有主观的特性，对同一对象的研究会产生不同的效果，有时研究者是很难得出可以观测和应用的结论，因为人类的心理、行为构成非常复杂，研究人的心理、行为需要研究者和被研究者的沟通互动，这种互动的效果并不能确保得出较为确定的答案，有时可能也只能用"概率统计"的办法进行分析归纳。人类社会的演进与发展因素也非常复杂，还存在诸多我们认为的"黑天鹅""灰犀牛"事件，人类的行为并不是原因导致的必然结果，所以自然界的因果律并不完全适用于解释人类行为和社会现象。还有一些学者，对以上两种观点持中间态度，既肯定人类行为的"不确定性"，又希望用自然科学研究的方法和思路，找出人类行为较为确定的"规律性"。不论怎样，自然科学和人文社会科学还是有较大区别的，人的自由意志使得人类社会现象是互动的、多样的、独特的和复杂的，它们使得人文社会科学的主题与自然科学的主题有本质的不同，认识社会现象的方法也自然不同，诠释学方法是他们去理解人类有目的的行为主要方法[2]。

因为有差异性，所以高校在开展大学科研评价时要进一步思考探索。高

[1] 袁继红. 社会科学中是否存在规律：以自然主义与反自然主义争论为线索［D］. 广州：华南师范大学，2003.

[2] 袁继红. 人文社会科学中存在规律吗：亨普耳及其批判和拥护者［J］. 高校社科信息，2002（6）：8–13.

校科研评价是师生最关注的大事，关系到师生的切身利益，关系到学校"生产力"发展水平，因此也是学校管理工作的重点。当前大多数高校采取的科研评价办法，主要还是借鉴参考了国外的科研评价经验，一般是考量科研成果的数量和质量。对于"质量"的评价，就项目来说，衡量标准主要是指项目的级别，如国家级、省部级、厅市级等；就论文来说，主要是发表论文的期刊的权威性，如 SCI、CSSCI、北大核心期刊等，还有论文的影响因子等。尽管现在国家要求加强教育评价改革，各高校也在行动，修订了相关办法，但从目前情况来看，不论制度怎样修改，其核心内容不太有实质变化。大学学科除了自然科学、工程技术科学，还包括人文社会科学，自然科学和工程技术科学相对容易量化，其成果也容易转化为效益，尽管这种"量化"的科学性还值得进一步完善，但也是学术界比较认可的办法。而人文社会科学研究评价主要是价值判断和历史评价，量化考核尤其是对其成果"质量"的考核比较有难度，人文社会科学具有学科构成的复杂性、多元性、民族性、阶级性、本土性，真理检验的潜在性、间接性、滞后性，成果的多样性以及引文的长周期性等显著特征❶，从而使考核评价变得更加复杂。因此，高校要正确认识人文社会科学的学科特点和研究特点，给予更多的重视和投入，并实行分类分级的科学评价，要为人文社会科学创造适度宽松的科研氛围，减少短期的、直接的效益评价和各类约束，激发人文社会科学研究人员研究和创作的内在积极性。尤其是人文社会科学，赋予太多物质利益的评价考核，会使评价体系的功利性放大，不利于激发有潜力的青年教师的积极性和创造性，不利于人文社会科学的可持续发展❷。

---

❶ 高自龙．原罪与救赎：我国人文社科"核心期刊现象"评析［J］．新华文摘，2009（2）：107.

❷ 杨忠泰．完善高校科研评价的思考［J］．科技进步与对策，2013（3）：154.

第三章　大学文化的内涵、规划与建设

第一节　大学文化概述

研究大学的第四功能——文化传承创新，就无法回避对大学自身文化的研究。近年来，由北京大学、清华大学和高等教育出版社发起成立的"大学文化研究与发展中心"等研究机构及其专家学者们，在大学文化研究领域加强了理论探索，使大学文化的研究逐渐成为一门"显学"，受到越来越多学者的关注❶。大学产生的地基，是千百年来人类文化不断积淀的厚土，现代大学的产生，其思想背景来源是欧洲地区尤其是古罗马、古希腊等文明中心的一大批哲学家、思想家们；反过来，大学的产生，又适应了人类文化传承发展的内在需求，形成了一个巨大的多功能集合的文化综合体，它是社会文化的有机组成部分，更是国家文化事业的重要平台，大学成为人类优秀文化的集散地、创新文化的策源地、社会文化的引领地。

一、大学文化的内涵

正如对"文化"的定义见仁见智一样，对大学文化的阐释也是多种多样，学术范畴视角方面，有的基于文化学，有的基于组织学，有的基于社会学，有的基于教育学。内容阐释方面，有的侧重于大学精神方面，认为大学文化是一所大学在长期发展过程中形成的独特的办学模式、价值理念、精神风貌、思维方式、行为习惯以及形成的稳定的校风学风❷。有的侧重于从文化育人角度进行研究，研究者认为，大学文化主要是指以全校师生尤其是学生为主体的各类校园文化活动或活动载体。比如有群团组织类文化、体育艺术类文化、大众娱乐类文化、专业学术类文化等，大学里从事学生工作的相关部门，往往举办一

❶　施小光．文化传承与创新：现代大学新使命［J］．清华大学教育研究，2011，32（3）：52.

❷　张立学．以文化人：大学文化育人研究［D］．北京：北京交通大学，2019.

些符合大学生需求和特点的文化活动、文化节会，吸引同学们广泛参与，在活动参与过程中提升大学生文化素养、道德修养、审美情趣、身心健康，因此这些活动成为学校文化育人的重要载体。以上都是从某个角度进行研究，属于狭义的概念。

从广义上讲，大学文化作为社会文化的有机组成部分，也应当符合文化的结构学说，即精神文化、制度文化、行为文化、物质文化等。概括来讲，大学文化是大学在生存和发展过程中，在"大学人"共同开展的文化理论活动和实践活动中，形成的群体行为和群体精神，以及表现和承载这些精神和行为的物质、环境、机制制度等。在研究大学文化的过程中，有三个重点需要厘清，一是"大学人"，一般我们认为是大学生，但仅仅是大学生无法构成大学文化的传播主体，一定是需要多方互动的结果，比如应该包括学校的决策者和管理者、教师群体、服务者、校友等，这些共同构成了大学文化的行为主体；二是群体精神，说明是"大学人"共同创造和认可的，并经过长期积淀形成的相对稳定的行为方式，以及所建立的办学体制、办学特色、行为规范、教学科研方式、生活方式和活动方式等；三是要突出大学的组织属性，大学作为以培养人才、科学研究为主的机构，其文化的构成应该有符合自身组织属性的文化特点，比如对于文化育人功能的研究，对于学术文化的研究等，使大学文化的研究既有一定的全面性，也突出大学自身特色。

二、大学文化建设面临的主要挑战

中国自近现代大学创办以来，历经百年风雨，在文化建设方面不断研究探索，取得了明显成绩，但也存在一些问题或挑战，这是我们研究大学文化必须面对的。

一是对大学文化建设的重视程度不足。中国近代无数爱国人士发奋图强，寻求自强自立的道路，寻求民族复兴的道路，在教育救国上，也经历了师夷长技以自强的思想，甚至近现代大学建立初期，很多方面是直接借鉴西方，有的学校还是西方教会建立的学校。教育救国和当时的实业救国内在思想是一致的，这无疑客观上促进了中国大学教育的进步，但也直接摧毁了中国几千年存在的传统教育模式，带来一些弊端，比如，受工具理性、功利主义、实用主义和市场经济的负面影响，"重术轻道""重理轻文"的现象在高校存在，人文社

会科学被边缘化 ❶，文化建设面临边缘化。当前高校对眼花缭乱的大学排名比较重视，这些排名通过网络的助推，更是增加了热度。因此关系到排名的核心指标，容易成为大学关注的焦点，如一流学科、一流专业、重点学科专业、硕士点、博士点、科研经费、论文、论文被引、人才、获奖等。相对于前三个功能，对于大学第四功能的研究和投入显然是不足的，有的高校也将学校特色在文化层面简单归纳，以"走过场式"的方法履行程序，以表达其对文化传承创新的重视，但在具体推进过程中缺少顶层设计，缺少系统推进的路径，缺少人财物的支撑。从根源上分析，这种倾向不完全是一所高校自身的观念问题，靠大学自身在短期内也难以解决，而是一个系统认识的问题，既包括了政府教育管理部门，也包括高校自身决策者、管理者，还包括社会的氛围、师生的认识等，是长期形成的。最根本的可能还是指挥棒导向的问题，教育部门对于高校有绩效考核和各种期待，大学要生存和发展就必须适应"指挥棒"，在领导组织机构建设、经济投入、政策引导、制度制订和执行方面，都会主动适应，这可能也是大学在发展过程中面临的必然阶段。

二是价值多元化背景下文化选择出现偏失现象。当今社会，大学里的文化活动和文化现象，逐渐呈现多元化的倾向。另外，庸俗文化、娱乐文化占据校园。在这两类文化中间，缺少符合大学身份特色的、既高雅又接地气的文化类活动，满足大学生对基础道德修养、人文素养教育、审美能力教育、身心健康教育等需要，这些教育在传统文化里面可以借鉴吸收。比如，有的高校在中秋、端午、重阳等传统节日精心设计活动等，还经常组织契合大学组织特性的文化，鼓励教师们专心学术，鼓励学生们创新创业。

三是大学文化建设中的重点不够突出，特色不够鲜明。当前我国大学文化出现一定的繁荣景象，但同时我们也应清醒看到还存在不少短期行为，缺少长期系统战略。比如，在文化校园建设过程中，大部分投入是在硬件的改善和建设方面，各学校在改造建设方面也基本雷同，如增加电子显示屏、加强校园道路景观和标志标牌改造等。校园社团文化活动缺少指导和管理，缺少有一定时间积淀的社团、品牌性社团，相对于娱乐性社团，学术性、专业性社团较少。校风学风建设缺少抓手，相对松散。校园文化建设相对封闭，校际交流、

❶ 纪宝成. 大学文化传承创新的职能［N］. 光明日报，2011-05-06.

学校和社会的文化交流较少，追求安全稳定的管理思维多于开放包容的思维。精神文化的研究和构建较少，出现一定程度的重物质文化轻精神文化的现象。

四是多元文化下的文化安全。世界百年未有之大变局，我们面临更多的挑战，国际国内形势变化出现更多不确定因素，随着国际交往的不断扩大、网络信息的发达、社会阶层结构的变化，各种价值观念之间的差异和冲突风险增大给大学文化安全带来很大挑战。

三、大学文化建设的原则

一要坚持继承传统与创新发展相统一。优秀传统文化是大学文化建设的宝贵财富，是构建具有中国特色和中国气派大学文化的优良基因，中国的大学要主动扛起弘扬优秀传统文化的大旗，在充分汲取传统文化营养的基础上创新创造，才能使中国大学的校园文化具有辨识度，充满活力。因此，大学校园文化建设首要任务是找准自己的"文化根脉"，加强对优秀传统文化的文化价值、思想价值、精神价值、艺术价值研究，在研究的基础上开展转化利用，我们既要用先进的文化引导人，更要注重用优秀传统文化鼓舞人、滋养人。坚持弘扬优秀传统文化，并不等于排斥其他文化，要杜绝非此即彼的对立的文化观，文化要互相借鉴融合，尊重文化的多元性和差异性，善于发现不同文化特色和优点，这是进行文化创新的前提。因此既要继承传统，更要创新发展，既要立足本土，又要开放交流，借鉴吸收，处理好本土与国际的关系、传统和现代的关系、主流与多元的关系，在不同文化差异带来的观念交锋面前做出正确、理性的判断❶。创新是大学的灵魂，大学校园文化建设更重要的意义在于不断创新，创新则是通过丰富和发展文化内涵促进学校可持续发展。

二要坚持大学文化学术特性的价值取向。学术性是大学的本质特性，是大学区别于其他社会组织特性的根本标志，学术品格是大学的生命，要坚持大学的独特个性，若失去了学术性和学术意识，大学的文化就会失去特色和灵魂，这是市场经济条件下大学校园文化建设面临的最大挑战之一。要让重视学术成为大学校园文化的根本价值取向，从学术机制保障、学术氛围营造上下功

---

❶ 娄坤. 大学校园文化建设应坚持"五个辩证统一"原则［J］. 学校党建与思想教育，2013（15）：82.

夫，鼓励学术自由和学术创新，敢于批判怀疑，最大程度激发教师的学术意识、学生的学术意识和学习意识。

三要坚持以人为本，尊重个性和创造创新，实现科学精神和人文精神统一。大学教育的本质是培养人，不仅是培养具有知识的人，还要培养具有文化的人，具有完善人格的人，大学文化的根本指向和生态原则是人的真、善、美的价值归宿和认识、情感、意志及行为的道德整合，大学的社会责任就是追求人的自由全面发展。因此我们的教育和大学文化建设，最终是指向这一个目标。在学校的办学过程中，以人才为本，重视人才，尊重人才，大学校园文化建设更加注重从人的需求出发，创造以人为主体的良好的校园人文环境。比如，要制订尊重人才、吸引人才、鼓励人才良性竞争的机制制度，营造奋发进取、勇于竞争、敢于冒尖又不失团结和谐的人际环境，在体制机制、生活环境、后勤保障、人文关怀等各方面营造良好留人用人氛围。要以教师为主体，充分调动和发挥教师的主动性、积极性和创造性，牢固树立发展为了师生、发展依靠师生的理念，使师生能够在相对宽松自由的氛围中潜心教学，专注科学研究，从事文化创新创造，这种以师生为本的理念要贯穿到办学治校各个细节。要充分尊重学生个性，服务学生个性成长，鼓励学生的创新意识。青年学子对世界充满好奇，思维活跃，可塑性很强，要保护和激发他们的热情，勇于探索实践，激发学生创新意识，弘扬以求真为目标，以创新为灵魂的科学精神，这是大学文化的核心，是大学生存与发展的原动力，科学的诸多价值在本质上都是人文的，要将科学精神和人文精神统一起来。

四要注重整体规划和系统推进。文化的建设是一个长期的过程，大学校园文化要实现全面推进、有质量的提升，学校必须从顶层设计上进行规划，加强组织领导，注重部门协同，制订实施路径，加强资源保障，并对文化建设实施情况进行监督反馈，形成大学文化建设、管理、评价的闭环，这样才能保障"一张蓝图绘到底"，使校园文化建设具有统一性、整体性、持久性。要坚持长期目标与短期目标相结合、学校发展与师生需求相结合、制度建设与有形载体相结合、硬件建设与软件建设相结合，注重点面结合，内外联动，分步实施，重点突破，注重反馈评估与持续改进完善❶。要注重建设和管理两手抓，

---

❶ 廖女男. 大学校园文化的传承与创新［M］. 成都：西南交通大学出版社，2012.

校园文化管理的涉及面也十分广泛，与师生的日常生活、学习、工作息息相关，要加强文化建设日常管理，注重总结积累，争创文化品牌，将文化建设管理和教书育人结合起来，和师生的日常生活、工作融合起来，用特色的大学校园文化服务学生成长成才，服务广大师生的精神文化需求。

第二节　大学精神文化

大学精神文化主要包括了大学的办学理念、历史积淀、价值观念、精神风貌等，在大学文化的四层结构体系中处于核心地位，对制度文化、物质文化、行为文化的形成和发展起着主导作用，反过来，其他三类文化的形成和发展，又会进一步巩固和丰富精神文化的内涵，拓展精神文化的外延。

一、大学精神文化的内涵

1948 年 6 月，冯友兰在《论大学教育》中谈道 ❶："一个真正的大学都有他自己的特点、特性。一个大学所特有的特性，由那个大学毕业的学生，在他的脸上就印上了一个商标、一个徽章，一看就知道他是那一个学校的毕业生，这样的学生才是一个真正的大学毕业生……"中国近代著名教育家罗家伦在《蔡元培先生与北京大学》中提到 ❷："一个大学的精神，可以说是它的学风，也可以说是它在特殊的表现中所凝成的风格。这种风格的凝成不是突如其来的，更不是凭空想象的。它造就的因素，第一是它本身历史的演进，第二是它教职员学生组合的成分，第三是它教育理想的建立和实施。这三项各有不同，但互为因果。"从两位教育家的论述可以看出，大学精神的形成离不开全体教师和学生的共同参与，大学精神又作用于该校的全体师生员工，并通过师生员工不断传承与演进。因此，大学精神反映的是群体的相对稳定的精神状态和思想观念，是一所学校内隐式的精神特征，也是一所大学独特的"性格"，反映了大

---

❶　易琴. 蔡元培的人格与北大的校格："北大精神"的另一种诠释［J］. 教育学术月刊，2009（7）：32.

❷　赵海飞. 我国近代高等教育的传承［D］. 石家庄：河北师范大学，2010.

学独特的内在气质，但它同样可以用外在的形式表达出来，比如蕴含在大学办学历史中的文脉、学脉，以及由此形成的办学治校理念；比如师生在长期教与学的互动中形成的人文精神、治学精神、思想观念、价值追求，以及由此形成的校风、学风、教风等；比如不同阶段的学校领导层、决策层，因为时代的变化、社会环境的变化，在办学治校过程中赋予大学的具有时代气息的精神特征等。对大学精神的研究，学者们一般从三个层面进行研究，一是从大学的办学理念、校史校训、愿景目标等具体的表征维度进行研究；二是从大学气质维度进行研究，认为大学与人一样，不同的大学因为所处时空的差异、学科背景的差异，具备不同的气质，比如有的大学具备现代化的气质，有的大学具备国际化的气质，有的大学具备古典传统气质，有的大学具有艺术气质，有的大学具备军人气质等，但学者们也普遍认为，现代大学应该还具有共同的气质，如思想独立、追求学术、开放现代、包容大气等；三是从时代精神的维度进行研究，将大学置于社会精神的前沿，强调大学在引领社会风尚方面的作用，如弘扬社会主义核心价值观，崇尚新时代劳动精神，追求新时代节约精神等。

关于对大学精神的理解，需要把握以下几个内涵。

一是大学精神的历史性。精神文化往往受到学校的办学历史、传统特色等因素的影响，是大学赖以生存的价值系统，是大学在长期办学过程中不断积累、增强共识、兼容并蓄、潜移默化和与时俱进等形成的。可以理解为，精神文化的形成首先需要一定时间的积淀，没有积淀无法形成稳定的内在精神和价值认同；其次，大学精神文化需要师生在长期的心理、行为互动中不断培育、巩固、强化、发展、完善，它是在时代的发展和社会的变革中由广大师生共同孕育的，并上升为广大师生校友、社会大众普遍认同的那些思想共识和精神标识，有一个提炼升华的过程。这也就意味着，并不是一所大学新制订一个校训、一个口号，它就能代表一所大学的精神，它既要与学校的办学历史实际相适应，又要体现时代特色，它需要用时间来沉淀和证明。

二是大学精神的激励性。大学精神是一种看不见的宝贵资产，是大学无形的财富，塑造大学内在气质灵魂，它关乎大学历史传统，关乎大学社会影响力，关乎大学人才培养素质，关乎大学对外宣传的品牌，它能激发全体师生的内在凝聚力和奋斗的精气神，齐心协力推进事业发展，能激发社会对学校的认可认同，有利于吸引社会资源，激发大学自身的内在动力活力，提升办学特色和办学质量，体现一所现代大学的凝聚力、创造力、生产力、号召力和生命力。

三是大学精神的育人性。大学的根本任务是立德树人，师生所有的行为互动，都离不开育人这一主题，师生长期互动而形成的大学精神，其本质也是育人，因此大学精神带有明显的大学组织属性，它是一种激发求知的精神，鼓励创新创造的精神，追求人的自由全面发展的精神。精神文化从深层次影响着高校全体师生的理想、信仰、意志、道德、情感及行为。一方面，它构筑了一道"金钟罩"，帮助学生抵御不良思想和行为的侵蚀，引导学生积极向上；另一方面，它又是修炼"内家功"，不断强化师生内心的精神力量，激发学生不断完善人格，提升精神境界，树立远大理想，实现更好发展。

二、校训和精神文化

大学精神是一所大学的灵魂，大学精神的重要外在承载形式之一，就是大学的校训，校训往往简洁明了，使大学精神更容易传播、记忆，并提升大学的辨识度。反之，校训是大学精神的集中体现，反映学校的办学历史，引导师生的价值追求，规范师生的行为表现。不同的大学因为地理区位、办学历史、学科发展、师生特点等多种差异，在长期的办学过程中，形成了富有自身学校特色的校训。

（一）西方大学校训的生成逻辑

西方大学校训的思想文化基因，与古希腊的思想家密切相关。古希腊有我们熟知的苏格拉底、柏拉图、亚里士多德等著名教育家、思想家与哲学家，他们崇尚理性，探究真知和重视思辨，这种精神对西方现代大学校训的生成起到了启发、启蒙的作用，留下了思想的印记。大学校训都带有各自的时代特征和文化背景，西方教育文化根植于宗教文化。初生的大学校训多带有较明显的宗教印迹，但也已经展现出独特的大学文明，如追求光明、学术自由、民主平等。文艺复兴运动带来了新的思想，德国的大学走向改革之路。在洪堡看来，大学首先应相对独立，大学的生存条件是宁静与自由，"真理、公平、自由"成为柏林大学的校训。随着大学科研功能的确立，有的大学开始把"科研""学术""实践"等理念纳入校训，逐渐呈现出现代大学的校训气派。随着第三功能"社会服务"的确立，美国部分大学开始拓展大学的功能，社会服务理念逐渐成为部分大学校训的一部分。随着时代的发展，大学数量和层次逐渐多样化，校训也呈现多样化的表达内容和形式，更加富有时代气息。

（二）中国大学校训的生成逻辑

中国大学校训的生成立足于中国本土文化实际，其逻辑表现出独特的个性，在思想上，大多蕴含着中国传统文化基因，尤其是儒家经典教义对中国大学的精神内核与气质理想的影响十分直接。综观中国大学，受儒家经典《大学》影响的校训相对较多，尤其是耳熟能详的名句"大学之道，在明明德，在亲民，在止于至善"。民国时期，蔡元培出任民国第一任教育总长，开始了教育改革，对中国近现代高等教育发展做出了重要贡献，此后出现的很多经典校训，特别注重立足本土文化实际，如清华大学的校训"厚德载物，自强不息"和厦门大学校训"自强不息，止于至善"就带有相同的文化基因"修德""自强"。20世纪90年代中期，社会发生了巨大变革，展现出更大的生机与活力，社会主义教育事业呈现欣欣向荣的景象，高等教育迎来了大调整、大发展，有的大学开始总结过去，开启新篇，以校庆日等重大活动为契机，修改凝练校训，力图使校训体现时代特色，体现综合大学的特点，以此凝聚广大师生和校友不断奋进，这时候的校训力求完美、追求个性，更加缤纷多彩。一方面基本上沿袭继承了中华优秀传统文化基因，另一方面又具有时代特色，比如，很多大学把"实事求是"或"求是"列入校训。新时代大学的新使命必然对大学校训的精准化提出新的要求，这种要求不单单是大学文化自醒与自觉的历史演进，而且是大学多元化发展的时代需要和校训生成的逻辑必然❶。

中国大学的校训不论怎样创新发展，最根本的还是要巩固"植根中国大地办教育"的思想，很多大学从办学之始便具有中国传统文化的印迹，其核心元素比如包括了"德性""博学""治学""知行""正气""求是"等，并在不断的发展过程中赋予时代内涵，它们有共同特征，大部分均体现了教书育人的统一，体现了德业双修，这与新时代提出的"立德树人"不谋而合。

北京大学有没有校训，校训是什么，学界是存在一定争论的。较为普遍的观点是，北大的校训为"科学，民主，爱国，进步"，许多北大人在报刊上或言谈中也经常这样说。但也有学者认为这不能完全反映北大的精神，反而认

---

❶ 杨光钦，魏露瑶. 大学校训的生成逻辑与制度文化密码［J］. 江苏高教，2021，（6）：37.

为有两位北大校长的观点十分重要，一是蔡元培先生，提出了"思想自由、兼容并包"的办学思想，二是蒋梦麟先生，1923 年发表《北大之精神》的演讲，重点提出"大度包容""思想自由"等观点。还有人认为北大没有校训。但不管以上这些表述是不是校训，都不妨碍它们构成了北大的内在精神，这是毋庸置疑的。

清华大学的校训"自强不息，厚德载物"，其思想来源为《周易》；厦门大学校训"自强不息，止于至善"、香港大学校训"明德格物"、河南大学"明德新民，止于至善"，其思想理念均出自《大学》；南开大学校训"允公允能，日新月异"，是南开大学创办人严修先生和老校长张伯苓先生共同制订的，"允公允能"体现了德才兼备的育人思想。

浙江大学的校训是"求是，创新"，浙大老校长竺可桢先生曾以王阳明的求是精神、遇险不畏精神、艰苦卓绝精神和公忠报国精神，激励浙大师生在艰危中奋发进取，并提出要以"求是"两字为校训，以便更好地继承和发扬"求是"的优良传统，贯彻治学的精义❶。若追寻历史源头，"实事求是"是中华传统文化的重要内容，最早出自班固的《汉书》：献王刘德"修学好古，实事求是"。武汉大学的校训"自强弘毅，求是拓新"，中国人民大学校训也是"实事求是"，可以看出浙大、武大、人大的校训都同时蕴含了"求是"的思想。

南京大学校训"诚朴雄伟，励学敦行"，山东大学校训"气有浩然，学无止境"，苏州大学校训"养天地正气，法古今完人"，这三所大学的校训有中国传统推崇的"养正气"的思想，给人以雄浑的气势、大气的格局、大无畏的开拓进取精神。中国海洋大学校训"海纳百川，取则行远"，四川大学校训"海纳百川，有容乃大"也体现了一种大气包容的恢宏气度。

复旦大学校训"博学而笃志，切问而近思"，中山大学校训"博学、审问、慎思、明辨、笃行"，南京师范大学校训"正德厚生，笃学敏行"，西安交通大学校训"精勤求学、敦笃励志、果毅力行、忠恕任事"，湘潭大学校训"博学笃行，盛德日新"，青岛大学校训"博学笃志，明德求真，守正出奇"，台湾国立交通大学校训"知新致远，崇实笃行"等，都有一个"笃"字，

❶ 王渝生. 求是书院：务求实学存是去非浙江大学：求是创新雄鹰腾飞［J］. 中国科技教育，2011（11）：76.

"笃"的含义就是敦厚、诚实、忠信的意思，这几所大学的校训充分贯彻了"思""知""行"三者的关系，体现了实践的重要性。关于知行关系，有的大学甚至直接将其嵌入校训，如北京交通大学的校训"知行"，中南大学校训"知行合一、经世致用"，东北大学校训"自强不息，知行合一"等。知行合一是王阳明心学的重要核心思想，是一种重视实践的哲学。

显然，中国大学的校训因为植根于中国优秀文化土壤，所以具有优良的德育元素、文化元素，又结合了时代的需要进行了演变，同时也具有了时代感，充满了活力、张力，因此这些校训本身就是学校育人元素和育人体系的一部分，且具有较强的稳定性和持久性。这些校训融于一代又一代学生的思想，通过一代又一代学生传承发扬，逐渐形成了大学师生群体共同遵守的价值观念，构筑了大学师生共同的精神家园，彰显了一所大学的特色和风格，是一所大学必不可少的精神支柱和品牌标识。

三、校史和精神文化

大学校史记载了一所大学创立、建设、发展的历史记录，记载了大学历届师生的实践奋斗历史，反映了大学光辉的业绩，也可能记载了大学奋斗的曲折，是大学精神的主要载体。一般来讲，大学校史的主要内容元素有以下几个方面：一是大学的大事记，有的是具有里程碑意义的大事，它们以办学历程为脉络呈现，是大学校史的主干；二是重要人物，如著名校长、大师、校友等，以及这些人物的思想贡献、物质贡献对办学的影响，比如北大校史上蔡元培等校长提出的思想，就构成了北大人的精神灵魂，贯穿到之后历届办学的育人实践中，影响了一批又一批北大人。大学精神来源于师生的长期实践，又反过来影响着师生的思想和行为。大学校史与大学精神是两个相互独立却又相互依存、相互促进的两个系统，具有高度的耦合性❶。

要加强大学校史的系统研究与传承，挖掘校史教育资源，诠释大学精神的内涵特征。目前很多高校都会以校庆等重要节点为契机，开展校史的挖掘和整理。校史素材包括有档案记录的大事记等正史，师生和校友的口述历史、故事，收集的回忆文章、学校往事集、学校名人集、学校图片集等。校史中的大

---

❶ 段惠方. 开展校史教育传承大学精神的路径［J］. 高教论坛，2021（10）：60.

部分资料依据是学校历年归档的档案材料，这些材料的可靠性和权威性都较强，是校史整理编辑的主要资料来源。口述史也具有重要的补充作用，充实和丰富校史的内容，往往具有更加生动的特点。有的学者将大学校史与大学精神的研究融合起来，在方式上进行创新，成为一种新的研究视角，同时校史内容也给人耳目一新的感觉。如北京大学文学教授陈平原先生出版了《中国大学百年》《老北大的故事》，著名人文学者钱理群教授主编了《走近北大》，清华大学中文系教授葛兆光主编了《走近清华》，复旦大学中文系教授陈思和主编了《走近复旦》等，这些关于大学的历史资料，通过喜闻乐见的方式编辑出版在读者面前，尤其是校友们面前，起到独特的大学精神传承作用❶。在这种融合的研究中，我们会发现大学校史和大学精神是分不开的，是一个统一的整体，它们并行不悖，互相支撑映衬，比如浙江大学校史，不管是风雨飘摇年代那段难忘的西迁历史，还是后来多校合并重组、实力跃升快速发展的历史，我们都会发现求实创新的精神伴随始终，我们说到浙大的精神和校训，也一定不会忘记浙大的老校长竺可桢以及那个特殊年代的背景，不会忘记浙大是如何成长为今天的"东方的剑桥大学"。那段西迁的办学历史，不仅有浙大，还有很多名校，西迁精神不仅属于当时那几所学校，而且属于中国所有的高校，它是那个年代全中国人爱国奋斗、艰苦办学的历史缩影，它感召了一代又一代中国学子，每年浙大新生开学第一课往往都有西迁的历史教育，一届又一届的学生暑期开展社会实践，重走西迁路，使浙大精神薪火相传。

绍兴文理学院的前身是绍兴师范专科学校（绍兴师专），也有一段艰苦办学的历史，老校区在绍兴宋六陵老校区，这里是南宋皇帝的陵园区域，目前绍兴正在恢复宋韵文化，加强对宋六陵的考古开发，老校区也纳入统一规划，正在加强保护修复。宋六陵绍兴师专（旧址），在当时物资匮乏的年代，全校师生艰苦办学，培养了大批优秀人才，如今绍兴文理学院的很多杰出校友，大部分是从这里求学起步的，艰苦的办学条件，却成就了学校办学历史上的辉煌，让我们再次感受到艰苦年代精神的力量。宋六陵老校区不仅仅是绍兴师专旧址，更是绍兴文理学院的文脉，通过深度挖掘当时的校园文化和办学精神，能

---

❶ 高天明. 大学校史与现代大学精神［J］. 河北师范大学学报（教育科学版），2014（5）：19.

为创建绍兴大学做出重要精神贡献。近年来，学校启动了绍兴师专宋六陵（旧址）修缮工程，使原来破败不堪的校舍、校园有所改观，但学校附近及部分区域仍一片荒凉，与宋六陵绍兴师专（旧址）建设保护利用的目标、与师生对老校区建设的期待还有一些差距，因此也曾有政协委员提出提案建议，要在不失原来风貌的基础上对宋六陵绍兴师专（旧址）予以维修，特别是校门及校门附近区域，需要重新整体规划、开发，要利用该区域的有利环境，布设新的办学资源，这对继承弘扬当时校园文化、办学精神，创建特色鲜明的高水平应用型大学、进一步打响绍兴知名度具有积极的促进作用。老校区的开发需要政府统筹，社会、学校、校友们共同参与，才能取得预期效果。为了传承发扬绍兴师专的历史，弘扬绍兴师专的精神，学校每年都会组织新入职教职员工和大一新生参观宋六陵校园旧址，在一砖一瓦间感受到背后的感人故事、治学求学的精神，这种历史和精神，也正是如今绍兴文理学院"修德求真、追求卓越"治学精神的最初来源。

校史需要一个承载和展示的载体，大学校史馆往往承担了这一功能，有的大学将校史馆、展览馆合建，用于集中展示校史校貌、学校发展成就，校史馆也往往成为大学生德育基地、大学文化基地，成为校外客人、校友返校参观的重要文化交流场所。

在近现代中国大学发展的"征程"中，著名大学校长的作用是不可低估的，中国现代大学能够成功转型，尤其在大学精神的捍卫上得益于大学制度的设计者，他们大多是有世界眼光的学者、教育家，像蔡元培、竺可桢等❶。地方大学也有地方大学的办学历史，有的历史还比较悠久，也应该对校史进行专门研究，绍兴文理学院的校训"修德求真"，是文理学院第一任校长陈祖楠先生提出来的。有名的校长构成了一所学校的精神灯塔，陈祖楠校长对绍兴文理学院的发展做出了卓越贡献，提出了"养成教育"理念，培养了一代又一代文理人。绍兴文理学院有个很特殊的班级，用陈祖楠的名字命名，称为"祖楠班"，已经连续办了10年。这个班每年只收三四十名学生，是从全校近千名师范专业学生中遴选出来的，他们将来都将走上教师岗位，陈祖楠先生因此被

---

❶　高天明. 大学校史与现代大学精神［J］. 河北师范大学学报（教育科学版），2014（5）：22.

文理学院师生亲切地称为"老师的老师"。

要发挥校史的育人功能。校史教育是传承大学精神、凝聚师生力量的重要途径，它能以更亲切生动的方式，启发师生回顾历史，沉浸思考、展望未来，还可以借助于新媒体等多种展现形式，让校史教育更加生动、形象、直观，因此校史教育是传承大学精神不可或缺的方式。尤其是在新生始业教育、毕业教育、校友返校日等环节，要把校史教育作为爱校荣校兴校的重要内容，应精心组织，大力宣传。要建立有关制度，加强顶层设计，构成宣传、学工、教务、校友办、团委、档案馆等多部门协同推进的校史教育机制，提升教育效果。

四、大学校风学风

（一）校风的概念及特征

大学校风学风能比较直接地反映出大学的精神、大学的追求。大学在大学精神建设方面，落实到师生的日常行为，往往从抓校风学风开始。个别人的思想行为，不构成校风，若某种风气出现"量"的积累，影响到师生员工整体的思想行为作风，带有普遍现象时，往往才会出现"质"的变化，形成校风。校风有好坏之分，如有好学之风、进取之风、团结之风、朴素之风等，也有形式之风、浪费之风、浮夸之风等。校风的含义，更深层次上讲，它是指一所学校在长期办学治校过程中，影响师生员工思想和行为的最明显的、最典型的某些作风，并构成该所学校的个性特点。

校风是学校外部环境、内部环境对学校师生员工集体、个体发生影响作用的结果，学校内外部教育环境所包含的思想价值体系、行为习惯，通过强制与非强制的方式作用于学校中的每个个体，使个体在活动中发挥内在的能动性并内化为个性特征，这些由同一环境所塑造的个性特征具有相当程度的一致性，表现出来的思想行为作风特征也大体相同，它们的整合便形成了集体共同的心理倾向，即校风❶。校风具有三个特点：一是具有整体性。因为校风反映的集体思想行为特征，所以对校风的界定和理解，一定是基于整体层面，个别现象的发生不能代表校风，防止把个别案例扩大化，防止有以偏概全的倾向。二是具有稳定性。一个阶段的特征不能代表校风，它体现的是一个较长时间阶段的思

---

❶ 樊恭烋，王思敬，管庆智. 对校风的理论探讨［J］. 教育研究，1988（4）：78-79.

想行为情况，通过短期的特别的活动构造出来的表现，并不能形成校风。三是差异性。尽管校风表现的是集体现象，但因为师生员工处于不同岗位，角色定位不同，视野格局不同，认识理解有差异，因此校风在他们身上的表现形式有所差别。从学校内部的各个小集体来看，也会出现不同的形式，从而出现不同的班风、系风、院风等。从学校与学校之间来看，即使两所学校处于相似的外部环境，但因为办学历史、办学特点的差异导致内部环境的差异较大，也会出现不同的校风。另外从更广泛的视野来看，沿海与内地、东部与西部、北方与南方、开放地区与非开放地区之间的高校，其校风更具有明显的地域差异。

（二）大学校风建设策略

校风的建设是一个长期持续的过程，不能一蹴而就，大学要营造良好的校风，为师生员工的生活、学习、工作提供优良的精神环境。

一是努力构建符合大学属性的文化之风、学习之风。大学本质是文化组织和学术组织，重视学习、学术、文化是大学校风的核心要义，要在校风建设中弘扬大学的学术自由精神、严谨治学精神、科技创新精神、人文精神等。政府部门是一种权力结构，需要权力认同，服从权威；经营机构是利益结构，强调效益；大学是一种文化组织、学术组织，民主、自由、平等是大学文化属性、学术属性根本体现。认同这种属性，是建立良好校风学风的前提，有利于大学改革与发展始终能够按照大学的内在逻辑轨道运行，有利于增强大学组织个性化特征的形成和目的性的实现，有利于大学保持良好的制度德性，有利于培养符合社会道德标准、具有理性判断力的"文化人"❶。认同这种属性，才能防止大学价值迷失、精神失落，失去独立个性，缺少文化自信和自觉；防止培养出来的人才变成精致的功利主义者；防止官本位思想在大学蔓延甚至影响到部分学生组织；防止人才变成仅仅是懂得市场规则的经济动物。文化属性决定了大学组织的"包容性"应该更强，允许多种文化、不同声音的存在，这是一种可贵的校风。大学允许批判，鼓励批判，有利于形成百家争鸣的氛围，这是创新创造的前提，但这种批判是建立在学术思维的基础上，而不是针对个人的人身批判，因为大学有不同的院系、学科，它们之间有不同的思维方式、学术规律，即使是同一个学科的人，也有不同的学术背景和研究方向，如果缺乏包

---

❶ 施小光. 文化传承与创新:现代大学新使命［J］. 清华大学教育研究，2011（3）：51.

容，必定产生矛盾，要有互相包容、互相欣赏、取长补短的气度和觉悟，才能建立更好的学术生态环境，形成优良的校风学风。学术自由、批判包容的文化正是现代大学组织文化所倡导的，可以加速现代大学治理模式的形成。

二是要重视教师在校风学风中的示范引领作用。当前高校都十分重视师德师风建设，一个负面的师德师风案例，通过媒体的传播放大，对一个学校的校风建设构成致命的伤害，甚者形成长时间的影响而难以抹去。而一个正面的师德师风案例，往往作用又十分微小，难以形成示范效应，因此需要学校精心挖掘，小心呵护、鼓励和宣传，因为正是由于拥有无数个这样微小的案例，经过长期积淀才能形成优良的校风学风。教师的示范引领很重要，师范院校一般都把"学高为师，身正为范"作为校训，就强调了师范生的职业道德，将来这些师范生走上工作岗位，将影响一代又一代学生。大学校风的构建，需要自上率下地推进，往往地位越高，其示范效应越大。首先是领导作风，学校的党政领导对学校的校风建设起着决定性的作用，他们倡导什么，鼓励什么，批判什么，以及自身示范什么，其声音很容易传达到基层的教职员工，有些著名高校的校长，他们的讲话、观点，他们的一言一行，也很容易传播到社会，反过来影响社会对该大学校风的评价，从某种程度上来说，优良的校风可以认为是学校领导优良作风的延展。其次是教师作风，教师是链接校领导和学生的中间层，校风的主体和基础在于院系班级，也就是我们常说的院风、班风，体现在教师和学生身上，通常称为教风、学风等，这些构成校风的基础部分，也是开展校风建设的着力点。教师直接面对学生群体，对学生的价值引导起着直接的作用，有什么样教风就会形成什么样的学风，不同学院、班级的教风学风，又影响该学院、班级的院风、班风。学校抓校风建设，首先要抓好党风廉政建设，抓好领导集体自身的作风建设，打铁还需自身硬。关键还在于抓好教风，要求每位教师树立良好的教师形象，教师的使命不只是站在三尺讲台上好自己的课，还要着力于院系、班级、学科、教研组甚至是课题组的作风建设，充分发挥教师的集体示范引领作用。不仅要注意教师业务的提高，同时还要重视师德、师魂的培养。

三是要营造有利于优良校风学风形成的氛围和环境。优良校风学风的形成，需要师生员工共同参与，通过集体的行为，巩固集体的意识，因此，有时也需要通过大型群众性的活动、仪式来培养学生的集体主义精神和集体意识。

比如有的大学每年会举办篮球联赛，通过体育比赛培养学生阳光健康、团结协作、勇于竞争的校风；有的大学定期举办大型艺术作品展，大型演讲、竞赛、辩论等活动，培养大学生的自豪感；有的大学举办校友会、校庆日活动，把爱校荣校的校风进行传递传承；有的大学结合重要年份，举办开学典礼和毕业典礼，并引导学生唱国歌、戴校徽等，培养学生的集体主义意识，保持和发扬学校优良的校风学风。

四是需要明确目标和持之以恒。校风建设的形成是一个长期的相对稳定的过程，如果没有理念目标，就没有方向，没有"一张蓝图绘到底"的担当，就缺乏连续性。校风建设的目标要与办学的理念目标、人才培养理念根本一致，比如高水平研究型大学和地方应用型大学，其校风建设目标有明显从差别，一个是追求学术的氛围更浓厚，另一个是追求应用实践、创新创业更明显。目标既要有前瞻性，又要有现实性，如果校风建设目标需要凝练后融于校训，或者需要用其他文字形式固化下来，要务求简洁明确，便于传播记忆，还要在各类场合中不断反复强调和嵌入运用，才能使广大师生员工不断认识，理解并转化为自己的行为，才能把合乎共同理想、目标的行为习惯和精神风尚，变成全体师生的自觉追求，形成学校统一的舆论和风气❶。

第三节　大学物质文化

一、大学物质文化内涵

大学的物质文化是指大学校园内为师生员工生活、学习、工作所创造的物质条件以及其表现出的文化意蕴、文化价值，它包括了校园基础建设、道路规划、建筑物、文化地标等物质形态的硬件文化环境，还包括了草木绿化、河湖山林等自然文化环境。大学物质文化是大学精神文化、学术文化、文化活动的物质载体和基础支撑，是大学历史传统、文化底蕴、精神内涵和个性特征的物质化体现❷。大学物质文化蕴含着丰富的思想价值、人文价值、审美价

❶　吴彬. 大学精神构建中要凸显优良校风建设［J］. 思想教育研究，2007（8）：53-54.

❷　张立学. 以文化人:大学文化育人研究［D］. 北京：北京交通大学，2019.

值、育人价值、实用价值，渗透于师生生活学习的方方面面，一定程度上也影响着师生员工的思想行为，反映着学校教育的价值取向。比如完善的体育运动场所，为体育教育和培养大学生阳光健康的心理创造了条件；不同类型学校的校园建设规划和建筑设计，反映了一所大学的风格特点，比如国防科技大学的校门雄浑庄重，东北林业大学校园绿树成荫，中国美术学院象山校区诗意山水等，这些物质反映出来的文化内涵，与该校的人才培养理念、培养目标十分契合。还有一些大学，拥有更具知名度校园景观，它们几乎成为该大学的象征符号、精神名片、广大校友心中永久的精神圣地，如北京大学的未名湖、清华大学的荷塘月色，浙江大学的"求是书院"，西南政法大学的"罗马广场"，还有中山大学的"水芳堂"，苏州大学的"可园"，英国剑桥大学的"叹息桥"等众多校园名迹，这些都以潜移默化的形式体现出了每一所大学的文化精神，给人们艺术的享受和精神的洗礼，荡涤着每个学子和身处其中的每个个体的灵魂，完善着他们的人格。大学校园物质文化是大学办学历史的缩影，是静态呈现的历史展览，见证了大学历届师生员工在校园的学习风采，反映了历届师生员工对学校文化建设的认识与实践，是大学校园文化的重要内容。

二、校园建设与校园文化

我国现代大学从建立、发展到逐渐成熟，经过了不同的历史阶段，大学校园的建筑，也深深打上了时代的烙印。清末民初，是中国高校建筑文化发展的萌芽期，在这承前启后、新旧交替、中西融合的特殊年代里，中国传统的书院式建筑、庭院式建筑，以及具有西方教会元素的西式建筑并存，形成了特殊的风景。比如，部分大学校园建筑延续了砖木卯榫、灰瓦青砖、庭院廊道风格，体现了中国古典建筑之美。同时，传教士大学也相继建立，该类大学建筑风格具有明显西式或中西合璧特点，这与大学的办学渊源有关。再如中国海洋大学拥有众多具有西洋风格的校舍建筑群；华东政法大学保留着圣约翰大学历史建筑群。这些优秀的老建筑越来越受到政府和大学的重视，有的还是国家重点文物，它们是办学历史的见证，也是中国历史的见证。之后，教会大学逐步向综合性大学发展，校园建筑规模扩大，逐渐形成不同的功能组团，建筑风格也多种多样。有的校园建筑风格逐渐体现中西合璧，中西融合，如中央大学生物馆的设计，就融入了帕特农神庙的三角形山花等元素，武汉大学理学院建筑设计，融入了拜占庭式的穹顶元素。中华人民共和国成立后，办学模式转向苏联，在建筑设计上也有所借鉴，重视校门、主建筑、中轴线，采取对称布局的特点得到体现，图书馆、教学主楼等重要建筑往往布局在中轴线上，如中华人民共和国仿苏联成立的第一所大学"中国人民大学"。中华人民共和国成立后的大学历史建筑注重将建筑的传统民族形式与地方的自然山水、地理人文，与已有老建筑相结合，相协调，体现了包容的心态，呈现出丰富的地域文化特点，如南京大学东南楼，由著名建筑学家杨廷宝先生设计，整体布局为"工"字形，和原有金陵大学校园建筑、图书馆、北大楼等布置成一个整体，建筑之间的风格互相呼应协调；浙江大学玉泉校区建筑群，采用传统式的宫殿大屋顶，细部装饰多为传统中式，四角有江南风格的飞檐翘角，具备浓郁的地方特色❶。

改革开放后，为不断满足高校人数日益增长的社会需求，大学急剧扩张，大学建设如火如荼，形成了超大规模的校园、高教园区等。这时的大学设计，一方面往往延续了之前的传统，如确定主入口、主广场、注重功能分区、有标志性建筑等，有的大学尤其是南方的部分大学，善于因地制宜，小处着眼，在有限的土地资源上做文章，如位于浙江杭州的中国美术学院象山校区，采取了后现代规划设计，符合江南地带的风土人情、文化内涵和审美需求；绍兴文理学院校园有龙山、龟山、风则江、廊桥等，校区改扩建的设计规划，也因地制宜，建设山水美丽校园，水墨写意式的建筑风格也与绍兴古城建筑风格融合，体现了校城融合理念。

当前，随着城市化加快，很多城市土地稀缺，地价上涨，有的城市充分认识到大学或大学城的巨大的影响和消费能力，在待开发的新区建设大学，使城市新区又重新成为新的繁华之地，但部分学校的建筑设计和城市一体化同步规划建设，高度融合，也会带来大学特色体现不明显的弊端。由于地域文化的不同以及城市地价的差异，北方和南方很多高校相比，也体现出较大的文化差异。北方高校注重追求大而高，空间开阔，广场多，大门气派，大开大合比较有气势，南方大学充分利用稀缺的土地资源，依山傍水，广场较少，小桥流

---

❶ 姚远，任羽中. 作为集体记忆的新中国高校历史建筑：保护、传承与利用［J］. 中国高等教育，2021（12）：45.

水，注重绿化，比较内敛秀气。

改革开放以来，尽管大学在快速扩张和发展，但国家也同时注重大学文脉的保护，北京大学、清华大学、湖南大学、四川大学等近现代著名大学旧址被列为全国重点文物保护单位 ❶。我们在中国文物学会、中国建筑学会公布的首批中国 20 世纪建筑遗产名录里，也发现了众多高校老建筑，如清华大学早期建筑、未名湖燕园建筑群、北京大学红楼、南京中央大学旧址、厦门大学旧址、北京协和医院建筑群、武汉大学早期建筑群、天津大学主楼等。还有一些地方高校，办学历史较长，尽管校园建筑不具有文物价值，但从校史文脉的角度讲，应该不能随便拆除，政府在支持学校建设发展过程中，可能会要求整体异地建设，政府也应该从保护传承角度，做好老校区尤其是部分有特殊意义的建筑的保护。北京大学校长郝平在《燕园文物》一书的序言中指出 ❷："北京大学是可以触摸到历史的地方。保护好燕园的文物，就是存续北大的历史，就是守护北大人的精神传统、守护中华民族的文脉。在保护与传承的过程中，我们也要落实新的发展理念，注意发挥文物在立德树人方面的作用，让古与今、旧与新在这里交相辉映，让北大的文物成为桥梁，推动中国文化走向世界、走向未来。"

当前，大学建设越来越多元化、实用化，对于文化的内涵建设容易忽略，存在的一些问题引起我们反思。一是随着资源的紧张，校园建设过度追求功能实用，而忽略校园环境本身的育人作用。有的大学城的建设，学校与学校之间的风格没有较大差别，出现同质化的倾向。有的大学建设没有注重功能整合，形成组团，建筑与建筑之间缺少互动联系。有的建筑商业化氛围浓厚，学习氛围较弱。二是老建筑保留不好。大学老建筑是大学师生共同的记忆，是大学办学历史的见证，客观地展示大学的文化底蕴，有的老建筑还具有较高的艺术价值，随着社会经济实力的增长，大学办学规模的扩大，各地对于大学或者大学城的建设加强了投入，有的大学在改建、扩建或异地新建时较少考虑到大学文脉的保存和延续，致使大学精神仅仅停留于校史馆，或停留于文字图片记录，

❶ 姚远，任羽中. 作为集体记忆的新中国高校历史建筑：保护、传承与利用［J］. 中国高等教育，2021（12）：45.

❷ 郝平. 燕园文物［M］. 外语教学与研究出版社，2018.

缺少对实体的直观感受。三是校园建设理念相对比较落后，考虑功能性、实用性需求较多，较少从育人的角度，从青年大学生的心理需求、审美需求视角出发考虑空间和建筑设计。有的大学建筑的公共活动空间缺少，比如图书馆的建设，现代的图书馆理念不仅仅是藏书的地方，更应该是学习的场所，思想精神交流和休闲相结合的场所，是最具有文化的地方。有的大学体育场地严重缺少，更不符合大学关于"五育并举"的育人理念。有的场所缺少公共空间，比如把学生公寓建成筒子楼，缺少公共活动空间，使公寓区的育人作用发挥十分有限。四是建筑设计过程中缺少前瞻性，拆拆改改比较频繁。现代大学建设要具有超前理念，至少要向前看几十年，要充分考虑绿色校园、信息化校园建设的要求，提前做好功能基础设施建设，包括地下管网等隐性设施。

　　大学建筑对大学精神、办学理念、文化品位、师生审美、历史风格等具有特殊表现作用，尤其是主要建筑、标志性建筑，如教学主楼、校门、行政主楼、图书馆、体育场馆、教师活动中心、学生活动中心、食堂等，有的大学还有校史馆、艺术馆、博物馆、科技馆等标志性建筑，要精心设计。好的建筑能给人一种精神力量，审美情趣，达到建筑与人的和谐统一。除了建筑，大学还有诸多景观，园林景观和人文景观也是物质文化的内容，是环境育人的载体，如武汉的大学，有人说武汉是"一座大学一座山"，武汉大学的珞珈山、华中科技大学的喻家山、中国地质大学（武汉）的南望山、华中师范大学的桂子山、武汉理工大学的马房山、华中农业大学的狮子山等❶，成为湖北武汉高校的一大特色。绍兴文理学院也是中国少有的校园里有山、河、湖等多样自然生态的大学，风则江穿校而过，龙山、龟山对峙，成为校园独特的风景。大学人文景观，包括校园雕塑、纪念性建筑、休读点等，这些是学校为了一定的教育目的创造的景观，是人们的精神世界的物化，蕴含着人们的某些思想、情感等精神内容。比如，南开大学的多处校园建筑前都有周恩来雕像，成为学生最爱摄影留念的景点；北京大学师生把蔡元培作为精神象征，北大 1977 级、1978 级毕业生在毕业前夕还集资铸建了铜像；热心公益，被誉为"中国高等教育之父"的盛宣怀的雕像，在天津大学和上海交通大学校园均存在；"中国现代桥梁之父"茅以升曾任北京交通大学校长，校园内立有其雕像，他是北交大全体师

❶　张立学. 以文化人：大学文化育人研究［D］. 北京：北京交通大学，2019.

生员工的骄傲，学校还立有詹天佑的雕像；华南名校中山大学，不仅只有孙中山雕像，还有包括梁启超、康有为在内的十八先贤群雕铜像，另外，厦门大学的陈嘉庚雕像，浙江大学的竺可桢雕像等。有的雕像是纪念缅怀伟人功绩，有的雕像是纪念创始人、著名的校长，其共性是都拥有值得世人传颂的精神，对大学有积极向上的正能量影响。此外，现代大学还注重视觉识别系统（VIS）整体设计，内容上包括了学校名称、学校标志、校训校徽、校歌、道路标牌、宣传标语等，设计上要考虑色系、字体、样式等，VIS 是从国外引进的理念，最初运用于企业，现广泛应用于各类企事业单位，是对企事业单位外形象展示的艺术化浓缩，现在很多大学在新生未入校时，就把校园建筑标志印制在录取通知书上，让学生们记住校园的文化，尽快融入大学的文化。或者在毕业时，把印有学校标识、体现学校文化的特色纪念品赠与学生，以到达传承和传播大学精神文化的效果。总之，大学在进行物质建设过程中，要充分考虑文化的植入，育人理念的融入，不仅仅是考虑建筑的实用功能，还要考虑其文化功能。

三、大学图书馆和博物馆

大学里有几个重要场馆，它们是大学的标志性文化建筑，是深受学生欢迎的地方，如图书馆、体育馆、档案馆、校史馆、博物馆等，前面三个馆可能绝大部分综合性大学都会建立，后面两个馆相对较少，有的高校也将校史馆和博物馆合二为一进行建设。

（一）图书馆

大学图书馆作为学校的图书信息资料中心和文化中心，其功能早已不仅仅是藏书和学习读书的地方，而是集信息与知识服务、读书学习、科研与创新支持等多种功能的综合服务体，也越来越重视数字化的投入，是人类知识的宝库。但不管功能如何多样化，图书馆永远是人类文化传承创新的重要载体，很多大学图书馆在文化传承创新方面也在不断探索，希望图书馆发挥更多的文化作用、育人作用，把它真正变成学生第二课堂的主要场所，如加强文化环境设计，开展主题展览、文化沙龙、知识竞赛、名师库建设等。比如海南大学图书馆，就设置了海南与海上丝绸之路展厅、文化人类学实验室，这充分把握了地域特色，将地方文化保护与传承融入图书馆的日常文化服务。

　　高校图书馆在应用工作坊这一活动形式方面有相对成熟的经验,工作坊活动模式则具备形式灵活多样、适合参与体验、注重深度交流互动,能够发挥图书馆的最大作用,提升文化传承创新的效果,活动内容主要集中在科学创新、技能培训与阅读推广等方面。比如北美部分高校图书馆针对数字学术、数字基础、数据技能、数字人文等内容开展了大量工作坊活动;中国台湾大学图书馆为协助学生掌握学习方法、提升学习成效,举办了学习策略工作坊;西南大学图书馆在新生季、毕业季等节点开展阅读推广工作坊,设置读书活动月,运营策划团队主要是学生组织,受到学生欢迎;北京大学图书馆针对传统音乐主题,推出"从传统的聆听到互动与欣赏"的系列文化工作坊活动,针对绘画艺术主题,推出了"从传统的欣赏者到亲身参与的创作者"的系列文化工作坊活动等,而且在活动中邀请北京大学古琴社、油画社等相关社团参加,鼓励师生参与体验和创作,活动过程中还注重通过微博、微信、校园 BBS 等网络社交平台形成热点话题,起到了推广宣传效应。北大图书馆在不同文化活动中融入图书馆资源与服务宣传、阅读文化推广等内容,这种尝试也得到了校内外的认可,并获评中国图书馆学会阅读推广优秀项目❶。

(二)博物馆

　　博物馆是大学"第二课堂"另一块宝地,有条件的高校也十分重视博物馆的建设,博物馆不仅只是展示功能,它还具有教育功能,博物馆和大学有共同的文化育人使命。大学博物馆带有大学的特色,其展示的内容往往与大学的发展历史、学科专业特色、学术研究重点等密切相关,很多藏品就直接来自相关教学科研组织,如原料、半成品、成品、研究工具等,它们又反过来成为学生学习实践、观摩体验的重要参考,成为学生课堂学习的重要补充。有的大学博物馆在为高校的学科发展、科研教学、立德树人工作服务以外,还注重向社会开放,体现了大学博物馆为城市市民服务的功能,但其开放程度还需要进一步加强,以更好地服务于地方城市的文化发展。未来,将有越来越多以文博育人为核心的大学博物馆将打开围墙,从侧重科学研究发展到服务更广阔的社会公众文化。2011 年 5 月,国家文物局、教育部联合下发的《关于加强高校博物

❶ 赵飞,吴亚平,汪聪,等. 高校图书馆文化传承创新服务新探索［J］. 大学图书馆学报,2019,37（6）:96.

馆建设与发展的通知》表述："高水平高校博物馆是大学深厚学术和文化积淀的重要标志，是优秀大学的重要标志。要将高校博物馆纳入国民经济和社会发展规划，纳入高等教育事业发展规划，纳入博物馆事业发展规划。"❶ 通知首次明确了高校和文物部门在这一方面的权与责。

博物馆与大学有密切的联系，追溯博物馆的发展史，将会发现大学是博物馆之母。1683 年，英国阿什莫尔公爵将收藏的动植物、矿物、宝石、武器、钱币、纪念章、服饰、生活用具、雕刻、绘画、手工艺品等悉数捐赠给牛津大学，牛津大学为此专门建立了一座博物馆进行收藏，因此，现代意义上的第一所博物馆就此诞生 ❷。中国最早期的博物馆也是来自大学，或者说与大学有密切的关联，如同文馆博物馆、南通博物苑、震旦博物院、华西协合大学古物博物馆等。

当前，越来越多的中国大学重视博物馆建设，把博物馆作为学校重要文化载体融入校园整体规划设计。据有关统计，中国目前的大学博物馆已将近 500 所，它们规模不一，但各有特色，与所在大学的办学历史、学科专业特色等密切相关。1952 年，厦门大学人类学博物馆建成，它是中国大学第一座人类学博物馆，也是中国大陆唯一一所人类学专科博物馆，由著名人类学家林惠祥捐献私人收藏文物开始创立。1993 年建成的北京大学赛克勒考古与艺术博物馆，充分利用了北京大学考古学相关资源，收藏有数万件藏品，有的藏品是中国考古学各时期的典型标本，具有珍贵的价值，如周口店北京猿人石器，新石器时代不同考古学文化的代表性器物，商代甲骨文，山西曲村西周古墓葬出土的铜器、玉器等，还有陶器、钱币、封泥和民俗文物等 ❸。上海交通大学博物馆收藏有钱学森 1933 年参加水力学考试的试卷，还收藏有上海交通大学创始人盛宣怀在晚清经营洋务运动时使用过的印章、近代出版家张元济使用过的文房四宝、唐文治校长使用过的英文打字机等。目前该博物

---

❶ 国家文物局、教育部关于加强高校博物馆建设与发展的通知［EB/OL］．教育部官网

❷ 陈何涌．海峡两岸高校博物馆若干设计要素的统计、分析与比较研究［D］．广州：华南理工大学，2013．

❸ 邓怡．试论高校各类专题博物馆对大学生的思想政治教育功能［J］．思想理论教育导刊，2015（2）：125．

馆已拥有实物档案、名人字画与手稿等藏品 3300 多件（套）❶。还有北京中医药大学中医药博物馆、上海海洋大学的博物馆等，都与学校的学科专业紧密相关。

中国人民大学博物馆也是一所高水平的大学综合博物馆，采取主馆加分馆的模式，在多地设有分馆，形成了博物馆群，具备收藏、教育、展示、科研等多种功能，主要展陈内容以北方民族文物为主，展示历史文物、艺术作品和学校历史。为了让博物馆真正"活"起来，走进师生，走向社会大众，博物馆注重深挖自身馆藏，积极策划高水平的精品展览。在社会服务方面，该博物馆善于发挥学生的主观能动性，发挥学生组织的自我教育、自我服务功能，指导和培育学生志愿者团队，在志愿讲解、走进社区等方面发挥了重要作用，志愿者讲解团在服务过程中不仅提高了自身能力，增长了文化知识，更推动了文化向社会辐射，架起了大学和社会之间的文化桥梁。博物馆十分注重第二课堂建设，积极服务于立德树人根本任务，服务于学校内涵发展，融入学校教育、教学、科研、社会服务等各个环节，成为本科及研究生教育的重要实践基地，如把参观校史展、文物展作为新生入学始业教育的必备环节。博物馆还注重与相关学院合作，直接服务于第一课堂，充分发挥馆藏文物在教学科研和人才培养中的实践作用，将文物整理、文物研究与课堂教学、实践研究相结合，激发学生的创作灵感及研究兴趣，充分发挥博物馆的育人作用❷。

中国科学技术大学博物馆充分体现了该大学历来重视学术的特质，收藏有学校各历史时期的科研仪器、学术资料。比如丁肇中教授捐献的部分科研仪器，考古发掘成果和社会捐赠等藏品数千件套，也十分注重聚焦科学，面向海内外举办各类精品展览，受到广大师生和同行的好评，博物馆成为学校科学文化的重要支撑平台，助推"新文科"建设，为学校率先建设国际一流大学做出独特贡献，被中国科协、安徽省和合肥市科协等部门授予"科普教育基地""爱国主义教育示范基地"等荣誉称号。纵观国内外高校，凡一流大学都拥有各具特色的高水平博物馆，大学图书馆、博物馆等重要场馆坚守文化传承创新使命，弘扬中华文明、彰显人文底蕴、承载大学精神、担当育人使命，发挥着重要的作用。

---

❶　汪荔诚. 打开围墙的高校博物馆，未来可期［N］. 文汇报，2020-08-25.
❷　中国人民大学博物馆简介［EB/OL］. 中国人民大学官网.

第四节　大学制度文化

一、大学制度文化的内涵

　　制度文化与制度有一定的区别，它重点不在于关注制度本身，制度文化必定需要考量人们对制度的尊重、参与、执行情况。制度是制度文化形成的基础和前提，制度文化需要人对制度的长期参与执行，没有人的参与执行，只能是束之高阁的无法发挥作用的文字，没有形成文化。大学制度体系里面，有的是党和国家对大学治理的要求，如有关法律、法规、规定；有的是通过学校制定并通过教育主管部门认可备案的大学章程；有的是学校内部为了规范管理而制定的各类文件规定、办法、规则等。制度是学校规范治理的前提，是制度文化形成的前提，没有健全的、科学的制度，制度文化就没有存在的土壤和基础。正是因为大学制度既有来自外部的，也有内部的，因此制度文化也可以从两个层面去理解。一方面，大学治理是政府治理的延伸，当前大学与政府、社会的互动越来越频繁，校地融合越来越紧密，一个国家或地区对高等教育宏观层面的管理理念、治理思路，会形成普遍意义的制度文化，如大学的管理体制、投资体制和办学体制等，这种制度文化在大学与大学之间是一种略显趋同的共性，它们共同形成了整个国家和地区的大学制度文化，如党委领导下的校长负责制，董事会领导下的校长负责制，二级学院的党政共同负责制等，这些都关乎大学治理的顶层设计。另一方面，大学有其自身的历史特点、文化特点、师生构成特点，制度文化有其个性的方面，本书主要从大学文化生态内部来讨论。

　　一个大学内部的制度，不可谓不全，不可谓不多，有学校层面的，有职能部处层面的，有院系层面的，有关于党建、人事、教学、科研、学工、安全、后勤等各个系统的，有的制度发挥的指挥棒作用比较明显，有的不是特别明显，甚至也不排除有的是为了应对上面的检查，制度实际发挥的作用有限。有了完善的制度，也并不意味着该大学有了较好的制度文化，还需要通过一定时期的执行、反馈、评价、修正，并得到师生的认可。

　　大学制度主要包括领导体制、组织机构、运行机制、管理机制、决策规划、政策制度、行为规范、校纪校规、公约条例、规定办法、实施细则等。制度的基本作用是保障大学各项工作的正常运转，规范着学校成员的行为和作风，科学的、系统的制度能保障大学各项工作更为高效、更为科学地运行。大学制度文化包括两方面内容，一是主要指以文字形态表达的学校的治理结构、规章制度以及群体行为规范、习俗以及典礼仪式等形式；二是贯彻落实制度过程中所体现的价值观念和态度，制度文化渗透于学校的各种组织机构与规章制度中，并在长久的实践过程中形成的自律自觉的价值观念、思维方式与行为习惯，是师生员工主观对制度的认识和内心认可程度，充分体现了大学人共同的价值观念和审美要求，是大学精神在大学文化制度层面的投射 ❶，关系到制度能否有效发挥作用。

二、大学制度文化关注的焦点

（一）要关注制度本身权威性高不高

主要从两个维度去思考制度的权威性，一是制度本身的内容和制定程序是否科学合理，广大师生员工内心是否认可，是否形成共识；二是制度的执行过程有没有一视同仁，有没有依规办事，是否影响公平，若制度执行过程缺少刚性，变通太多，有制度和没有制度效果一样。

大学在制定制度过程中，一是要充分体现科学精神和民主精神，处理好党委权力、行政权力、学术权力、教师权力、员工权力、学生权力之间的关系，制度制定要充分调研，听取意见，注重程序，使学校的建设发展能够得到最广泛的理解和支持。大学制度的制定，相关职能部门可以拟定初步建议，但还需要充分发挥学术委员会对学术事项的审议权，涉及师生切实利益的，如绩效分配、职称评定等人事方面的制度，还要充分发挥教职工代表大会的作用。二是内容要科学，部门在制定制度时要从科学性、系统性的角度出发，要与学校整体办学思路契合，要与其他有关制度形成互补。有的制度与学校的整体办学思路和发展理念不符合；有的制度与其他制度重复；有的制度制定只见树木不见森林，存在本位主义思想，只考虑本部门本业务范围的情况，与其他制度的融合性、互补性不好，甚至出现制度矛盾冲突的情况；有的制度缺乏长远系统考虑，修订改动频繁等，这些都会导致教职员工适应上的困难，从而一定程度上

---

❶ 肖杏烟. 大学城制度文化的内涵、特征与功能［J］. 教育导刊，2008（6）：11.

削弱了制度的认同感和权威性。三是制度执行问题。制度与执行缺乏关联性互动，有的制度是因为上级部门有要求，所以要先解决制度"有没有"的问题，而没有或者暂时没有考虑到制度"好不好"。有的制度执行不到位，没有形成反馈机制，导致制度长期不修订更新，失去制度本身的功能，也失去制度的权威性。

（二）要关注制度的价值导向正不正

一是与大学文化、大学精神相关的制度缺乏，或者已有的相关制度与大学文化、大学精神割裂，没有系统构建大学精神、大学文化建设的顶层设计制度、相关支撑性的制度等，即使有相关制度，可能相对于科研、人事等相关制度，这类制度因为缺少重视，缺少保障措施，更难落地，更容易被师生员工忽略。二是学校有的制度与大学精神出现不匹配的情况，学校在制定制度的过程中，其逻辑出发点是从行政管理角度的需要，而没有思考是否与大学的办学理念、大学的精神等相适应、相匹配。

大学要形成"科学、公正、为民、尚学"制度文化，要突出制度的文化特点，使之服务于大学精神文化和大学的目标、理念、追求，不应仅仅把大学制度文化建设重点放在维护大学部分功利性目标的实现上❶。目前有的大学在制度文化建设上偶尔存在"官本位"、功利化倾向，如果我们的机制制度设计是鼓励"做官"而不是鼓励"学术"，就会导致教学科研人员的功利性选择。比如，有的老师为了在职称上有所突破，就先做行政干部，认为可以争取有利资源；有的教师学术上再无突破希望或前进动力，也想做行政干部。这会对学校的学术文化的形成造成根本性挫伤。有的大学为了追求标志性成果，会采取一些短期的刺激性政策导向，制定非常规措施，短期来看会收到效果，而长期来看，将产生学术浮躁。有的行为根本就违背了科研人才培养与成长的规律，无视科研规则的行径，在潜移默化中可能会导致学术腐败，不利于构建健康的大学文化。

三、大学制度文化的价值取向

（一）科学有效的价值取向

一是制度的制定要符合国家的国情，符合大学的办学规律，在大学、政府、社会的多方互动中找到平衡点，要回答一些理论性、根本性的问题，或者

---

❶ 刘欣. 文化视野下的大学教育现代化［D］. 西安：陕西科技大学，2015.

探索解决问题的思路方法和路径。比如，基于大学治理体系现代化和治理能力现代化，在顶层制度设计上积极回应，基于大学"行政化"与"去行政化"的制度文化影响、大学办学自主权的落实、大学教育评价改革、大学协同创新等原则性重大问题，做一些研究推动。有的问题在很大程度上受当前外部政策制度文化的深刻影响，有的影响甚至可能是长远的、深层的，靠大学自身也无法解决，需要多方协同研究，积极保留其合理因素，淡化甚至消除其消极因素，将大学制度文化建设回归到实现大学本质意义及解决现实问题的道路上来❶。

二是制度的制定要全面系统。制度影响并约束着大学内外的各种行为，保障着大学的和谐健康发展。全面性是指大学方方面面的管理、治理要依靠制度来约束，树立法治思维、制度思维、规则意识，尽最大可能减少人治的干扰，把制度建设作为完善大学治理的重要途径。这种制度既包括官方正式下发的文件，也有一些是大家共同形成的规则、流程，要按照规则、流程办事，有的学者将这些规则流程称为非正式群体制度文化。要加强制度的系统性建设，及时做好制度的废改立，有的制度具有阶段性，有的制度只管单方面或某个具体事项，需要找到事物之间的内在联系，整体系统思考，形成有层次、互相支撑的制度体系。

三是要追求制度的质量和效率，重视制度的执行。有的制度管总体布局，有的制度管具体操作，不管什么制度，最后要以"管用"为导向，追求质效和谐，而不是制度很健全，但操作起来还是按照惯性思维，把制度放在一边，或者根本不知道有制度。一个有健康制度文化的集体，成员有依规办事的意识，特权思想少，重视制度的刚性作用发挥，而不是模棱两可，可左可右，这种氛围的形成，往往又与领导班子尤其是一把手的制度意识有关，领导要发挥头雁效应，起正面示范引导作用。除了质量，还要讲究效率，制度不是越多越好，一件事情按照一大堆制度程序来执行，可能又会影响效率，因此，制度要形成体系化，互相照应，好的制度体系要起到管关键、管方向、管程序、管公平、管执行的作用，要注重制度的质量和效率的统一。

（二）公平公正的价值取向

公平公正是制度的本质灵魂。中国传统文化讲仁义礼智信，这个"礼"最

❶　程利. 试论大学制度文化建设的价值取向与现实路径［J］. 南京社会科学，2013
（11）：130.

初的含义是指国家政治层面治理国家的一套礼仪制度体系，反映了以儒家思想为核心的阶级秩序，后来继而扩大到维护社会稳定的规定、生活上的要求和规范等。这种"礼"在封建社会时期有其积极作用，但其公平公正性不一定能得到体现。后来法家则重视"法"的作用，"法"从字面上理解，则体现了公平公正，"法"是上升为国家层面的强制实施的制度。现代大学的治理中，公平公正的意识逐渐深入人心，制度的制定是为大多数人服务还是为少部分人服务，程序是否规范，是否透明，成为师生关注的焦点。

首先，要注重程序，发扬民主。要加强"制定制度"的制度建设，也就是管理程序的制度建设，程序性规章制度的完善，能够最大限度排除恣意、任性和偏执，使大学制度的废、改、立"有法可依"❶。公正完善的程序性制度的设计，可能会在一定程度上增加行政运行成本，降低制定过程的效率，但为后面制度的执行增加了砝码。要扩大制度制定执行过程的民主性与参与度，充分理解"全过程人民民主"的理念，使师生不仅能够通过多种方式和途径参与制度制定，表达真实意愿，提高制度科学性，还要发挥师生对制度执行情况的监督反馈。

其次，要加强制度执行的公正性。英国哲学家培根认为，有制度不执行，比没有制度危害还要大，这句话至今发人深省。制度一经生效，就对制度所面向的全体对象具有普遍约束力，不存在差别，执行过程中要有刚性，坚持对事不对人，坚持一以贯之，树立制度的威信。

最后，要有示范性。领导干部、专家学者要身体力行，带头遵守制度，己不正何以正人，这是带团队的根本。领导向教师示范，教师向学生示范，把公平公正的制度文化，通过言传身教教给学生，这本身也是立德树人的需要，制度文化的树立必须要强化制度适用对象的规则执行文化来最终确认。

（三）以人为本的价值取向

以人为本即强调重视人、关心人、理解人、解放人。一切以人为出发点，尊重、崇尚和体现人的价值，是现代大学最重要的办学和管理理念，也是大学制度文化的核心❷。有学者认为，大学要有大爱的制度文化，要建设体现大爱

---

❶ 万健，卢忠菊，赵烨烨. 文化结构视角下的大学制度文化建设［J］. 中国高等教育，2012（19）：61.

❷ 胡玉玺，程海威. 现代大学制度文化建设:内涵、现状、策略［J］. 现代大学教育，2016（4）：106.

理念的大学组织管理制度、学术制度、教学工作制度和学生工作制度❶。制度不是简单的奖励和惩罚，要坚持以人为本，维护和尊重师生员工的基本权利，服务于师生的需求和发展，有利于激发和调动人的主动性、积极性、创造性。师生是大学的主体，领导决策、行政部门在制定制度的同时，要有换位思考的意识，将师生的整体利益诉求作为规章制度制定的出发点和立足点，不是简单为了减轻领导者、管理者自身的负担和责任。

大学的制度设计和实施要以有利于广大师生的全面发展为依归，以刺激广大师生向上向善、自由全面发展为导向，比如在制定人事政策时，要理解人才成长的周期性、科研成果产生的长期性，理解不同人才在不同阶段的需求。人才培养是大学最基本的职能，对于学生工作管理制度的设计，有的大学管理性制度远远多于服务型制度、激励性制度，有的大学注重学生正向激励，设置了各类综合奖学金、单项奖学金、企业奖学金、校友奖学金，并制定了奖学金的评选规则，让奖学金基本上覆盖到大部分的学生。大学里，如果决策者和管理层不理解师生，不关注师生的内在真实需求，不尊重师生的劳动价值，就不会形成关爱师生的制度文化。

（四）崇尚学术的价值取向

学术是大学的灵魂。对于学术文化，后面章节将进一步详细阐释。制度文化建设要树立正确的导向，充分衡量是否能为学术研究、学术活动创造自由和谐、宽容失败的环境，是否有利于激发知识创新、学术创新、价值创新、思维创新。在现代大学制度语境下，教授治学、学术自由一直是中心话题，但如何从理念层面转为制度层面，甚至实践层面，如何从"应然"走向"实然"，还需要不断探索，做好顶层的制度设计。大学要成立校院两级学术委员会，或者教授委员会，并充分发挥委员会在大学校院两级治理中的作用，尤其是发挥委员会在学术评价中的作用，切实防止以行政权力全部代替学术权力，违背大学的本质规律。学术权力与行政权力的矛盾与冲突，始终是大学治理中无法回避的问题，这里不仅仅有学校内部的学术权力和行政权力的矛盾，还有外部行政部门和大学学术权力的矛盾与冲突，比如各类学科和专业评估、认证、检查

---

❶ 张尚字. 大学大爱制度文化建设的现状与途径［J］. 学校党建与思想教育，2010（31）：41–42.

等，其标准一般是行政管理部门制定。从内外关系来看，主要还是要厘清"权责利"，做好"放管服"。在大学内部，崇尚学术的制度文化建设需要大学通过制度设计与有效执行来保障。大学在内部管理过程中，要着力优化权力设计，尊重现代教育发展与学术机构建设的机制和规律，要设计监督与制约体系，防止行政权力集中，学术权力弱化。当然目前我国现代大学制度的建立是一个渐进改革、持续完善的过程，若简单认为只要"去行政化"，坚持"教授治校"就能解决所有问题显然是不切实际的，它涉及大学改革发展的很多方面，大学具有时代性，不同的大学也具有差异性，每个大学的领导层，只能是在不断理解现代大学制度的内涵基础上，又结合时代性、差异性实事求是地做出探索实践。大学的治理不是政府规划出来的，而是大学自身实践探索的产物，大学的治理一定是朝着越来越好的方向发展。

蔡元培、伯顿·克拉克等诸多教育家都认为，大学是研究高深学问和培养学生健全人格的机构，大学活动的基本价值取向和精神主旨是追求学术、文化、知识的进步，这是大学全部实践的终极目标，大学的制度建设应始终遵循大学发展这一内在规律与发展逻辑，保证教师的教学与学术自由、学生的学习与选择自由❶。崇尚学术的价值导向，不仅仅是学术权力的分配，还要有鼓励学术创新、宽容失败的氛围。因此要注重学术活动设计，大学学术参与主体除了教师，还有学生。大学中的活动很丰富，但要有价值导向，设计鼓励学生参与学术的活动，而不能让过多娱乐性活动占据活动空间，崇尚学术应当成为大学制度文化建设的主要价值取向。绍兴文理学院设置的卓越奖学金、树人奖教金评选活动，就是鼓励学术创新的活动，有利于形成追求卓越、崇尚学术的文化氛围。

崇尚学术，大学要防止以简单直接的物质刺激代替制度的系统设计。功夫明星李小龙"电击训练"短期内确实增加了肌肉力量，但给身体也造成巨大伤害，不符合事物发展的本来规律。这里引用一个案例：中国科学院院士、上海交通大学校长张杰曾发表一个演讲，题目是《大学治理：以人为本的制度激励》，他对崇尚学术的理解具有长远的、本质性的理解，认为崇尚学术不仅仅是对学术成果的短期的激励，如果用现金奖励直接刺激学术成果产出，培养出

---

❶ 程利. 试论大学制度文化建设的价值取向与现实路径［J］. 南京社会科学，2013（11）：129.

来的学生以后会更加功利。他还分享了一个故事，学校曾经引进一个物理学家，搞暗物质的测量，这位科学家曾经问张校长，暗物质的测量不是马上可以发表文章的，假如你支持我做了10年，我却什么结果也没有，你怎么去交代？张校长说，即使你带了这个20个人的团队做了10年，最后什么结果也没有，我仍然觉得这对中国科学而言是一个巨大的贡献，它的贡献就在于，它向全世界彰显了，中国也可以有这样一批科学家：他们不为名、不为利，就是为了科学追求，可以在山洞里默默无闻地奉献10年，有了这样的科学精神，才会影响我们的下一代，鼓舞更多的年轻人投身于科学追求。这个故事很有启发，大学的制度设计要与大学的理念、大学的精神相契合，管长远，管根本，而不是短期地算小账，算细账。

第五节　大学学术文化

什么是学术文化，学术文化和行政文化怎么互动，怎么构建学术文化、科技文化，这些都需要进一步思考。

一、大学学术文化的内涵
（一）定义

学术是文化的核心，文化活动的传承与创新，离不开学术这项基础工作。中国传统文化里，"学"和"术"是不同的范畴。梁启超说，"学也者，观察事物而发明其真理者也。术也者，取其发明之真理而致诸用者也。"[1] 严复也用"知"与"行"的关系来解释"学"与"术"。现代意义上的学术，已经将两者的意思融合在一起，尤其是在新文化运动之后，随着西方学术话语体系的进入，学术已经具备了新的内涵："学"侧重于指知识传承创新与基础理论的研究，其目的在于揭示事物内部规律、本质原理，形成体系化的理论研究成果；"术"侧重于应用实践，是对于知识理性的具体运用，探究方法、技巧、应用，具有实践性。学术就是理论与实践，学理与方法的统一。

---

[1] 汤志钧. 梁启超卷（中国近代思想家文库）［M］. 中国人民大学出版社，2014.

什么是学术文化？学者李卫东认为大学学术文化是指大学组织中的学术系统由学术人员群体共同享有的思维方式、行为方式、行为规范和价值观念❶。学者陆海在《研究型大学学术文化考量》一文中从两个方面解读学术文化：一是指以创新意识和创造精神为标志的求真文化，它在大学文化的整体结构中具有核心地位；二是指狭义上的文化内容，它包括文学艺术、科学技术以及社会公民的教育状况和文化素养，各类文化人才和文化成果等，学术文化是一切有关于学术人之间的关系，学术创新、传播交流与制度准则及关系，是大学师生员工在探求知识、追求真理过程中所形成的特色和氛围，是大学文化的核心❷。大学的学术文化是科学文化与人文文化的统一，科学文化源自大学知识创新中应具备的科学精神，主要表现为学术对于科学理性的遵从和坚守。人文文化主要源自诸如为天地立心、为生民立命、为万世开太平的人文精神，表现为强烈的人文关怀和大爱精神，两种精神的有机融合，构成了大学学术活动的价值追求，即大学学术文化的精神内核❸。由此我们可以看出，对于学术文化的定义，一方面是从行为文化上界定，另一方面是从内容上界定。本书对学术文化的探讨，主要不是指产生的知识、学术成果等学术内容，而是侧重于讲大学有没有鼓励和维护学术人员（包括教师和学生）尊重知识、尊重人才和崇尚学术的机制、制度、行为、氛围，学术人员有没有形成学术的思维方式、行为方式、行为规范和价值观念等。

学术文化是大学文化的核心。每个组织或组织系统在长期的建设和发展过程中，都会形成与之相适应的组织文化，文化是影响组织行为发生的深层原因，这种文化是多方面、多层次的文化，但一定也有独特的、核心的、本质的文化特性，这种核心的观念是组织与组织区别开来的重要标记。比如从简单笼统的认识角度来看，不管如何对组织文化进行各种阐释和描述，政府机构的组织文化肯定包含了权力等级观念，这种观念是维护政府行政人员之间关系的本质；企业的组织文化核心肯定包括了商业盈利思维，以追求效益和利益为原始动力；而大学的组织文化核心一定是学术文化，这是大学诞生的天然胎记，无

❶ 李卫东. 大学内部重点建设 [D]. 上海：华东师范大学，2010.

❷ 陆海. 研究型大学学术文化考量 [J]. 江苏社会科学，2008（S1）：61.

❸ 王晓锋. 推进文化传承与创新，引领大学发展新境界 [J]. 南京理工大学学报（社会科学版），2012（2）：4-5.

法回避，是大学与其他社会组织进行区别的内在本质，是大学其他组织文化特性存在的前提和基础。大学诞生之初就是因为知识传承和学术研究、交流的需要，可以认为，大学因学术而生，学术因大学而兴，如果少了学术这个标记，大学何其成为大学。民国时期就有明确的规定，具有一定学术水准的高校方才称为大学。蔡元培先生 1917 年在北大就职演说时也提出：大学者，研究高深学问者也。如今中国正在培育和建设"双一流大学"，衡量的核心指标就是看这所学校的学术水平、学术影响力。一所学校在招生时能否吸引优质生源加盟，主要也是看它的学术水平、学术氛围是否具有吸引力。雅斯贝尔斯在《什么是教育》中说❶，"大学是研究和传授科学的殿堂，是教育新人成长的世界，是个体之间富有生命的交往，是学术勃发的世界。"综上可以理解为，大学之"学"，在于学生、学者、学习、学术，在于关爱学生、尊重学者、重视学习、崇尚知识和学术，这种观点理应融入每个"大学人"的血液，成为"大学人"真正的价值追求。

（二）构成要素

学术文化的构成要素主要有以下四个方面。

一是学术人员。学术人员是学术文化创造和参与的主体，对于大学"学术人员"的界定，有的学者表述为"教师""知识分子"或"学者"。笔者认为其意义应该进一步扩大，教师、学者是主体，但还应包括大学生，大学生是学术的学习者、参与者和建设者，尤其是综合性大学、研究型大学的学生，对于大学学术文化的贡献更是不可忽略，他们是学术文化构建重要的力量，学生主体和教师主体在学术文化的维护上是互动的关系。另外，大学里的部分行政人员，也是学术人员，这与其他组织有所区别，比如教务处、科学技术处、人文社科处、人事处、研究生处的行政人员，各二级学院行政领导等，他们往往是学术规则的制定主体，这类行政人员是否具有学术思维和崇尚学术的价值观，对学校是否形成良好的学术氛围，起到非常重要的作用。

二是学术组织。大学的学术组织是学术活动的依托，是大学学术人员的归属所在，是学术人员的团队集合，包括了学部、学院、系、专业等外在结

---

❶　雅斯贝尔斯. 什么是教育［M］. 邹进，译. 北京：生活·读书·新知三联书店，1991：150.

构，这些学术组织有的也承担了部分行政职能，尤其是学院，行政职能更强，所以它们既是学术组织也是行政组织。学术组织还包括了基层学术组织（学科），包括学科组织、研究院所、学术团队等，这些组织的人员按照学科分类、学术兴趣、学术方向而聚集，有时还是跨学院的组织。

学术文化具有不同的层次，其表层是学科文化。学科文化是学术文化的基础，同一个学科或相近的学科，具有共同或相近的"学科语言"，其团队成员之间更容易形成紧密的联系，不同学科的学术人员具有不同的学科文化，尤其是自然学科和人文社会类学科，其差别更大，但它们在学术精神等核心层方面可以具有共同的认识，形成一致的学术文化。随着时代的发展，学科分类越来越科学细致，学术分科使研究者能够专注于某一领域，从而保证研究的深入，研究得越深入往往又越易于发现新的领域，进一步促进了学科的分化。

现代社会的知识呈几何级数增长，学术分工越来越细，各个研究领域也越来越专业化。同时，学科之间的交叉也很频繁，新兴的边缘学科、交叉学科往往成为学术的增长点。我国大学对于跨学科组织的探索和建设，与西方国家有一定差距，西方国家大学在20世纪60年代就开始探索建立跨学科组织，如芝加哥大学的"放射生物学"、加州大学的"航海物理学"、宾夕法尼亚大学的"生物物理学"、柏林大学组建的"德国跨学科研究中心"等。我国从20世纪90年代开始重视跨学科研究和跨学科组织建设，尤其是近年来国家在大力推动"双一流"高校建设的大背景下，从教育行政部门，到大学，都意识到跨学科组织的重要性，是推动面向未来科技创新的重要举措。有的大学建有学部，加强对相近学院的资源统筹，有的学校也组建了跨学科研究院所、工程中心、实验室等，一些实体和虚体相结合的跨学科研究机构逐渐兴起，如复旦大学的"交叉研究院"、上海交通大学的"BIO-X研究院"、天津大学的"量子交叉研究中心"、中科院的"生物与化学交叉研究中心"、中国人民大学的"区块链研究院"等。这些跨学科组织承担重要前沿科学、关键核心技术、重大社会问题的研究使命，国家投入高端仪器设备，汇聚顶尖科研人才组成一流科研团队，进行重大科研攻关和创新研究❶。

---

❶ 宋志燕. 我国大学跨学科组织的学术领导力建设［J］. 中国高等教育，2022（9）：50-51.

三是学术活动。学术活动是与学术有关的全部活动的统称。学者们从事学术研究，既需要在一定的专业环境里进行独立的探索和思考，同时也需要与不同学者和社会大众之间保持良好的沟通和交流。学术交流是学术活动的重要组成部分，可激发学术灵感，形成各种新观点、新思想、新理念。大学的学术活动一般有跨校、跨区域的学术大会、论坛，学校组织的大型学术报告，院系自己组织的学术讲座、论坛，更小范围的是学科内部甚至一个课题组开展的学术研讨、学术沙龙，还有专业性和学术性学生社团开展的社团活动、科技文化节等与学术有关的节会活动等。

四是学术体制。学术体制是学术活动正常开展的机制制度保障。现代学术体制是以大学和研究机构为核心，包括学术管理体制、学术机构、学术团体、学术刊物、学术出版、图书馆、学术伦理、学术规范、学术评价机制等在内的一套完整的制度体系[1]，既有国家宏观层面的，也有学校自身中观微观的，学术体制对学术文化的发展具有重要影响。

二、大学学术文化的构建

我们需要了解大学学术文化和行政文化的差异。从当前大学内部的组织行为来看，存在两种不同的文化，即行政文化和学术文化。它们的思维和行为方式存在较大差异，有的学者也习惯把行政文化称为管理文化。这两种文化都是大学组织文化不可缺少的组成部分，它们的融合互动情况，关系到大学组织文化生态是否健康。学校必须有统一的认识，学术文化才是大学的核心文化，缺少学术文化的大学，或者是以行政文化为重的大学，是没有灵魂的大学，是僵化官僚的大学，无法构建起现代大学应有的核心竞争力，基层学术组织是学术的生产队，是学术文化传承创新的基本单位。行政文化以管理和服务为主要工作，保障一系列行政工作的高效顺畅运行，服务于学术文化。学术文化更强调研究、批判、超越、探索、创新，思维活跃；行政文化更强调制度、服从、规则、稳定，规矩意识较强。两种文化有不同的理念，必然存在一定的文化冲突，但也有文化的融合，两种文化冲突和融合的效果，影响整个学校的发展活力。

---

[1] 刘峰. 现代学术视野下的《禹贡》半月刊研究［D］. 北京印刷学院，2009.

学者陈亮分析了大学学术文化生态失衡的几种典型表现：一是市场化逻辑下的学术取向功利化，主要表现为学者的学术追求异化为对经济利益的追求；二是自上而下组织模式下的学术泛化，教师学术成果的判定由教育部门的等级、学术期刊的级别来代替；三是行政权力主导下的学术价值异化，主要表现为行政力量掌握着学术资源，行政权力主导下学术权力被僭越等❶。

在中国，从单位性质看，人们一般把大学归属于"事业单位"，一个是"事业"，另一个是"单位"，学校作为"事业"单位往往和国家权力部门"机关"相连并称；作为事业"单位"，又和企业等其他社会组织的构成样式高度相仿。学校不可能脱离社会而独立存在，尤其是公办大学，更是对政府管理部门有较强依赖性，高校内部组织机构设置貌似也成为政府主管部门结构的延伸，有的大学在社会市场经济大潮中左右摇摆，对急功近利的商业化过度热衷❷，在政府、企业、社会公众以大学自身发展的多目标、多功能需求的夹缝中无所适从。今天的现代大学，要产生高水平的成果必须保持开放性，面向广泛的社会，正确处理好政府、市场和学校的关系，获取最大的资源支持和信息来源。但在此过程中，大学还需要避免成为社会的附庸，成为利益的代言人，必须要尊重大学自身的地位，保持一定的独立性，尊重学术自身的规律和逻辑。

行政文化和学术文化两者能否很好地融合，对大学发展起到非常重要的作用。一方面，学术人员要从大学治理的角度提出建设性的意见和建议，少一些抱怨指责，要具备宏观视野和大局观，立足国情、省情、市情、校情，站在更长远、更高的视角，融入组织生活，充分依托团队的作用，将个人的创造力发挥到最大。另一方面，大学的行政管理人员要具备学术思维，要理解大学的本质和办学规律，构建公正合理的评价制度、分配制度、管理方式等，杜绝官僚作风，提高工作效率，加强科学管理，做好后勤服务等，要以学术的思维从事工作，服务学术人员发挥更大作用。大学组织中的部分冲突，是由于组织体系中不同个体在认识理解、价值取向方面存在差异，这种差异如果从组织层面来讲具有普遍性，就是组织文化的差异。

---

❶ 陈亮，石定芳，张啟胜. 大学学术文化生态及其治理［J］. 现代大学教育，2021（5）：11.

❷ 季诚钧. 大学组织属性与结构研究［D］. 上海：华东师范大学，2004.

学术人员一般具有以下共同的价值观和行为方式：大学学术文化是根植于知识活动的文化；学术自由的信念，崇尚自由的探究和自主发展；双重忠诚，但对学科忠诚大于对院校的忠诚；崇尚知识权威而不是外部权威，同行评价成为主要的学术评价方式；追求真理的非功利性信念；将大学看作是学术共同体而不是其他；学者追求学术声誉，将学术目标作为行为的动机；学者人格的独立性，强调学术责任❶。基于此，大学应该从以下几方面为学术文化的构建持续努力。

（一）要尊重学者

尊重学者首先要重视人才引进。当今高校竞争异常激烈，人才强校战略基本上是每个高校的首要战略，高校经费的支出，在人才引进方面占有较大比例。其次是要尽可能为学术人才提供优厚的待遇，创造良好的生活、工作和学习研究环境，提供广阔的发展空间。对优秀的学术人才委以重任，真正发挥学术人才的价值，做到"引得进、留得住、用得好"。最后是要尊重学者的特点，多一些宽容的氛围。学者们都有一些共同的特点，也有一些个性的特点，甚至还有一些小缺点。明朝大文学家张岱有句名言："人无癖不可与交，以其无深情也；人无疵不可与交，以其无真气也。"行政管理要多为学者们服务，让学术人员专心学问，让学者保持独立自主的状态研究和传播知识、学问。实现学者的自由发展是大学学术文化保持和谐与平衡的核心。

（二）要崇尚知识，鼓励学术活动

一是要建立知识价值、学术价值的导向，建立体现知识价值的收入分配机制，前面在"制度文化"方面已有阐述。二是鼓励学术创新创造，尤其是鼓励师生潜心治学，注重原创性创新，形成精品的、高水平的学术成果，彰显大学的学术水平。尤其是要形成鼓励师生能够"坐冷板凳"的机制和氛围，有"十年磨一剑"的精品意识、质量意识，克服短期的、功利的思想，摒弃浮躁，追求卓越，保持学术廉洁，才能出精品，出上品。精品和上品是一个国家学术发展水平的象征，是一个民族文化积累的基石，也是一个时代先进文化的结晶，着力提高学术研究质量，是当前高校科学研究发展极为重要的目标❷。

❶ 李卫东. 大学内部重点建设［D］. 上海：华东师范大学，2010.
❷ 顾海良. 尊重学者 崇尚学术［N］. 中国青年报，2008-12-02.

三是要创造高水平学术活动。是否拥有高水平的学术活动是衡量一所大学是否真正尊重学术的重要衡量标志。有的大学不仅学校层面定期开展学术论坛，院系级层面也纷纷开展学术论坛，定期吸引学术大咖来开展讲座，或者举办小型的学术沙龙等。比如，武汉大学在115周年校庆时设置了"珞珈讲坛"，在声名远播、具有历史文化底蕴的武大老图书馆举行，邀请来此开展讲座的学者往往是世界范围内知名的专家学者，因此也深受师生欢迎。"珞珈讲坛"从一开始就定位较高，要打造精品论坛，要让学术大师们以能够在这里讲学为最大荣誉，让它成为一个神圣的学术殿堂，经过十几年的发展，该讲坛成为国内高校有名的学术活动。另外，清华大学的"清华论坛"、浙江大学的"求是大讲堂"等，也都是国内比较有名的大学学术活动。绍兴文理学院"风则江大讲堂"从2005年举办第一期开始，至今走过了18个年头，也吸引了名家大咖来讲座，深受学生欢迎，有力地弘扬了"修德求真，追求卓越"的大学精神。除了学校层面外，学院、系部、学科等都可以定期组织讲座，开展学术沙龙，加强学术分享，也有利于推动形成"有组织的科研"。

（三）营造学术氛围

通过前面两个方面的建设，为学术氛围的营造打下良好基础。但学术氛围还有一个重要的方面，就是要鼓励创新创造，宽容失败。学术研究是学者在前沿领域的探索，越是未知的领域，在研究过程中失败的概率总会越大，因此从事学术研究需要一个宽容和宽松的环境，既能够接受成功，又能够承受失败，否则学术很难获得发展。没有良好的环境，会让学术人员走捷径，甚至歪路，不利于培育和产生标志性成果。要有宽松的行政环境，良好的学术氛围能够激发学者的创造性，形成良好的学术风气，促进学术的进步。学术文化建设的形成需要体制机制保障，需要行政管理部门解放思想，打破条条框框，尽可能减少对学术的干预，给学术自由发展的空间，真正做到学术无禁区，形成"百花齐放、百家争鸣"的繁荣局面。一所大学如果不能容忍学术观点的冲突，学科间的争端和分歧，就不可能有真正的学术创新活力。大学学者如要启发灵感、活跃思维、增强创新意识、引发创新性思想和行为，直至取得创新性成果，也都需要自由宽松的心理土壤 ❶。

---

❶ 陈何芳. 大学学术文化与大学学术生产力［J］. 高等教育研究，2005（12）：5-6.

（四）优化体制机制

体制机制是影响学术文化的最根本原因，比如，是靠利益激励为导向的学术体制，还是靠信任为导向的学术体制，关系到能否真正激发学术活力和学术创造力。学术的真正动力不是外部的刺激，一定是植根于内心的好奇心和求知欲，功利性的学术导向较难产生高水平的、突破性的学术成果，当然，一定的体制下，还需要有大量配套的制度来支撑。

首先，学术评价是学术体制机制的重要内容，当前国家正在开展新时代教育评价改革，如何建立科学的学术评价机制，是大学师生最关心的问题。有的高校在职称评审方面，大胆破"五唯"，给予想评职称的教师更多的竞争赛道选择，有的工匠型、大师型教师，虽然没有发表核心期刊论文，也能凭借优秀的作品晋升高一级职称，大大激发了教师的积极性。其次，要推进校院两级管理，激发基层学术生产队"学院"的活力。以复旦大学为例，该校通过校院两级改革，赋予学院在人财物管理方面更多自主权，在人员聘用方面，探索了"预聘—长聘"分级负责制，预聘阶段，学院有自主权，给学术人员相对较长的时间进行学术积累，但能否进入长聘阶段，需要由学校讨论决定。而且无论是预聘还是长聘，都充分发挥学术委员会的评价作用。再次，要从体制机制层面思考如何减轻科研人员负担。国家陆续出台了相关政策制度，各个省份已开始制定关于激发科技创新活力提升创新效能的措施，尤其是在学术人员比较关注的科研经费管理和使用方面，出现了明显的利好政策，有的省份推行科研经费"包干制"并扩大试点范围，出台"包干制"管理实施办法，赋予科研人员和科研团队更大的经费支配权。

三、大学要重视弘扬科技文化

学术文化有着丰富的内涵，其本质是尊重学术、鼓励学术的文化，科技文化和人文文化是学术文化的重要内容，两者互补融合。科技文化则相对比较具象，与人文文化相对应。人类通过科学研究形成了科技成果，人们进行科学研究的过程，也是进行创造性劳动和实践的过程，这种通过科技对世界的再认识、再改造，也就产生了科技文化。科技文化对社会政治、经济的影响很大，极大地提升了社会生产力，推进了社会发展的进程。比如当前正在加速推进的"数字化改革"，就是利用信息科技、大数据技术等科学技术，通过数字赋能各个产业，重塑体系变革，带给其他产业全新的体系，形成全新的理论以及带来新的经济效应或者社会效应。高校作为学术单位，应该大力弘扬科技文化。

中华优秀传统文化蕴含了丰富的人文精神，同时也蕴含了大量的科学精神，比如明代著名科学家宋应星所著的《天工开物》，就收录了大量有关农业、手工业的生产技术，包括机械、砖瓦、陶瓷、硫磺、烛、纸、兵器、火药、纺织、染色、制盐、采煤、榨油等，是世界上第一部关于农业和手工业生产的综合性科学技术著作，被外国学者赞誉为中国 17 世纪的工艺百科全书❶。另外，《梦溪笔谈》《齐民要术》《九章算术》《本草纲目》《农政全书》《甘石星经》《黄帝内经》《墨经》《禽经》《茶经》等都属于自然科学著作。只可惜中国总体来讲还是缺少科技开发应用的意识，这些经典著作有的传到国外，反而被国外重视，加以科技研发并应用，产生了巨大的生产力。

浙江传统文化是"水文化"和"智者文化"，代表了南方文化的显著特点，具有眼界开阔、思维敏捷、创新进取、富有活力等特征。再如"士农工商同道，义利相互兼顾"，重视经济与文化同步发展，充满理性智慧，且具有多元性、交融性和互补性❷，与当代科学精神的内涵是一脉相承的。2020 中国科协开展了一项调查，结果表明，浙江省公民具备科学素质的比例为 13.53%，高于全国的总体水平，位列全国省区第二。浙江公众理解和支持科技创新，并大力支持基础科学研究，十分认同科学家的贡献，公众参与科技决策的意愿强烈。浙江公民重视科普教育，在科普场馆、科普设施的参观、利用方面走在全国前列，对高校、科研院所的利用率显著增加。这些特点与浙江自古以来的科技文化密切相关。

地方科学技术组织主要由科技行政管理部门、直属学术机构和科技社团组织几大部分组成。科学技术协会（以下简称科协）则是联系政府和科技界的桥梁，由此形成了"自上而下"的科技组织网，奠定了科技发展的组织基础。高校和科协的互动比较紧密，两者在科技政策法规制定、科技项目合作、科技人才引进、科技平台打造、科技成果转化等方面密切合作。浙江的高校务实

❶ 张茇雯. 贵州印江油纸伞工艺技术研究［D］. 贵阳：贵州师范大学，2016.
❷ 王武荣. 浙江文化史的崭新解读：《浙江文化简史》读后［J］. 绍兴文理学院学报（哲学社会科学版），2007（1）：115.

创新，重视科技文化建设，成效显著。比如，浙江高校 2020 年度发表科技论文数在 31 省市中排名第 9，出版科技著作排名第 8，专利申请数和有效发明专利数均排名第 3，专利转让及许可收入排名第 7，形成国家或行业标准数排名第 2；科研经费投入方面全国第 6 位，位于北京、上海、天津、广东、江苏之后；研发经费投入结构方面，浙江的试验发展经费占比达到 91.0%，位居全国第一。总体处于国内前列。

大学要为科技文化强省做出更多贡献，一是在理念方面，要在大学形成弘扬科学精神、鼓励求真创新的校风学风，在立德树人过程中大力弘扬新时代科学家精神，引领全社会科技文化建设。大学的广大教师、科研工作者们，在科普教育方面有义不容辞的责任，要在教书育人的过程中、在开展科研的过程中，宣传科学精神，教授科学方法，普及科学常识，弘扬科学思想。二是完善科学教育模式，激发和保护学生对问题的好奇心、想象力和创造力，培养大学生敢于质疑权威的勇气，真正树立求真务实的科学精神。三要加完善科技制度、优化科技资源配置，对于大学科技发展做好正确导向和规范。四是要完善科技社团组织建设，推动学术规范自律发展，学生科技类社团要大力支持，形成大学生关注科技、参与科技、宣传科技的氛围。积极鼓励科技社团走向城市、走向社区，服务社会科技文化创造。

大学科技文化要和社会科技文化形成互动，助推全民科技文化建设。科技文化构建是一项综合的系统性工程，需要政府、相关部门和社会各界的共同配合、凝聚合力。既要发挥政府"看得见的手"的作用，加强顶层设计和规划，制定规则，营造环境，又要发挥市场"看不见的手"的作用，优化资源配置，提高科技文化建设的效率和效果。高校要通过平台作用，通过引进和培养，为城市加快科技文化人才队伍建设做出更大贡献，地方科技文化的构建离不开高素质人才队伍的支撑，需要加强科技管理人才、科学技术共同体人才、科技文化产业人才以及科技文化研究人才等四支人才队伍的建设。

第六节　大学行为文化

大学行为文化是大学文化在教师、学生、行政管理人员、后勤服务人员等所有"大学人"身上的综合反映，是"大学人"在长期的教育教学、科学研究、管理服务、社会服务等活动互动中表现出来的具有一定共同特点的思想理念、精神品质、行为规范、操守和气质面貌等。比如老师在教学活动、科研活动中，通过自身的教学科研行为方式和良好的师德形象、严谨治学的科学精神，对大学生进行潜移默化的影响。管理服务人员通过良好的服务意识和管理水平体现大学的行为文化。大学行为文化最直观、最生动的外在表现形式是大学的各类文化活动，这些文化活动本身就是大学文化的重要组成部分，是大学文化与社会主流文化、与其他亚文化之间相互影响和交流的桥梁。如社团活动、文体活动、竞赛活动、讲座报告、艺术节等，营造了大学的行为文化环境。丰富的文化活动为大学生提供了更多的选择，起着有形或无形的育人作用，有助于大学生受到哲理的启迪、心灵的感悟、身心的锻炼、情操的熏陶、能力的提升。本节主要从大学文化活动层面对于行为文化进行阐述。

一、大学文化活动建设的原则

第一，要坚持正确的方向和导向。要坚持正确的政治方向，紧扣立德树人，弘扬主流思想，坚持文化育人，注重与时俱进。要正确定性和定位，尽量符合大学的组织特点，紧扣大学的四大功能，精心设计活动主题，体现大学的核心功能、核心任务。在活动设计中，要思考几个问题：活动是否有利于立德树人和人才培养，是否有利于科学研究，是否有利于营造高雅健康的校园氛围，是否有利于当前学校的中心工作推进等。要妥善处理好大学校园文化活动与课堂教学的关系，不能喧宾夺主，在保证正常上课秩序和加强科研工作的前提下，积极鼓励大学校园文化活动开展，尤其要鼓励学术性、学习性、专业性的文化活动，如开展学术月活动、文化艺术节、读书节、科技文化节、体育节、书画展览、摄影比赛、辩论赛、演讲比赛等活动。

第二，大学文化活动要符合大学的校情。每个学校的办学历史、办学特色都不一样，要形成符合学校办学历史、地域特色，体现大学精神气质的品牌性活动。不同层次和类别的大学活动是有差别的，"双一流"大学可能学术性的活动更丰富，更受学生欢迎，普通高校可能娱乐性等活动相对更多一些，军事类院校可能有不少活动与政治文化、军队文化相关，艺术类院校可能有更多的艺术表演活动和会展类活动等。要结合学校实际，开展有关文化活动的理论研究和实践探索，理论研究在于寻找大学文化活动的规律，尤其是文化活动的育人规律，为学校教师从事文化育人工作提供理论指导，使学校用更加科学的方式指导文化活动实践。

第三，要鼓励社团的开放和多元，丰富校园文化活动内容和形式。比如丰富多彩的社团活动，理论学习类、文体类、科技类、社科类、语言类、公益类等不同类别社团承担不同的文化功能，有的是思想引领，有的是鼓励创新，有的是兴趣培养等。除了学生社团，大学还有多样化的教职工协会，举办丰富多彩风采类活动，如书画展、琴棋赛、群体舞、健步走、趣味运动、联谊会等。大学的各类社团和协会，是校园文化和社会文化交流的重要桥梁，因此，校园文化要主动走出去，走向城市社区，走向广袤的农村大地，走向乡村振兴需要的各个领域，感受社会的发展变化，同时发挥专业社团的作用，为社会基层提供科普服务、支教服务、文化娱乐服务、法律服务、医疗服务等，满足社会对文化生活的需要。在服务的过程中，师生们将专业知识和社会实践有机结合，做到知行合一，既提高自身的能力水平，又在服务中体现了社会价值。大学要培育走得出去的精品文化活动，主动走出校门、面向社会、服务社会，适应时代的要求，体现现实性与超越性的统一，大众性与高雅性的一致。比如，绍兴文理学院"今天剧社"原创的话剧《千古一圣王阳明》就深受社会广泛好评，具有较高的艺术水准和大众传播力。

第四，大学要重视传统文化活动。传统文化注重培养大学生的道德修养，注重追求个体完善与整体和谐的统一，有利于形成文明健康的校园文化氛围，需要在继承传统文化精髓同时，融入现代性的内容和元素，既重视科学发展，又注重人文精神培育，精心设计融先进性、科学性、艺术性于一体的高品位的校园文化活动。要将传统文化活动的理论研究和实践探索统一起来，尤其是结合传统文化节日、重要时间节点，精心设计文化活动载体，提高校园文化活动的品位。在校园文化的俗文化和雅文化、传统文化和现代文化方面，要做好平衡。当前，尤其要重视培育高雅的精品校园文化活动，通过此类活动，使学生进一步亲身感受中华传统文化在当今社会的价值，从而更深地激发学生弘扬祖国传统文化的热情。

传统文化在大学校园文化活动中相对比较稀缺，应该加以重视。教育部从 2018 年起，支持部分有条件的高校建立中华优秀传统文化传承基地，开展有关传统文化的科学研究、课程建设、社团建设、文化交流等工作，对于大学发挥文化传承创新，起到更进一步的推动作用，部分大学也不断探索实践，积累一些经验。比如，北京大学昆曲基地的"经典昆曲欣赏"课程开设了十几年，成为大学生分享、体验、传习昆曲的重要场所；江南大学江南织染基地打造民间服饰传习馆、织绣研究室，丰富校园文化；丽水学院青瓷基地与当地中小学签约合作，传承中华文化基因，基地着力打造有影响力度、有内涵深度、有内容广度的文化活动，让更多师生接触、了解、熟悉、喜爱中华优秀传统文化；同济大学京昆基地联动上海昆剧团组织大学生昆班，排演学生版《长生殿》；南京财经大学篆刻基地举办"金石永年、艺心向党"献礼建党百年师生篆刻展，彰显信仰之美❶；浙江理工大学的丝绸博物馆弘扬了丝绸文化，成为全国科学素养实践教育基地；绍兴文理学院兰亭书法艺术学院的"书法学堂"走向海外，吸引了大量海外书法爱好者，传播了中华书法文化等。比如，福州大学努力探索优秀传统文化育人模式，制定了《高水平大学建设文化育人专项》《学生系统推进中华优秀传统文化教育规划》《深化优秀传统文化育人计划》等系列文件制度，推动优秀传统文化教育进课堂、进课程，注重家训文化教育，拥有"中华传统家训文化"研习社等社团，组织开展以"传承好家训培育好品行""我最喜欢的中华家训"为主题的微作品、演讲、书法竞赛类活动，引导学生寻访、研究、传承中华好家训❷。

第五，要创造良好的文化环境。丰富多彩的文化活动，需要良好的校内校外文化环境支撑，反过来文化活动又促进了文化环境的提升，文化活动和文化环境，都促进良好的文化行为产生。校园文化环境主要分校内和校园周边，

---

❶ 教育部支持106所高校建设中华优秀传统文化传承基［EB/OL］. 教育部官网.

❷ 让优秀传统文化之光普照每个大学生心灵：福州大学开展中华优秀传统文化育人探索与实践［J］. 思想教育研究，2016（5）：129-130.

校内主要是在大学生的集聚区，如学生书院（公寓）、教室、广场等，校园周边的文化环境需要和属地政府协同治理。

　　教室是大学传播文化的主要场所，学生学习的重要场所，立德树人的重要阵地，在教室里接受什么样的教育，直接影响大学生的未来。一是要在教室传递正确的思想，教师在三尺讲台，承担了为党育人、为国育才的基础工作，是高校直接面向学生宣讲党和国家政策的群体，讲什么、怎么讲、讲得好不好，直接关系学生价值观培养，因此，教师自站上讲台那一刻，就必须明白自己的身份和责任，树立正确的方向，传播正确的思想。二是要在教室营造良好的文化环境，用正能量的名言名句、名人画像激励学生，用艺术氛围熏陶学生，用现代科技服务学生，用规范的制度管理学生。

　　大学里学生生活、学习的重要场所，除了教室，还有公寓。为了强化公寓的育人功能，很多高校采取了书院的管理模式，书院文化环境是以大学生宿舍为主要空间的共同学习、生活和相互交往过程中所形成的环境和氛围，它包括书院区域配备的物质设施，文化设施，学生所体现的文明习惯，开展的休闲娱乐活动，以及由此而表现出来的各种思想观念、精神状态和行为方式等❶。公寓文化建设必须有一套行之有效的科学规范系统的规章制度，大学生公寓有的高校实行书院制管理，注重营造书院文化，远远扩大了公寓传统意义上作为住宿场所的功能范围，成为开展思想政治教育、社会实践、文化熏陶、专业学习的重要综合性场所。比如绍兴文理学院的阳明书院，成立书法研习社，推动中华优秀传统文化的普及与传播，书院把学党史和传播书法文化结合起来，策划了书院书法节暨"学党史、书名篇"百名青年誊写革命先辈诗词作品活动，受到广大大学生的欢迎，取得良好的成效。

　　随着社会主义市场经济的不断发展，大学和城市的不断融合，大学和社会的边界不再泾渭分明，一堵围墙挡不住社会消费文化的侵入，校园周边扎堆的是五花八门的店面摊贩，校园周边环境一定程度上对学生价值观的形成产生影响。比如，有的大学校园周边开设游戏厅、电竞室、台球室、密室逃生游戏室等，需要校地协同加强综合治理，尤其是地方教育主管部门、文化主管部门、市场监管部门、公安部门等发挥更大作用，使校园周边市场形成一个文

---

❶ 马明呈. 加强人文素质教育 培养和谐发展的人才 [J]. 中国林业教育, 2006（1）: 36.

明、健康、向上的文化环境。要将治理和建设同步起来，鼓励在大学周边形成书店、书吧、健身场所、大学生创业园等有利于大学生身心健康的场所。从学校自身内部来讲，主要是加强安全素养教育、法治素养教育、文明意识教育等，提高大学生自我保护意识和保护能力。

二、大学社团文化

（一）社团是大学文化活动开展的基本单元

社团的存在丰富了大学文化活动的内容和形式，社团的成员由于"志趣相投"而走在了一起，他们往往具有共同的思想品位、学术追求、兴趣爱好等，一定时期内他们的成员具有相对的稳定性，但每年新生入学后又有源源不断的新鲜力量补充进来，因而又具有持续发展的生命力，社团有自己的规章制度、活动规则和活动规范。社团是大学生第二课堂生活的重要学习载体和精神生活依托，是大学里一道靓丽的风景线。

（二）大学是青年大学生成长的关键时期

从中学阶段到大学阶段，学生们面临的任务发生了重大变化，他们的学习形式也发生了重大变化，他们渴望社交，渴望表达自己，他们拥有大量的时间来支配，并乐于选择自己的生活方式，社团成了他们课堂之外的重要精神家园。在社团的交往，也使他们逐渐从满满的"学生气"，慢慢地走向"社会化"，这是人生成长必须经过的一段经历。因此，学校要鼓励各类社团的建立，并对社团的发展给予正确的引导。大部分社团的发展是由社团自己来决定的，有的社团昙花一现，有的社团却是常青树，取决于社团自身的吸引力，因此要不断探索社团活动的新形式，努力创造和保持精品的社团活动，以此来吸引大学生参与，调动社员的积极性。有的学术性、专业性社团，还需要学校、学院进一步重视，给予政策支持和业务指导，以维持社团的生命力。

（三）重视社团的建设和管理

社团是育人的重要阵地，不应成为大学思想政治教育的盲区，因此要重视对社团的建设和管理，使之在正确的轨道上运行。学校党委对社团管理负有主体责任，党委通过共青团，加强对社团的领导和指导。加强党委对群团工作的领导，校院两级党组织每年定期分析研判群团工作，是高校党建工作考核的重要内容，是一项制度性的安排。社团、青年志愿者协会等组织是高校重要的群团组织。大学要把社团工作纳入学校党建与思想政治工作计划，学校团委在校党委领导下，履行具体职能，加强对社团的政治指导和日常管理。对于理论学习类的社团、学习性和专业性社团要大力支持，对于社团组织开展的各类活动，尤其是面向全校的讲座、报告会、演出等大型活动，要加强审批管理。对于社团日常的活动开展，社团交流的各类社交软件，指导老师要加强管理和引导，切实防止错误观点和言论通过学生社团散布、传播，影响大学生的价值观，对学校的立德树人工作造成重大影响。因此，要在社团活动中融入生动有效的思想政治教育，使社团活动和育人工作统一起来。要通过教育引导，使社团尤其是党建思政理论学习类社团，成为我们思想政治教育的重要依靠力量，使社团通过主动宣传宣讲，积极参与学校的育人工作，达到自我服务、自我教育、自我提升的效果。要更新思想观念，构建社团健康有序发展的良好生态，正确认识学生社团存在的意义，把管理和服务结合起来，严管加厚爱，才能使社团科学持续健康发展。

要提升社团活动质量，需要打造精品社团。一方面，学校团委要对全校社团进行宏观系统的分类管理和指导，校级层面，要着力打造类型多样的有影响力的社团，在社团类型上，结构要合理，保障既有娱乐性社团，也有促进专业学习、鼓励竞赛科研的社团，既有政治引领性的社团，也有兴趣培养类社团。社团层次上，鼓励部分社团走在前面起示范带动作用，比如有的学校设置A类社团、B类社团，有的学校开展"十佳大学生社团"评比，有的学校让每个二级学院选拔一个社团进入校级社团进行重点支持等。在二级学院，也有众多社团，需要二级党委和分团委加强指导，这样就可以构建起校院两级分层分类的管理模式，也有利于进行分层分类的考核，保障社团发展既百花齐放又秩序井然。另一方面，为了加强对社团的指导，需要为社团配备指导老师，指导老师要热心学生工作、关心学生成长、关心社团发展，指导老师用自己的专业知识、学识素养、高尚德行，通过社团管理和师生互动，引导学生发展。要鼓励社团"走出去"开阔视野，在广阔的天地发挥作用。比如浙江在共同富裕示范区建设过程中，有的高校就组织学生深入山区26县，助力乡村振兴，开展社会调研，寻找创新创业灵感，或者助力乡村教育，开展"双减"政策下的学生课后辅导志愿服务等，使大学生在服务社会中奉献自我，提升价值，使大学生社团体现更高的层次和水平。

要提升社团活动质量，需要创造精品活动。精品活动，既包括单个的精品活动，也包括有质量的文化节会活动，有时文化节会活动更重要，更能体现社团管理的水平。文化节会具有集约资源的优势，通过开展系列活动，在一定的时间段，发挥更大的文化效应，大学里常有的节会活动有"社团节""文化节""艺术节""科技节""体育节"等。一要重视文化艺术类活动，这是开展大学生美育教育的重要载体，通过文化艺术活动参与，使大学生感受文化魅力，得到精神熏陶，提升艺术修养。二要鼓励开展各类学术文化活动，学术文化是否丰富，能从侧面反映一所大学的精神追求，通过丰富多彩的学术文化活动，链接师生共同的价值追求。三要大力弘扬体育文化，"体育馆"和"图书馆"是大学里最能反映大学精神风貌的场所，体育文化承载着团结、拼搏、健康、向上的精神，承载着集体主义精神，是体育的感性与文化的理性相结合，它融体育知识、体育游戏、体育表演、体育比赛、体育征文、体育绘画、体育摄影等多种体育相关活动为一体，以健康、快乐、文明为目标，培养师生的体育道德素养❶。精品的活动主要在于通过文化环境的营造，潜移默化地对大学生开展教育，这是大学生最容易接受的方式，与灌输式的理论教育有很大区别，它是培养德智体美劳全面发展人才的重要方式。

校园文化活动要突出学术特性，要与大学精神文化相适应，要策划一些品牌活动，并长期坚持下去。绍兴文理学院是一所地方性本科院校，立足千年古城绍兴，具有较厚的文化底蕴，2005年创立的风则江大讲堂，邀请了国内外一大批享誉海内外的专家学者前来演讲，成为同学们享受学术盛宴的重要学术文化活动。来这里讲座的学者有著名政治学家，曾任北京大学政府管理学院院长，现任深圳大学政府管理学院院长的俞可平；诺贝尔文学奖获得者奥尔罕·帕慕克、莫言；著名物理学家何祚庥；著名经济学家张军、史晋川、华民、曹和平；著名作家王蒙、梁晓声、卢新华、张翎、陈瑞林；著名法学家江平、郑成良、季卫东、胡建淼、崔建远、孟勤国；著名历史学家姜义华、阎崇年；美学家陈望衡、上仓庸敬；著名学者许纪霖、万斌、吴中杰、廖可斌、葛剑雄；著名教育学专家徐辉、纪宝成、郑强；两院院士李培根、高松、龚昌德；著名书法家丛文俊、陈振濂；文化学者于丹等，广受师生欢迎。为繁荣学

---

❶ 丁越. 论大学校园文化建设的思想政治教育功能［D］. 长春：吉林大学，2011.

术研究、活跃校园文化、塑造人文精神、服务"文化强市"建设作出了积极贡献，被誉为"没有边界的文化，没有校门的大学"。风则江大讲坛因为持续建设，注重品牌效应，先后获得浙江省高校优秀校园文化品牌、教育部全国高校校园文化建设优秀成果、国家级优秀社科普及基地等荣誉。

一所现代大学，得大楼易，得大师难，聚一二大师易，聚百家之师难，风则江大讲堂的创办，既依托绍兴深厚的文化背景和历史底蕴，又突破地域限制，放眼全国，以高阔的格局和开放的姿态进行运作，站在了一般普通地市级高等院校难以企及的起点上 ❶。注重文化活动的精品意识，久久为功，才能形成文化品牌。

校园文化活动还要彰显美德。1997 年的夏天，绍兴文理学院举办了一场"绿叶对根的情意"毕业晚会，在这次晚会上，20 多位毕业生联名向全校毕业班同学倡议：在即将离开母校之际，承诺在毕业后的三到五年之内将自己工资的一部分资助给母校特困生，于是一场毕业晚会变成了爱心晚会，感动了全场观众，300 多位毕业班同学当场做出了郑重承诺 ❷。此后，这样的承诺成为每届学生毕业的"传统仪式"，届届相传，生生不息，成为绍兴文理学院六月校园里最动人的一道风景线，成为大学生践行社会主义核心价值观的重要载体。经过二十年不间断地提炼总结和宣传推广，享有很高的知名度和美誉度，《人民日报》《中国教育报》、人民网、新华网、《浙江日报》等主流媒体都先后进行了多次连续报道，此活动荣获教育部高校优秀校园文化建设三等奖。

第七节 大学文化规划

一、大学文化规划概述

与国家经济社会发展五年规划基本同步，大学每五年也会制定一次学校发展规划，学校的总规划下面设置若干子规划或专项规划，文化规划就是专项规划之一。梳理各高校的文化规划发展情况，我们会发现一些问题，也会有

---

❶ 风则江大讲堂介绍［EB/OL］. 绍兴文理学院官网.

❷ 毕业生"爱心承诺"活动介绍［EB/OL］. 绍兴文理学院.

一些规律性的认识，在新的历史时期，尤其是在教育强国、文化强国的大背景下，需要对大学文化规划建设的重要价值进行审视，厘清文化规划建设与大学内涵发展的内在逻辑联系，构建富有中国特色的现代大学文化建设之路。

"扎根中国大地办教育"，这里的"脚跟"和"大地"，是指我们独特的历史、文化和国情，扎根中国、融通中外、争创一流，是新时代教育思想的核心。因此文化规划建设也要适应新时代，贯彻新思想，形成新理念，构筑新气派，"双一流"大学的建设不仅强调的是学科、科研、人才等核心指标，也需要特色鲜明的大学文化来彰显❶。清末儒臣张之洞的《劝学篇》，其核心思想就是"中学为体，西学为用"的"中体西用"思想，这为西学的传播开启了思想之门，中西教育模式、教育思想在一种平衡中向前推进，推动中国近现代高等教育发展。随着社会经济快速转型发展，"轻体重用"思想倾向逐渐显露，不符合"立定脚跟""扎根中国大地办教育"的认知规律。在大学文化规划建设实践和理论研究的体系方面，学者们基本遵循"文化结构"理论，在实际的规划制定方面，还需要基于一些数据进行分析，提出合理的战略路径。

教育部网站一般都会及时公布全国省部级大学的发展规划，笔者对 75 所省部级大学的"十二五""十三五"规划文本进行分析，得出一些结论：在"十二五"规划文本中，在"成就总结""现状分析"方面，对文化建设独立成段总结的大学仅 4 所，"十三五"规划有 24 所大学开始对文化建设进行总结分析，有一定进步，但比例仍然偏低。有的大学在"办学条件"里稍有提及，侧重于从文化工程等硬件建设的视角，大部分大学在这一部分对文化建设无总结。一方面说明，文化建设本身成绩显示度、标志性不够；另一方面，与办学者现阶段的理念认识有关。

大学发展规划文本撰写的第二大部分，往往是规划的核心部分，分析接下来五年的重点任务，重点举措；第三部分往往是对办学条件、保障体系进行规划，或者提出要求。75 所大学的"十二五"规划文本中，在第二部分重点任务、重点举措方面对文化进行规划的高校有 50 所，占 66.7%，在第三部分办学条件、保障体系部分对文化进行规划的有 25 所，占 33.3%，"十三五"规

❶ 张代宇．"双一流"视域下大学文化规划建设新思考［J］．区域治理，2022（16）：160–163.

划中，这两个数据占比分别是 62.7% 和 37.3%，与"十二五"规划的数据基本持平。把文化规划有关内容放在不同的篇章，反映了办学者对文化规划建设不同的理念认识。另外，无论是纳入第二部分还是第三部分进行规划，有的高校是对文化规划进行单独成段或成篇，这部分高校有 50 所，占 66.7%，其余 25 所大学基本上是将其融入"办学条件""党建思政"或"社会服务"等其他内容，没有突出文化规划的重要性。总体情况来看，与新时代党和国家对中国大学要承担"文化传承创新"的使命任务相比，与"双一流"高校建设的内在要求相比，还有较大提升空间，以下问题仍然需要重视。

一是对文化规划建设的总体价值不够重视。有的大学做文化发展规划，也仅仅是作为总规划的补充，是为了保持总规划图"拼图"的完整性，而不是真正的重视。相对于具有显示度的硬指标，大学普遍对文化建设在"双一流"建设中的价值认识不够，根本上是对办学"显绩"和"潜绩"、"近期"和"长远"的关系把握有偏差，因此就缺少对大学文化建设的实施路径、绩效评估等方面的系统考虑，导致文化规划建设停留于纸面。从很多大学的发展规划的笔墨篇章来看，人才培养、队伍建设、学科科研等一般都会位居前列，而对大学文化价值的认识、实际的投入、绩效的评价等，相对处于弱势。

二是对文化规划建设与内涵发展的内在关系理解把握不够。"双一流"大学的办学水平有多个维度来彰显，一流的文化同样是彰显大学办学水平的重要方面，大学文化既是"双一流"大学建设的重要任务，是内涵发展的要求，也是大学发展的重要支撑。大学讲内涵发展，潜意识里肯定是学科、科研、人才，因此部分大学仅把大学文化建设放在了办学支撑方面，融入校园环境进行规划建设。总之，用大学文化引领大学走内涵发展之路的研究较少，应把大学文化建设全方位渗透到凝聚高层次人才、构建特色学科体系、加强内部科学治理、形成独立校园气质等各方面。

三是文化规划建设个性化不够。大部分大学是从广义的概念和共性的角度看待大学文化，规划建设趋同，个性特色不够鲜明。大学要实现特色发展，就要充分认识到文化是持久的核心竞争力，文化综合反映大学气质灵魂，是大学特色彰显的重要部分。另外，对大学文化建设的相关理论缺乏研究，尤其如何基于大学文化与其他社会组织文化的差异性，对大学的独立精神、学术文化开展深入研究还需要加强。

二、大学文化规划战略路径

（一）要坚持从"文化传承创新"功能视角统领大学文化规划建设

大学的文化规划建设需要全新的视角和定位，定位决定了地位，从不同视角规划大学文化，体现了对大学内在规律的不同认知，也决定了文化规划建设的格局视野。若仅把文化物化为有形的办学条件，并置于办学底层，会越来越受局限，也并不能真正有效起到支撑人才培养、科学研究、社会服务的作用；若仅从大学精神上讨论校园文化，又陷入"形而上"的抽象，失去文化建设的着力点。

大学文化是大学内在的气质和灵魂，是大学最持久深远的竞争力和影响力，加强大学文化的系统规划建设，有利于保障大学功能四轮齐驱。只有从大学第四功能"文化传承创新"的视角统领大学文化规划与建设，加强顶层设计和系统规划，才更科学合理，这样既能包括文化规划建设的传统框架（如通常所说的大学精神文化、学术文化、制度文化、形象文化、文化载体等），又能丰富文化规划建设的内涵（如人文素质教育提升、人文社科学科建设、文化传播与交流、文化创新工程等），还有利于提升"文化传承与创新"功能与其他三个功能的互动交叉，使大学文化规划建设具有系统性、深入性、延续性，通过长期建设，真正意义构建富有大学特色的文化传承与创新体系，形成独特的大学文化气质。

（二）大学文化规划建设要坚持"崇尚学术"的本质灵魂

一流的大学需要一流的学术文化和学术精神，学术文化是校园文化区别于其他社会组织文化的根本特征，是大学文化无法去掉的"胎记"。从文化结构来看，学术文化是大学行为文化的核心内容，大学是崇尚、产生、弘扬学术的精神高地，要将崇尚学术作为大学文化规划建设的本质灵魂，并以此形成优良校风学风。一是要从顶层设计上完善机制制度，形成弘扬学术的治校方略，努力营造鼓励学术创新、尊重学术自由、服务学术发展的氛围，为聚人才、留人才、育人才、输人才提供优良土壤。二是要重视学术组织建设，充分发挥学术组织在治学治校中不可或缺的作用，实现学术管理和行政管理良性互动。三是要形成学术道德、学术创新和学术责任三者统一，学术道德是基本前提，学术创新是路径手段，学术责任是主要任务，强化学术责任和学术义务，发挥学术在教育教学、立德树人中的作用。四是要加强院系基层学术组织建设，鼓励支持学术活动开展，在师生互动中同步加强学生学术意识和学术能力培养，引导学生摒弃浮躁、追求卓越，将学术文化、学习文化作为大学最重要的学风校风。

（三）要用"人文社会科学"为大学文化规划建设提供新动能

一流的大学需要一流的人文底蕴。学科是文化传承与创新的基本载体，人文社科水平决定了大学文化传承创新水平。一所大学没有人文社会学科支撑，很难说大学有丰富的大学文化。大学文化是具体的，它的根本动能来自人文社会科学研究。一是要在大学文化规划建设过程中同步做好人文社会科学规划。人文社会科学规划既是学科规划的重要内容，也是文化规划的重要内容，关系到学校文化的内涵建设，若缺少内涵，文化规划建设就容易成为无源之水，失去持续发展的生命力，因此要制定振兴繁荣人文社会科学的规划并加强投入，赋予大学文化建设新动能。二是要把握导向，与新时代"构建具有中国气派中国风格的哲学社会科学体系"要求同向同行，要继承中华优秀传统文化基因❶，培根铸魂，守正创新。三是大学文化规划建设要与区域、城市文化规划建设深度融合，如协同建立研究院所、特色智库、文化传承与教育基地等，推动地方或城市文化传承与创新，从中观、微观层面将"四为服务"文章写在中国大地上。

（四）要坚持把"立德树人"作为大学文化规划建设的根本任务

一流的大学需要一流的人才。大学四大功能，既自成体系，又紧密联系，而人才培养处于核心地位。高校的首要任务是立德树人，育人始终是大学最重要的办学活动，从大学各项活动的实践主体看，广大师生和校友是大学精神最直接的践行者，他们在共同传承大学精神和文化基因，也共同在参与大学育人活动。大学文化所包含的大学精神、治学理念、办学特色、校风学风、文化氛围、文化载体等，是一所大学无形的宝贵教育资源，对立德树人尤其是"德育"建设，起到至关重要的支撑作用。要认识到文化建设是人才培养不可或缺环节，完善"三全育人"体系，落实文化育人内容，重点把握好以下四个方面。一是强化理想信念和家国情怀教育、新时代中国精神培育，把社会主义核

---

❶　张代宇. "双一流"视域下大学文化规划建设新思考［J］. 区域治理，2022（16）：160-163.

心价值观融入到教书育人、治学办校全过程，融入校园文化建设全过程，厚植"大德"。二是通过校园文化建设弘扬大学精神，完善制度文化，强化职业道德，巩固基础修养，营造优良校风学风，打造文明尚学校园，为立德树人提供优良文化环境。三是高校文化建设要与时俱进，标杆示范，用大学文化引领社会新风尚，如示范性弘扬新时代劳动精神、节约精神、奉献精神、志愿精神等。四是要高度重视大学生人文素养教育提升。人文精神是中国传统文化的重要内涵力，大学除了弘扬科技精神，当前尤其要重视人文素质教育，提升人文精神，要通过第一课堂的课程教育，以及第二课堂中的文化活动、文化载体、文化品牌建设，营造追求真善美、关注人的价值的文化氛围，帮助大学生塑造健全的人格。总之，文化规划建设最终要服务于"立德树人"根本任务，塑造有思想有灵魂的学生，塑造有精神境界的教师，培养有理想有本领有担当的时代新人。

第四章　大学文化与城市文化

第一节　大学和城市的关系

现代大学自诞生之日起就是城市的产物，大学的产生与发展，推动了城市的进步与繁荣，而城市对大学的内在需求和高度重视，又对大学的发展起到很大的推动作用。当前国家和国家之间的竞争，从表象上看是经济实力的竞争，实则是科技和人才的竞争，是文化软实力的竞争，城市和城市的竞争也一样，而科技和人才，正是大学的天然优势。

一、大学因城市而兴

大学因城市而起，因城市而兴，大学的诞生与城市繁荣发展紧密相关。中国古代有很多书院，如河南的应天府书院、江西的白鹿洞书院、湖南的岳麓书院、河南的嵩阳书院等"四大书院"，以及杭州的万松书院、江苏的东林书院、绍兴的蕺山书院等，这些书院大多是由一部分有精神追求的士人兴办的私学，这些士人达则兼济天下，出入庙堂，穷则独善其身，修身养性，传道讲学，教书育人，在精神追求方面注重儒、释、道互鉴互融，于是他们习惯于把书院选址在远离城市喧嚣的深山老林。书院的创办和兴起，往往是和官学的衰败废坏并存的，因为有的学者认为，官学一旦成为科举考试的附庸，就严重丧失了教书育人的能力，并日益腐败和衰落，无法真正研究学问，启迪民智。比如，曾经执掌白鹿洞书院的南宋理学大家朱熹就曾奉劝他的学生"莫问无穷庵外事，此心聊与此山盟"❶。四大书院中，只有位于河南商丘的应天府书院建在城市，后来得到官方认可，升格为"南京国子监"，成为北宋官方最高学府，范仲淹曾在应天府书院学习，也曾在这里主持工作，相当于现在的校长。

尽管我国古代书院大多远离城市，但官办的最高学府"太学"或"国子监"都建立在都城，都城是国家的政治经济文化中心，"太学"和"国子监"要实

---

❶　白雁. 古代书院的真实生活［J］. 国学，2011（2）：20.

现为国家培养人才、巩固统治阶级地位的功能，带有"政治"属性，所以建在靠近权力中心的都城，也就顺理成章了。比如，古代高等学府雏形"稷下学宫"就建立在齐国都城临淄，使临淄成为"致千里之奇士，总百家之伟说"的天下名城。在古城绍兴，宋嘉祐五年至治平二年建立的府学宫，是现今绍兴古城内仅存的古代教育建筑设施，被称为"浙中诸庠第一"。

现代大学模式诞生于欧洲，从其诞生的背景来看，与城市的快速发展密切相关。比如号称"现代大学之母"的博洛尼亚大学，就是随着欧洲城市生活的繁荣兴盛而产生的。博洛尼亚是意大利北部历史文化名城，11～12世纪，随着欧洲社会生产力水平不断提高，商业逐渐兴盛，手工业不断发展，城市的发展需要大量的新的专业技能人才、知识分子、学者等。大学正好满足了城市的这种需求，承担为城市培养各类人才的功能，从而使大学的人才流向城市，大学的文化向城市辐射，城市逐渐成为人类知识和文化转移的新中心，这种转移也正来自大学与城市的相互需要。

巴黎大学、牛津大学、剑桥大学等现代大学的兴起也与中世纪城市的迅速发展紧密相关。剑桥是英国的一座古老的小城，1209年，一群牛津大学的师生因剑桥古老的文化背景、优美的环境和繁荣的宗教而吸引，来到此地创办了剑桥大学❶。美国产生的"赠地学院"，是因为政府根据产业发展需求而主动通过出让土地，要求设立的相关大学，更是直接促使了大学和城市的深入融合。这些大学产生以后，反过来不断适应政府和社会需求，直接或间接服务于城市产业发展，遂使大学"社会服务功能"得到不断强化，这一个功能后来逐渐得到学界认可。中国近代按照欧洲现代大学模型最早创立的三所国立大学：山西大学、京师大学堂、北洋大学，也都诞生在经济社会繁荣的中心城市，与城市本身的需要以及城市有创办大学的条件密切相关。

21世纪以来，我国在建设创新型国家进程中，对高校越来越重视，政府加强了顶层设计，加大了建设投入。当年提出的"985"大学和"211"大学，以及现在提出的"双一流"大学建设，是国家对大学的顶层设计规划，当然也代表了一种资源流向，很多地方性大学也都呈现你追我赶的竞争状态，而这种竞争，从短期的效果来看，与城市的综合实力密切相关。

---

❶ 徐同文. 大学建设与城市发展［J］. 临沂师范学院学报，2005（5）：10.

从区域范围来看，诸多大学集中而形成的"高校群"也伴随着"城市群"而发育壮大，形成更大规模和更强实力的高等教育资源集聚区。我国高水平大学比较密集的区域，基本上也是与城市群密切相关的，与区域经济活力密切相关的，因为一定的城市规模和经济活力，代表了资源投入的实力，代表了人才和科技的流向，从而推动了大学的发展。比如长江三角洲都市圈，拥有"双一流"建设高校近 40 所，列入"世界一流大学"建设的高校有 8 所，还拥有浙江大学、复旦大学、上海交通大学、南京大学、中国科学技术大学等位居中国高校各类排行榜前 10 的名校。京津冀都市圈，更是高校林立，拥有北京大学、清华大学、中国人民大学、南开大学等名校，珠江三角都市圈、中部都市圈、成渝都市圈也都是优质高校资源十分集中的区域。国际化大都市深圳，改革开放的前沿城市，过去因为缺少高水平大学，一直成为政府的心头之痛。近年来，深圳充分发挥经济发达、创新活力强的优势，通过创造优厚的政策支持，积极引进或培育高校，成效明显。北京大学、中国科学院、中山大学、哈尔滨工业大学、暨南大学、香港中文大学等一批高校先后在深圳设立分校或研究院，深圳发挥改革创新的城市品质，还高起点探索创办了公办创新型大学——南方科技大学等。这些高校的成长，得益于城市的经济实力和文化魅力，发挥了城市的平台效应。

二、城市因大学而盛

一所大学繁荣一座城市，大学对城市的宣传效应、支撑作用十分重要。从文化名片效应来说，有人把大学比作一个城市的印记、名片、灵魂和灯塔。在中国，提起一座城市，很多人首先可能会想到一所大学或一批大学，很多大学也直接以城市命名，如北京大学、南京大学、武汉大学、厦门大学、重庆大学、天津大学、上海大学、兰州大学、深圳大学等，使城市和大学的精神关联更加紧密。网上评选出中国"颜值与实力并存"的几所殿堂级大学，是广大人民心中的神圣殿堂，同样也是一所城市的骄傲，它们的存在耀眼了一所城市。比如，北京大学的校园被称作"燕园"，是中国最美丽的校园之一，塔湖相映，人文荟萃，见证了多少名人的故事，彰显着北大的人文之美；水木清华，厚德载物、自强不息的精神激励了一代又一代清华学子；厦门大学是一座背山面海的度假大学，有"中国最美大学"的美称，校园里中西结合的独特风格建筑、芙蓉湖、鲁迅纪念馆等都成为网红景点；武汉大学是世界上最美丽的大学之一，依山环湖，珞珈山上樱花浪漫，樱园老斋舍、老图书馆、半山庐以及周恩来、郭沫若等故居十八栋，被国务院列为"全国重点文物保护单位"；还有珠江之畔、南海之滨的中山大学，气度非凡的南京大学，古朴典雅的河南大学等。这些"最美"大学，本身构成了所在城市的文化地标，是城市文化的外在表现。

从城市内在发展来看，大学还关系到城市的核心竞争力。大学通过四大功能的作用发挥，直接或间接地服务于城市的经济社会全方位发展，提升了城市的核心竞争力。一个没有大学的城市，是不完整的城市，一个没有重要大学的城市，是缺少发展后劲和发展活力的城市。剑桥市长曾自豪地说，剑桥市因剑桥大学而繁荣，剑桥经济增长四分之三因大学而获得。美国"硅谷"，拥有众多的国际顶尖高科技公司，是世界有名的科技创新策源地，与该区域拥有美国顶尖大学分不开，如拥有斯坦福大学、加州大学伯克利分校、圣塔克拉拉大学，还包括加州大学系统的其他几所大学。中国发展最好的一些中心城市，如北京、上海、广州、天津、成都、武汉、西安、南京、杭州、厦门、深圳等，往往也拥有一定数量的高水平大学，这些城市的实力和发展潜力，基本上与高水平大学的质量和数量呈正相关的关系。

教育、科技和人才，三者完美统一于大学这个创新综合体、文化综合体，高水平大学本身就是高水平的创新平台，是高端人才集聚地、前沿科技诞生地、创新思想策源地，并源源不断地向城市输送着优秀人才、重大科技成果。大学为城市聚集人才、培养人才、推动创新科技和成果转化，提供智力支持，塑造城市精神，提升城市能级和城市生活品位。当前，城市之间的竞争越来越激烈，每一个城市的管理者都意识到大学的重要性，都在倾力打造属于自己的大学名片。比如杭州，我们知道有西湖，有西泠印社、灵隐寺，更知晓浙江大学，浙江大学给杭州市乃至浙江带来了整体形象提升。杭州市在下沙大学城建设方面的投入相当大，建设了15所高校，师生总数近30万，使曾经人们眼中的"文化的沙漠"变成了"文化的绿洲"，这些高校的存在，对下沙的经济、社会、文化的发展起到很大的带动作用。上海松江大学城在校大学生规模10多万，其衍生出来的文化、经济价值不可估量。中国科学技术大学让合肥这座城市更添魅力，也给合肥带来更多创新资源、创新动力、创新气质，在中国人工智能产业、量子技术方面，合肥能拥有一席之地，与中国科学技术大学的贡献密不可分。

除了一线城市、中心城市，对地方性城市来说，也急迫需要一所大学提升影响力和软实力。政府的决策者和管理者们，也意识到大学是一个强大的能量场，在大学建设方面不断发力，将大学文化和城市文化融合发展成为很多政府决策的关注点，注重以大学城的建设为支点和引擎，撬动城市的整体发展。大力支持本地高等教育发展，原来已经拥有本地大学的，继续加大支持力度，原本高教资源没有或者稀缺的，加大力度引进大院名校成立分校区，或者联合名校成立研究院，或者将部分民办学院升级和合并后组建新的大学等，构筑城市新的大学生态。比如浙江绍兴为加强科创大走廊建设，助推传统产业升级和新兴产业发展，实施了"引进大院名校工程"，近年来已经引进众多高校在绍兴成立分校，同时还和北京大学、武汉理工大学、浙江大学、上海大学、天津大学、浙江理工大学等合作，在绍兴成立研究院等。苏州在城市发展的过程中，也是和新加坡国立大学、牛津大学、东南大学等国内外名校合作，成立了众多分校或研究院。

三、大学和城市的内在联系

大学与城市是两种不同的社会存在，拥有不同的文化生态系统，但它们能够共存发展甚至互兴互荣，一定存在某种内在的逻辑联系。从终极逻辑来讲，主要是"人"的因素，城市是先进生产力的集中体现，人是先进生产力的决定性因素，城市现代化最关键的是人的现代化，大学和城市的终极追求，都是人的自由全面发展。从具体的联系来看，主要表现在以下两个方面。

（一）整体和局部关系

大学与城市皆具有相对的独立性，体现出各自不同的"整体性"，但同时又存在某种依赖性。大学是城市的一部分，城市是大学的母体，大学与城市相互依存、相互作用、相互映衬❶，尤其是随着大学和城市的互动不断深入，两种系统的文化互相影响，互相渗入，也给新时期大学和政府的领导者提出更多的智慧考验，即如何处理好大学独立性和城校互动性两者之间的关系，保持一

---

❶ 李枭鹰. 大学与城市的生态关系范型［J］. 现代教育管理，2017（9）：7-10.

种战略平衡。应该树立这样一种理念，大学和城市这种局部和整体的关系，应该不是单向的依赖，不是简单的附庸，一般会体现"你中有我，我中有你"的状态，犹如山水关系，水得山而活，山得水而灵，山水相宜，互映成趣。

一座城市的经济社会发展水平、政府领导的执政理念和思维视野，会直接或间接影响城市内大学及其文化的发展水平。城市对大学的影响，表面上看可能是外在的支持，如财政投入、硬件改造等，但内在的深层次的影响主要在宏观发展思维、教育理念、教育管理方式、教育绩效评价等方面。这种深层次的影响，是目前政府在处理和高校关系方面，需要进一步思考改进的。大学和城市的互动，双方的管理者要体现一种辩证思维下的大格局，避免陷入局部和短期利益的小纠结。双方只有相对独立，尊重彼此规律，适应彼此需要，才能更好发展，才能互相支撑。现代化城市建设与高水平大学建设要正向匹配、耦合共生，实现大学建设发展与文化城市建设、和谐城市建设、科技城市建设、创新城市建设、国际化城市建设等的全面互动，这是大学和城市共同的使命。

（二）哺育和反哺的关系

当前，大学与城市的互动和融合越来越紧密，它们互相需要、互相依赖、相互促进。城市发展竞争，表面上看是经济的竞争，但本质上是教育、科技、人才的竞争。城市越来越需要大学，城市哺育大学的发展，现代大学的内涵建设和外延发展，已不可能脱离社会环境而独立存在，尤其是地方大学的发展，高度依赖于城市对学校的政策和资源支持，城市本身也为大学创造了物质基础、环境营造、公共服务、就业岗位、外部动力、文化积淀，这些构成了大学生存的土壤和发展的基础。

城市对大学的具体影响和要求，主要体现在以下五个方面。一是城市对大学或大学城的规划布局、大学设置与更名、"双一流"建设等战略层面的政策和财政影响。政府相关部门在制定相关规划时，要将大学的发展纳入城市发展整体规划，并在土地资源、财政、有关配套政策上给予支持。比如绍兴市政府为进一步支持绍兴文理学院建设，对校园进行整体规划建设，其规划建设方案既充分体现了中国传统文化意蕴，又充分体现绍兴地域文化内涵和特色，采用"新中式"风格，呈现"水墨江南"意蕴，与2500年的老城区的建筑文化、精神文化完美融合。二是根据城市产业发展需要，匹配城市现代产业发展需求，在部分特殊学科专业设置方面对大学提出一定的希望和要求。三是通过高校平台加强高端人才引进，把高校作为人才引育的蓄水池，发挥高端人才服务城市发展的作用。四是通过大学或大学城的建设，发挥高校的文化辐射作用，带动周边产业发展，提升城市的活力和影响力。五是从做强做优做大城市主导产业和战略性新兴产业角度出发，地方和高校联动，谋划布局高水平的产业平台、研究平台、创新平台，培育重大项目，争创重大成果，为高校高质量发展创造条件。

大学作为城市的人才资源、科技创新和文化建设高地，要积极做出回应，反哺城市发展。一是要适应城市经济社会发展需要，培养高质量的大学生，为城市的建设发展源源不断地提供生力军。二是要充分发挥高校人才集聚效应，为城市吸引招揽一流人才，为城市发展提供人才支撑。三是要充分发挥科研平台优势和智库优势，开展科技项目攻关，为产业发展提供科研技术支撑，为城市发展提供智力支持。四是要提高校园先进文化的引领辐射作用，助推文化城市和文明城市建设。

总之，大学要全方位对接城市发展需要，对接城市发展规划，融入地方经济社会发展。地方政府对大学的要求，要从追求短期直接效应向宏观长远效应发展。大学不是一个能直接产生经济效应的组织，短期来看，它甚至是一个资源依赖型和资源消耗型组织，它的生产主要是精神生产而非物质生产，主要效应是平台效应、集聚效应、文化效应。大学环境建设、硬件投资等，主要来自大学外部尤其是所在城市政府的供给，作为城市的核心平台，城市也有义务为大学建设提供支持帮助，帮助大学实现更好发展，协调解决大学发展中遇到的关键困难，大学也要主动结合自身的优势特点，提高办学水平，为城市的建设贡献力量智慧，最终实现大学与城市的良性互动和双方的可持续发展。

第二节　大学文化和城市文化互动融合

一般主要根据以下几个方面来衡量一所现代优秀城市的软实力：是否拥有独特的城市文化，是否拥有文明的、高素质的城市人口，是否具有高水平的城市管理，概括起来也就是城市的文化和文明。文化是城市的软实力，文化是城市经济发展的重要增长点，城市现代化的根本问题在于城市文化，一个优秀现代城市的核心竞争力来源于文明、上进、开放、包容、和谐的城市文化基调，特别是来源于富有特色的城市文化❶。

一、城市文化概述

（一）城市文化的含义

城市文化是一个城市的灵魂，是衡量一所城市是否拥有独特个性魅力的本质，是城市与城市的内在区别，引领城市未来的可持续发展，一座城市的文化与它的地理区位、历史背景、人口组成等有着重要的联系❷。与大学文化的定义一样，广义的城市文化也包括精神文化、物质文化、制度文化等，城市文化是城市人民在长期实践过程中所创造和形成的精神文明的总和，体现一个城市的历史文化传统、城市的核心价值观、性格特征、人文特质、市民风俗习惯和思维行为方式、精神气质和形象等❸，是一个城市区别于其他城市的独特性所在。城市文化所关注的内容十分广泛，不仅包括教育、科技、文学、艺术、音乐、广电等文化事业，而且包括文化体育公共设施、历史人文景观、建筑艺术风格等外在文化建设，还包括文化产业、创意产业、旅游产业等相关产业。

1. 精神文化

精神文化是城市文化的核心，是城市对外宣传的高度概括，精神文化的形成有一个历史发展的过程。比如杭州市的城市精神，以前概括为"精致、和谐"，后来城市扩容，把萧山合并进来，城市逐渐从"西湖时代"走向"钱塘江时代"，城市格局越来越大，城市越来越现代化，其精神遂扩充为"精致、和谐、大气、开放"四个词，使城市精神得到升华，体现了老城保护和新城拓展之间的有机统一。古越大地，卧薪尝胆的故事人皆尽知，新时代绍兴要进一步开拓进取，其城市精神概括为"胆剑精神"，包含了"卧薪尝胆、奋发图强、

❶ 秦克铸，李志红，李厚祜，等. 大学与城市关系探析［J］. 山东理工大学学报：社会科学版，2008（2）：103.
❷ 张亚男，仪萌萌，张成相. 大学文化在城市文化中的地位及作用［J］. 改革与开放，2014（21）：60–61.
❸ 顾洁岚. 地方大学与城市文化软实力建设的互动研究［D］. 广州：广州大学，2013.

敢作敢为、创新创业"的思想。

2. 物质文化和制度文化

城市精神的彰显和城市文化的传承，均需要一定的物质载体和制度载体。城市的物质文化是城市文化的表层，包括城市建筑、道路规划、城市景观、文化地标、艺术景观等。有的建筑艺术造型或有层次感的建筑群体本身就是一种文化的表达，正所谓"建筑是凝固的音乐"。当前城市在加快现代化建设过程中，要着重关注承载区域和城市文化的古代遗迹、历史街区的保护，要着重加强现代的大学建筑、博物馆、图书馆、剧院、文化馆、标志性建筑、景区等文化核心载体的建设。杭州市是吴越文化和南宋文化的中心城市，政府历来重视老城区保护，让杭州历史的文脉得以延续，老城是精致、和谐的重要体现，曾任杭州市委书记的王国平这样表述对老城的期待：我最不希望外地朋友对杭州老城区作出"日新月异"的评价，最希望听他们说"这里还是老样子"的话。这种城市建设发展理念，其实是国内其他城市比较缺乏的。绍兴重视老城的保护，政府对鲁迅故里、阳明故里、书圣故里、徐渭故里等加强了规划建设和投入，使老城正在焕发出新的生机活力。

城市的制度文化是城市文化重要组成部分，是城市文化的制度化、规范化的表现形式，主要是城市在长期治理过程形成的政治制度、经济制度、文化制度等，反映了城市的治理水平，城市文化的变迁必然通过各种制度的变迁表现出来❶。

（二）城市文化的特征

一是具有区域性特征。区域的经济社会发展催生了城市，城市文化是区域文化集中的反映，是区域文化长期在城市积淀、传承、创新的结果，并形成独具特色的风格。城市文化是城市居民对所在城市历史传统的认同纽带，也是城市居民对所在城市现代文化的认同载体，城市记忆和文化根基是一座城市的历史底蕴和价值所在，是凝聚城市全体人民为努力创造美好生活、构建美好城市形象的内在精神动力。

二是具有开放性和集聚性特征。当今世界，城市的人口流动迁移较大，城市的形成是人口流动交融形成的，人们从农村走向城市，从一个城市到另一

---

❶ 张丽萍. 论城市文化结构与品位提升［J］. 怀化学院学报，2009（7）：30.

个城市，给城市的文化带来了新的元素，也带来了文化的开放交融。外来的新的居民在融入城市生活过程中，需要不断学习了解这个城市的文化，融入城市的文化生活，并逐渐认同甚至主动宣传城市的文化，这种融入，使城市文化保持了相对稳定的特征。但是因为城市的开放性和人才的流动性，必定有新的文化带进来，也必定有城市文化向外传播。另外，城市相对农村来讲，还拥有大量高学历的文化精英人才，他们的存在使城市文化资源更加丰富，并推动城市文化内涵不断丰富，不断创新发展。

三是具有辐射功能。城市不仅是一个区域的政治经济中心，也是一个区域的文化教育中心，是一个区域的文化高地，文化资源往往以城市为中心，向周边扩散、辐射，引领区域文化发展。城市文化的辐射功能对塑造城市形象、助推经济发展起到非常大的作用，是城市发展创造力的基础，并鲜明地体现在城市文化的经济功能上，经济和文化互动共生，使城市文化为城市经济的可持续发展增加后劲，不断提升城市的竞争力❶。

二、从文化冲突走向文化互动

尽管大学因城市而兴，城市因大学而盛，但是大学与城市的互动，并不是一开始就有这种天然的默契，甚至可以说，大学文化和城市文化是一个从冲突走向融合互动的过程。中世纪欧洲的大学大多是教会学校，一直努力争取大学自治权和学术权，与城市的矛盾冲突不断，很多学者把当时的这种冲突称为"城镇与学袍"之争。当时巴黎大学的师生就不认为自己归属于巴黎，他们这样定义巴黎大学与巴黎城的关系❷："它不是作为巴黎的大学而存在，而是作为学者的大学存在于巴黎。"大学与城市的冲突本质上是文化的冲突，身处其中的行为主体角色不同，对事物价值的判断不一致，就会出现思想行为、思维方式的差异，也就出现了矛盾冲突。大学里，开展学习、追求学术、求真求知是第一要务，师生们拥有比较统一的目标，希望拥有浓厚的学术氛围，纯粹的学习环境，一定的大学自治空间。对于城市而言，其活动一般是围绕政治、经

---

❶ 石晓霞. 试论大学文化与城市文化的关系［J］. 教育探索，2014（5）：22.

❷ 任茵. 大学文化与城市文化互动关系探讨：以欧洲与美国为例［J］. 教育教学论坛，2013（42）：115.

济、社会管理，市民们比较关注与现实生活密切相关的政治经济活动，大众化的市民文化是城市文化的主流，这种大众化的"俗文化"和大学的"精英文化"有很大不同。不同的文化观念导致行为的差异，比如，在市场文化引导下，有的城市政府部门对大学开展的绩效考核、评估更加直接和现实，一般会用具体的数据指标体现，如大学生毕业后就业率多少，有多少比例的毕业生留在本城市工作，大学的高水平科研项目数量，高层次人才引进数量等。这种考核和评价带有浓厚的功利性与商业性，随着复杂劳动力的商品化及科技知识产品商品化、工具化的加剧，在市场经济浪潮的冲击下，大学与大学人都不可能置外部世界的"洪流"于不顾，安然"为学术而学术"，大学的文化精神正在被以效率、效益、实用为主旨的市场文化所消解❶。在大学肩负着为城市服务功能的同时，为争取大学自治的各种思想和努力依然没有停止。

从现实发展情况来看，大学文化和城市文化的融合也存在以下一些困境。

一是在管理体制机制方面。大学的管理有两条系统，以地方大学为例，有的地方大学是正厅级单位，校级领导是省管干部，由省委任命，但地方大学的发展，又需要所在地市支持，大学的内部编制、财政投入等高度依赖于市委、市政府，这类学校我们称为省属市管高校，有的省直接把它们定位于市属高校。如果城市和学校的管理者对办学的内在规律和对方的真实意愿模糊，就容易出现沟通协调的问题。当地方政府对地方大学的投入越来越多，对大学的"控制"也会表现出更多的欲望，希望有更多的话语权和支配权，地方大学的话语权越来越微弱，被动的时候较多。有的地方政府将大学作为一个下属部门或直属单位对待，在数据统计和指标分配上不符合大学的实际，管理模式和思维模式不符合大学自身的办学规律，这偶尔会给双方的融合带来一定的困境。

二是在文化规划建设方面。城市在发展规划中，应当将大学的建设发展作为其中的重要内容，越来越多的城市有这种认识，但也有地方政府在开展城市发展总体规划时，没有将大学纳入，使大学的发展受到一定的空间局限，错失发展的机遇。这往往与城市执政者的理念和认识有关，当前已经有越来越多的地方政府在观念上改变，认为尽管大学不能带来直接的经济效应，但其对城市发展的文化效应、长远的影响力发挥有着重要作用。城市的文化建设把大学

---

❶ 郑晓芹. 大学与城市文化互动关系探究［J］. 现代教育科学，2015（7）：18.

建设纳入考虑范围，力争把大学打造成城市的文化地标，而大学在人文环境的营造也充分考虑到城市的文化特色，逐渐打上了城市文化的烙印。

三是在目标认识方面。大学与城市有着不同的发展目标和定位，大学承担着人才培养、科学研究、社会服务、文化传承创新等功能与使命，大学以高质量的人才培养、高水平的科研项目为导向。大学人才的培养以专业为单位，而专业的设置往往具有通用性，地方综合性大学培养的人才，其就业区域面向全省、全国。城市发展往往以追求 GDP 为目标，注重近期的直接的效益，以提升经济社会发展水平为目标。因此如果对大学有期待，往往也是比较直接的期待，比如在专业的设置上是否符合地方产业发展需要，毕业后有多少学生留在本地工作，科研产出和成果转化率怎样等。可能地方大学部分专业不能完全适应地方对人才发展的需要，多少毕业生毕业后能够留在本地就业也较难把握，这还与地方城市本身的就业环境、产业发展状况密切相关，但有时难免会给地方政府造成错觉，认为地方大学对城市的人才培养贡献度较小。大学在科研项目方面，往往看重的是项目的级别、科研经费数额等，而不是成果产出和产业化，这与地方的期待也有差距。大学的文化传承创新，是一个持续发力、久久为功的过程，这是一个"慢"的过程，符合大学自身的发展规律。城市作为大学的投资方、建设方，希望地方大学作为城市"文化名片"的效应尽早实现，当没有明显效果时，有时也会影响政府的支持信心，给大学也带来一定程度焦虑，这需要政府理解大学的发展规律，大学要理解政府的期待，大学和城市双方需要对大学文化与城市文化的关系有更深刻的认识，才能使大学文化和城市文化更好地融合。

四是在文化开放共享方面。地方大学和城市都拥有优质丰富的特色文化资源，但是受各种因素的影响，文化活动共同开展、文化阵地共同建设、文化资源共同享用的共建共享理念还没有真正形成❶。开放是现代大学的显著特点，开放的大学文化也应该成为现代大学的重要标志，因为社会的复杂性和大学的特殊性，当前我国大学校园的开放程度远没有达到可以"去掉围墙"的程度。另外，随着高等教育的大众化，高校扩招，大学的文化设施相对于大学自身的

❶ 柏华. 地方大学文化与城市文化融合发展论析 ［J］. 淮阴师范学院学报（哲学社会科学版），2021，43（6）：630.

师生人数比例来讲，并不十分宽裕，有的甚至还不能满足师生需要，对外开放就十分有限，因此，城市居民很少能共享大学城里的文化设施，如博物馆、图书馆、阅览室、体育馆等。大学如果完全开放，就要纳入政府统一实行社区化管理，如果不开放，就以相对封闭的状态实行自我管理，某种程度上，政府对大学的完全开放也持保留态度，大学也有条件能够发挥自身管理优势，加强校园自我管理，维持相对稳定的大学校园环境。大学文化和城市文化的合作与融合缺乏有效的路径和机制，城市和大学之间缺少相应的平台和媒介，大学生文艺演出、毕业生成果展示、志愿服务、环境保护活动等，都需要城市提供机会和场合，这一方面需要大学的努力，另一方面需要城市的有关部门重视与大学的合作。比如，大连大学承办了"神州唱响"全国高校音乐比赛，和城市合作，把决赛的场地由学校转移到城市大剧院，让广大市民也能一睹高校音乐的风采❶。绍兴文理学院服装设计本科专业的毕业生服装走秀，艺术设计专业、书法学专业的学生作品展也常常走进城市广场，走向社区，深受市民欢迎。总之，城市的大型文化活动可以依托大学开展，或者邀请大学承办其中的部分活动，青年大学生参与文化活动的积极性较高，大学的文化活动也可以借助城市的文化设施，走出校园，走向城市，拉近与城市市民的距离。

　　由于中西方大学的地域特点、发展程度、文化底蕴不同，导致中外大学文化与城市文化的互动关系呈现出不同的特点，国外大学文化与城市文化的互动分为以下三个阶段❷。第一阶段是冲突阶段，前面已经阐述，由于大学和城市的矛盾，有的大学就开始远离中心城市，搬到了偏远的镇上，如当时的牛津大学。第二阶段是逐步融合阶段，大学文化逐渐接受和吸纳城市文化，城市的管理者也越来越重视大学的作用。这个阶段基本上是在19世纪以后，因为大学的建立和发展需要更多的经费，而政府财政帮助解决了经费，同时，大学培养的知识分子、专业技术人才，随着商业经济的发展，也走出象牙塔，开始到城市谋生工作，逐渐融入城市，它们的到来，也直接或间接促进了大学和城市的文化交流融合。第三阶段是大学文化与城市文化共融共生发展阶段。尤其是

❶　王志强. 大学文化与城市文化的融合与发展［J］. 文化学刊，2012（5）：63-65.
❷　孙雷，饶锦波. 中外大学文化与城市文化互动的比较及借鉴［J］. 东北大学学报（社会科学版），2019，21（1）：91-93.

美国的大学开始确立社会服务功能以后，大学催生了科创园的建设，带动了城市经济的发展，城市对大学加强了投入，两者找到了共同的利益契合点。美国著名教育家克拉克·克尔（Clark Kerr）曾将这几个阶段的大学理念形象地概括为：大学是一个僧侣居住的村庄——大学成为一座城镇，一座由知识分子垄断的工业城镇——大学是一座充满无穷变化的城市❶。

随着现代大学社会服务功能的确定，政府越来越重视大学，加强了土地、财政、政策资源投入，大学也越来越融入城市发展，大学也开始走出象牙塔，大学强大的知识技术服务能力、科研学术创新能力、高级人才集聚能力，为城市发展带来内在的根本动力，快速提高了城市的发展能级。两者逐渐达成某些方面的共识，两者的关系才逐渐走向互动。但这并不意味着大学与城市的互动已经非常完美，仍然存在一些困境。政府和大学都要具有较高的思想认识和文化情怀，充分认识到高校在地方文化传承创新中的重要作用，加强交流、沟通，全方位、多维度地开展与合作，政府在制定地方文化产业发展规划、保障措施、研究项目以及相关的指导政策上，深入交流讨论达成共识，要转变管理理念，扩大地方高校的办学自主权，出台一系列促进地方大学实现高质量发展的政策❷，要在城市高质量发展的征程中去谋划、去推动、去实现大学发展。大学要有主动意识融入地方，依靠地方、服务地方，在高水平建设过程中助力城市高质量发展。

三、大学文化和城市文化互兴互荣

（一）大学文化对城市文化的作用

大学文化反哺和推动城市文化的发展，为城市文化建设和发展提供人才库、思想库，是城市文化传承创新的重要单元、重要载体，是城市文化创新实践的先锋阵地，大学引导各类人才流、资金流、信息流、物流不断地汇聚到城市之中，在提高城市物质文明的同时，不断提升城市的文化品位，增强城市的知名度和美誉度，促进城市文化的可持续发展，是城市文化核心竞争力体现的

---

❶ 克拉克·克尔. 大学的功用［M］. 陈学飞，等译. 南昌：江西教育出版社，1993.
❷ 王颖丽. 地方高校参与地方文化传承创新的路径研究［J］. 中国成人教育，2017（2）：123-124.

重要决定因素。

1. 大学提升城市文明形象

古希腊哲学家赫拉克利特说，看不见的和谐比看得见的和谐更美好，这里"看不见的和谐"，主要是指以城市内在文明来维系的和谐。基于这样的认识，我们认为人们在城市中创造的精神财富，包括城市人群的生存状态、生活方式、精神特质以及城市风貌，是城市的灵魂和城市文明的标志❶。

"全国文明城市"是反映中国城市整体文明水平的最高荣誉称号，经过评比，授予市民整体素质和城市文明程度较高的城市，创建周期为三年，各地的城市都很重视。文明城市创建是否成功，主要决定因素还是看城市的公民素质。硬件设施和表面环境短期内可以改变，但人的素质是需要长期积累的。城市文明由群居在城市里的人集中体现，城市公民的道德素质、文化素养、文明习惯直接关系到文明城市创建，而公民及城市社会的政治意识、民主意识、法治意识、道德意识、文化意识的提高显然离不开教育，特别是大学教育❷。

大学的文明，代表了城市最高的文明，大学的文明通过向城市辐射，提高城市的文明。从宏观上来说，大学是在不断进行知识创造、传承和创新，它们培养的人才也散发到城市各处，继续进行着文化传承创新，从而不断地推动城市文明建设，这是一个长期的过程。城市的整体文化水平与城市大学发展水平密切相关，城市整体素质的提升离不开大学文化的繁荣。我国大学教育的蓬勃发展，加快了大学教育大众化进程，助力城市文明建设，总体上提高了城市市民的整体文明素质。

2. 人才是大学文化对城市文化影响的根本因素

一个城市的经济增长潜力取决于它的人力资本和科研技术水平，这都是"人"的因素在起关键作用，而城市人才培养和人力资本的获取，最大范围的是来自当地高校。

首先，一所综合性大学，不断培养适应与城市经济社会发展需要的各类人才，为城市的发展源源不断地提供人力支撑。大学每年毕业的大学生，有

---

❶ 赵洪波，吴岚. 论当代大学文化的现实价值：以城市文化建设为视角［J］. 宜宾学院学报，2008（5）：121.

❷ 黄平. 高等教育在城市建设发展中的作用探微［J］. 西华师范大学学报（哲学社会科学版），2006（3）：110.

相当一部分留在本城市工作，他们继续发挥高学历的优势，在不同岗位上为城市发展做出贡献。广义上来讲，不论是什么专业，他们都是知识分子，都是知识、技能、文化的传承创新的主体。狭义上讲，大学培养的人文社科类人才，在地方城市的档案馆、图书馆、博物馆、文管局、电视台等文化岗位工作，直接服务于城市的文化传承创新。

其次，高校是个聚集人才的大平台，是城市的人才高地，这些人才类型多样，整体素质较高，有各个学科的科学研究高层次人才，有各类管理人才，还有为未来培养的青年大学生等储备人才，这些人才为城市的政治、经济、社会、文化、生态等各项事业建设不断做出贡献。从某种意义上讲，多样的人才培养及存在，本身就是一种城市文化。

最后，城市的文化事业、文化产业、文化建设，离不开大量高素质的、具有创新精神的人才。大学在培养文化人才方面，要与当地的城市对接，尤其是地方性大学，要适应城市对不同层次人才发展需要，培养真正适应社会发展需要的人才，解决大学毕业生"毕业即失业"的难题，使城市专业人才供给稳定。也就是说，大学既要讲好"普通话"，培养具有国际视野的文化理论人才，培养通用型人才，还要讲好"地方话"，适应城市和基层文化事业发展需要，培养具有较强实践能力的应用型专门技术人才，尤其是地方性的普通本科高校、高职类院校，在培养地方文化人才方面，在地方优秀传统文化的传承创新方面，需要承担更多的人才培养责任。学科、专业、研究平台的设置要对接地方文化发展规划，依据地方文化产业链构建地方需要的人才培养体系，提高人才培养在服务地方方面的作用。比如，黄冈师范学院成立的黄梅戏艺术研究中心为湖北省高校人文社科重点研究基地，成立的黄梅戏学院，是教育部中华优秀传统文化传承基地，为黄梅戏的传承发扬培养了大批专门人才❶。

3. 大学的存在提升了城市品牌和城市活力

一所大学的存在本身就是城市无形的文化资源、文化资产，本身就像一座无形的灯塔，它是城市中集教育、人才各类优质资源的中心，也是城市的科技信息中心，它们往往成为城市文化发展的源头和城市精神的象征，引领社

❶ 谢睿夫，徐玉莲. 地方高校文化传承创新功能的实现路径［J］. 学校党建与思想教育，2015（24）：90–91.

会的思想和文化潮流，是城市居民心目中的圣殿，也是它们自豪和向往的地方❶。一所知名大学更是城市的品牌，城市和大学互相成就，一个城市的知名度固然与这个城市的综合实力有关，也与这个城市拥有的大学的知名度有关，在某网开展的各省知名品牌十强排行榜上，武汉大学和华中科技大学这两所大学成为湖北的知名品牌十强，这两所大学也是武汉这所英雄城市的品牌，湖北也因为有这些知名大学而增辉。世界著名高校剑桥大学和牛津大学，如果没有这两所大学，估计也很少有人知道剑桥镇、牛津郡。山东曲阜，山东省辖县级市，由济宁市代管，也许有很多人不知道济宁市，但他们可能都知道曲阜这个城市，因为这里不仅是孔子的故乡，还有曲阜师范大学。

　　一座城市的活力，需要大量的年轻人存在，年轻人不仅彰显了城市的外在活力，更能通过旅游、消费、创新创业带动城市的经济活力。2022 年，中共中央宣传部、国家发展改革委、共青团中央等部门联合发布了《关于开展青年发展型城市建设试点的意见》，青年发展型城市更离不开大量年轻人在城市生活和创新创业，而吸引年轻人集聚的最好的、最有效的平台就是大学。大学拥有众多青春活力的大学生，一所综合大学动辄上万大学生，单从规模上看城市大学生人数排在前列的有广州、武汉、郑州、成都、重庆、北京、南京、西安等，其中广州、郑州、武汉大学生数量超百万，他们的存在本身就是一种宝贵的、无形的资源，对提升城市的层次和影响力有着巨大的作用。大学是城市里人口密度最大的地方，大学生们较强的消费能力，使大学迅速成长为城市消费群体的主力军，带动了城市周边众多产业的发展，带动了大学周边的物质消费和文化消费，在大学周边形成了特别的文化氛围，这种氛围又吸引更多的市民向学校周边集聚。因此可以说大学有效拉动了城市经济发展，有的知名大学本身拥有校办全资企业、控股企业、参股企业等，还直接为城市人民提供了较多的就业机会。

　　4. 大学是城市的智库

　　大学是科学研究的智库，高科技技术、新产品绝大多数来源于大学科技研发，比如近年来公布的国家自然科学奖等重大奖项，获奖项目绝大部分来源于高校，由院士、教授等众多人才共同参与。有的教师本身就是专家，他们以

---

❶　郝利. 高等学校与文化城市互动发展问题研究［D］. 桂林：广西师范大学，2008.

个人或组建团队的形式，参与科技服务工作，参加社会的各类文化活动，或者作为"智囊团"成员，参与政府有关决策管理和有关规划方案的制订等，帮助政府解决现实社会中的一些难题。在科研方面，大学自身的发展对产学研的结合、对提高本地研发能力、产品科技含量和产业结构的优化都有不可估量的长远影响❶。大量的高校集聚，形成科创园区，又会在城市形成具有影响力的科技文化，如以哈佛大学和麻省理工学院为龙头的波士顿科研中心，以斯坦福大学、加州理工大学为龙头的"硅谷"，以剑桥大学为龙头的"硅沼"，以北京大学、清华大学为龙头的"中关村"，以武汉大学、华中科技大学为龙头的"光谷"等。大学都在利用自己的科学技术优势和学术文化影响城市文化，共同参与城市建设，推进城市科技化的进程。

地方大学是地方文化的传播者和创新者，大学是个人才库，基本上各个行业所需要的人才，综合性大学都能有相应人才服务，这些人才活跃在城市的各类智库，从事着咨询、讲座、策划等文化服务工作。为了发挥大学服务城市的整体实力，大学要建立地方文化学术研究团队，重点要结合地方文化产业发展规划，尤其是对照规划中的重点领域、重点任务，凝练学科专业方向，组建有针对性的学术团队，构建新的创新平台，引进高质量的学科带头人。依托团队和平台开展地方文化基础理论研究、史料文献基础研究、应用研究等，如苏州大学的"东吴智库"、绍兴文理学院的"新结构经济学长三角研究中心""兰亭智库""越文化研究院""非物质文化研究中心""文化创新与城市发展研究中心""文化产业促进会"等。还有的大学学报开辟专栏进行地方文化研究，如《东华理工大学学报》的"临川文化研究"、《淮阴工学院学报》的"运河文化研究"、《青海师范大学学报》的"青藏高原文化"、《扬州大学学报》的"扬州文化研究"、《绍兴文理学院学报》的"越文化研究"等❷，它们以平台引人才，从事文化传承创新的理论研究与实践，对城市的发展起到智库作用。

大学要主动加强对所在城市的历史文化研究、城市精神研究、文化创新与城市发展研究，这既是大学内涵发展的需要，也是大学服务社会的使命责

---

❶ 郝利. 高等学校与文化城市互动发展问题研究［D］. 桂林：广西师范大学，2008.

❷ 王颖丽. 地方高校参与地方文化传承创新的路径研究［J］. 中国成人教育，2017，（2）：124.

任。要注重充分利用城市文化丰富的资源为学校的文化建设服务，使大学文化融入地域文化内涵，要注重研究成果的应用价值和学术价值，为城市文化塑韵提供高水平的成果。

5. 大学是重要的城市文化载体

城市里的博物馆、艺术馆、图书馆、影院、剧院、音乐厅、科技馆等，都是城市重要的文化载体，大学也是城市文化的载体，而且是各类文化载体的集聚地。以上所列的那些城市文化载体，在规模比较大的大学里基本都会存在，也可能还会更丰富。因此，有的大学在大规模的扩建合并中，越来越像一座小型城镇，有的大学本身就是市民打卡的网红景点。现在，社会对大学的开放和资源共享的需求始终存在，越来越多的大学也在有序向社会开放，建立开放式校园是城市对大学的要求。大学的资源主要功能是服务于在校师生，在不影响正常教学科研的前提下，通过一定的机制有序共享和开放，可以提高其利用效率，也提升学校的美誉度。大学拥有的图书信息知识资源丰富，并且能量极大，必要时大学应该开放自己的图书信息知识资源与社会共享，以实现资源的最大价值，大学的开放性举措，必将会使大学的创新思想、科学研究、文化精神以及众多的大学文化资源都不同程度地流入城市各个角落，惠及城市居民并扩大城市居民的文化视野[1]。

新时代特别要重视网络文化建设，大学的网络文化建设应该走在社会前面，但有的大学可能思维和行动比较滞后，跟不上社会网络文化发展的节奏。有时大学还应当发挥网站、微信、微博、微视频等新型平台，开设网络公开课，开设网络学术讲座，分享科技研究成果，使科技文化资源信息向社会开放共享。地方大学是城市文化建设和发展最好的文化名片，地方大学文化与城市文化融合共生、融汇共进，既是推进地方大学特色发展的现实需要，也是弘扬城市文化精神和提升城市文化品位的现实需要，更是增强每一个市民文化使命感的现实需要[2]，校地要深入开展文化共建活动，相互学习、相互促进，不断形成融合的文化特质、文化形态以及文化功能，从而实现校地双方可持续发展。

---

[1] 孙丽曼. 基于文化视角下的高校与所在城市互动关系：以喀什市为例［J］. 喀什师范学院学报，2015（6）：87.

[2] 柏华. 地方大学文化与城市文化融合发展论析［J］. 淮阴师范学院学报：哲学社会科学版，2021（6）：630.

6. 大学对城市精神文化的辐射和引领作用

大学在逐渐走上城市中心舞台的进程中，在发挥社会服务功能的同时，它也把产生于大学的精神、思想和文化向周边辐射，最先辐射到的是大学所处的城市，继而是周边区域，其他城市。当然这种辐射也并非严格的波纹式的渐进扩散。在信息化社会，思想和精神的传播可以很快跨越地市，打破时空限制，但不可否认的是，所在城市受到的影响最大、最直接、辐射面最广，大学通过城市，把思想向市民传递。大学在城市里本身是一个精神高地和文化高地，大学的思想具有一定的前瞻性和超越性，蕴含着丰富的人文精神和科学精神，大学的开放性使它对城市文化的辐射具有开放性。大学文化可能部分来源于城市文化，又不断克服世俗文化的即时、感性、庸俗倾向，但在价值取向、思维方式和行为规范上又实现超越，高于城市文化的一般形态，也就是说，大学里产生新的知识、新的技术、新的思想、新的理论，将在更高层次上影响城市文化，引领城市文化，作用于城市文化的精神文明建设。

第一，大学发挥第一个功能，通过培养人才达到文化辐射和引领的作用。每一届大学生都带着他们在大学里积累的知识，形成的精神品格，训练出来的思维方法以及优秀的创新意识走进城市，走向社会，参与城市的发展与建设，提升社会公民整体素质，也可以认为，城市文明程度及公民的整体素质，与大学的数量和质量密切相关。一个城市如此，从一个国家层面来看，也是如此。

第二，大学发挥高水平专业人才队伍优势，引领城市精神文化发展。大学本身是一个学术资源高地，又通过学术资源吸引了众多人才资源，这种对人才的吸纳、储备、输出能力，相对于其他任何社会机构都具有不可替代的优势，这些人才是文化辐射和引领的重要力量。反过来我们可以验证，每一所城市为什么都希望拥有众多高水平大学，因为城市中大学越多，尤其是高水平大学越多，其文化氛围就会越浓厚，城市的魅力就更大，就更容易使高层次人才集聚，从而形成良性循环。

第三，大学是文明之所，良知之所，理性之所，其文化是与城市世俗文化截然不同的知识文化、学术文化，是增进人们的知识、丰富人们的精神生活和提高人们文化质量的具有综合性、多样化的文化活动中心❶。大学通过学报、

---

❶ 李彦. 高等学校与城市互动关系刍议［J］. 牡丹江教育学院学报，2016（4）：46.

网站、微信公众号等载体开展各类宣传活动，通过论坛、讲座、展览开展文化艺术活动、学术活动等，通过各类社团开展丰富多彩的学生类活动，这些活动都向城市开放，吸引市民参与，提升市民文明素质，给城市带来朝气蓬勃、正能量的文化艺术氛围。总之，大学的存在对城市有显性和隐性的影响，大学所倡导和追求的科学精神、人文精神、创新精神、理性精神等引领城市文化和城市文明向更高层次发展。

（二）城市文化对大学文化的作用

城市是大学的母体，为大学发展创造了基础条件。城市文化赋予大学文化独具个性的地域特征，城市文化成为大学文化繁荣发展的根植土壤，城市文化为大学文化多样性发展打造价值舞台，城市文化为大学文化发展提供了丰富的资源。城市的文化设施大部分都和大学或大学文化有着某种程度的关系，它延伸了大学文化的功能，推动了大学文化的价值实现，促进了大学文化的高度发展❶。

1. 城市文化的决策规划影响大学文化

当前我国城镇化的速度还在加快，城市的建设者和管理者们，越来越重视大学的规划和建设，城市的现代化程度，很多指标也需要大学来支撑，如城市中高层次人才比重、受过高等教育的人员比重、科研成果及其转化率等。因此城市的建设者和管理者们，需要把大学纳入城市整体规划并加强建设投入。城市的文化建设应该以大学的文化建设为支撑才更容易上台阶、上水平，大学的文化建设应该是这个城市的文化标尺，应该成为这个城市文化的象征❷。有的地方在大力建设大学城，把大学城建在哪里，怎么建设，建成什么样的大学城，都融入了政府决策者的思路和理念，也会影响城市最终发展的布局版图。

经济基础决定上层建筑，城市作为大学所在地的政府职能机构，为大学发展提供了经济后盾，城市管理者要善于为大学投资，但要充分认识到大学的回报不是税收，不是直接的经济效应，任何一所大学作为公共文化载体，它的产出是人才、科技、知识、精神，是无形的精神魅力和文化魅力。比如，杭

---

❶　孙雷. 论大学文化与城市文化的互动［J］. 学校党建与思想教育，2012（4）：89-90.

❷　李志红. 大学与城市文化互动策略研究［J］. 淄博师专学报，2012（4）：73-80.

州市为了大学校园文化与城市文化的良性互动发展，引入"城市综合体"理念，把高教园区打造成高教综合体，成为既符合校区建设规范、功能齐全又充分体现城市美学、建筑美学的大学城❶，大学城是多方投资或参与建设的成果，往往具有"大学"和"城市"的双重功能。大学城的建设和周边配套设施要一体化规划，推动社会园区和大学城的深度融合，为了提升大学城的文化氛围和文化土壤，要重视在规划中建成一些高质量的文化资源和生活资源，如博物馆、艺术馆、图书馆、文化体育设施、旅游景点、商业综合体等，为大学校园文化提供良好的社会环境、服务环境、舆论氛围、文化资源等；反过来，建成后的大学城依靠学生流量，提升了这些资源的利用效率，带动了周边的发展。

2. **城市文化吸引大学生**

就高校来说，其生存基础主要来源是学生，没有学生，学校无法存在，没有好的学生，学校办学质量就会下降，因此每年的招生宣传成为学校十分关注的大事。城市的经济活力、产业环境、交通状况、文化魅力等，间接地影响了学生对城市大学的选择，大学因为城市的名声而带动了大学的对外影响。有吸引力的城市，一般都有厚重的历史文化积淀，这种文化积淀一方面可以熏染大学，另一方面也能使大学借助城市来提高自己的知名度，一流的大学与一流的城市有某种对应关系，在对外宣传上城市和大学可以互相辉映、互相成就。城市的文化环境为大学的发展和人才培养提供了重要资源支撑，城市的基础设施条件、文化娱乐设施、文化旅游资源、产业发展资源等，在丰富人们的物质生活的同时，不断提高人们的精神境界和文化品位，为大学生学习实践、旅游休闲、就业创业提供资源。城市的传统文化资源更是为学校的文化育人提供了丰富的载体。优美的城市自然环境、人文环境，为属地的大学营造高品位的校园文化创造有利条件。

3. **城市文化和大学文化协同育人**

大学与城市紧密联系的内在逻辑是什么？这是城市和大学互动辉映的根本动力，大学的最终使命是培养人，培养具有高尚的人文精神和科学精神的

---

❶ 应建华，边宏，蒋锋，等. 杭州高校校园文化与城市文化互动发展研究：以杭州市下沙高教园为例［J］. 杭州研究，2008（4）：149.

人。城市发展的最终目标是什么？是经济的繁荣还是文明的高度发达？这都只是实现最终目标的重要外在表征。城市发展的终极目标，也是为了满足人们对美好生活的需求，城市创造优越的物质、便利的交通、优雅的环境、丰富的人文，都是满足人们对物质生活和精神生活的需要。大学文化和城市文化创造主体都是人，最后服务的主体也都是人，以人为本，促进人的全面发展、满足人的根本需求，是大学文化和城市文化共同追求和根本使命，大学与城市发展的终极目标是一致的。

大学和城市在协同育人方面有探索的空间，主要有以下几方面。

一是城市的政策环境育人。比如，有的政府打造学习型城市、科技型城市，本身就会创造方便学习和科研的氛围，通过不断完善相关配套支撑政策，建设功能型服务设施等。城市除了加强硬件建设和投入，还要在用人留人方面加强协同育人，通过制定系列保障型激励型政策，激发青年大学生留在本城市就业创业的动力。

二是城市的教育资源育人。城市拥有很多教育资源，为学生实践教育提供了广阔的天地，如历史人文资源、革命文化资源、风土人情资源、现代化的科技资源、产业企业资源等。现在大学常常强调要培养大学生的工匠精神，要加强劳动教育，大学在进行育人体系设计的时候，要主动思考如何融入社会、走进城市、走向乡村和社区基层，将城市资源融入课堂，融入实践教学，融入"大思政"育人体系。大学还要充分利用城市的人力资源，比如聘请企业研发人员、专家教授、地方特殊人才参与科研项目，参与课堂教学，参与就业创业指导等。有的城市历史底蕴本身比较深厚，比如绍兴，被誉为开放的历史博物馆，吸引大学的青年们走向城市的角角落落，触摸历史的一砖一瓦，在行走的过程中得到文化的滋养。大学在进行课程设计的过程中，要充分利用好城市的育人功能，用城市资源服务学生成长成才，用城市文化涵养学生精神气质，用城市创新带动大学生创新创业，实现名城名校的互融互促，提升师生和市民的文化自觉和文化自信。

三是城市的文化活动育人。城市经常会结合地方特色，挖掘地方文化基因，开展各类文化艺术类活动。比如杭州的宋韵文化节，绍兴的兰亭书法节等，围绕文化节，举办相关学术报告、研讨会、系列文化艺术活动等。这些活动往往也需要大学参与。一方面，大学结合学科专业优势承办有关学术活动；

另一方面，大学组织学生参与有关活动，在服务城市文化中体验城市文化，学习城市文化，开阔视野，增长见识。城市要善于提炼出独具特色的城市精神，传承城市历史人文底蕴，宣传丰富的城市文化故事，协同涵育大学生人文素养。大学文化和城市文化的互动联动，也有利于打造多元融合的综合实践育人平台，增强育人的感染力和实效性，更有利于实现大学教育将"知识传授""思维训练"和"价值引领"统一起来❶。

4. 城市文化建设是大学科研资源来源

丰富多元的城市产业体系和各类文化资源为大学科学研究、文化创作提供了支撑。城市中的政治、经济、文化现象的存在直接激发了当地大学的创新热情、创新灵感和创造素材。政府对大学创新的主动引导作用非常重要，城市政府部门通过提供良好的科研政策，创造优质的科研环境，鼓励自由的学术空间，支持大学创新发展，同时也为城市创新提供动力。比如有的城市和大学合作，加强科创园的建设，反过来，大学的创新又成了城市经济发展的动力和源泉，如英国牛津大学周边密布着众多高科技公司，它们在生命医学、信息科学等方面加强研发，同大学共建孵化了众多的研究中心、研究院所、创新中心，为城市创造出巨大经济效益的同时，也带来了良好的社会效益。

城市文化建设和文明城市建设是一个系统的持久的工程，它包括文化事业、文化产业和文化工程的基础建设等方方面面，其包含的学科可能会涵盖政治、经济、社会、文化、生态等各方面，政府需要城市文化建设的理论和对策，为高校出题，高校等依托人才和智库做好答题工作，同时在答题的过程中做好和地方的交流，提升学校自身的影响力。随着地方对文化产业的发展越来越重视，有的政府委托高校参与文化产业规划，地方的文化产业兴旺同时又给高校带来文化氛围，以及人才就业的机会。文化兴，则产业兴、经济兴、教育兴、社会兴，美国著名未来学者托夫勒说，哪里有文化，哪里早晚就会出现经济繁荣。经济繁荣又会反过来促进文化事业和文化产业的发展，文化产业所带来的经济收入不但可以用来发展公共事业，而且可以直接投入大学教育。经济的发展为大学教育的发展提供坚实的后盾。同时，大学教育通过产学研合作、

---

❶ 孙雷，何玉龙，高晨光. 大学文化与城市文化协同育人的探索［J］. 中国高等教育，2021（8）：26–27.

技术创新直接创造经济价值。

城市文化是区域文化的一部分，是区域文化的核心地带，区域文化为大学的文化研究和阐发，提供了丰富的素材，尤其是地方性大学，受区域文化以及区域所在中心城市文化影响比较深。区域文化是指由于地理环境、自然条件、历史背景的不同，导致的文化差异，从而形成了明显与地理位置有关的文化特征❶。由于文化的交流和融合，区域文化尽管具有一定的区域性和差异性，但也并没有十分严格的边界划分，根据所发现的考古遗址，中国的区域文化大体可以划分为黄河流域文化区、长江流域文化区、珠江流域文化区、北方（以燕山南北、长城地带为重心）文化区、西域文化区❷。中观层面，有学者再进行了细分，如齐鲁文化、燕赵文化、关东文化、江淮文化、三秦文化、三晋文化、荆楚文化、巴蜀文化、吴越文化、徽州文化、滇云文化、岭南文化、闽南文化、青藏文化等；按照发掘的古代遗址遗迹分类，如殷墟文化、红山文化、良渚文化、三星堆文化等。如果再进一步细分，各省、市县、村镇都有其自身的文化特色。这些都是中华文化的重要组成部分。城市是一定区域空间的经济、社会、文化辐射中心，城市文化是大学文化成长的源泉，提供了大学文化的社会环境、舆论氛围、文化资源，大学长期相对稳定地处于一定的城市文化中，其文化潜移默化地受城市文化的影响，区域和城市文化信息通过多种渠道映射在大学文化之中，使充满个性特点的大学文化折射出城市文化的共性❸，使大学文化的内涵和外延得到拓展，从而形成具有地域特色且独特的文化形态。

5. 城市文化影响大学的精神气质

城市文化对大学的精神气质起着潜移默化的影响作用。比如，在精神文化方面，大学精神受城市精神的影响，大学也只有在保持自身精神的同时，尽可能地融入、阐释和践行城市精神，才能更好地融入城市的发展。大学的气质与当地城市的人文气质有较大的相似，城市用文化滋养着大学，受城市文化长期浸润的大学，将不可避免地带有城市文化的烙印，彰显着城市文化的精神气

---

❶ 彭真. 中小民营企业文化建设研究［D］. 昆明：昆明理工大学，2010.

❷ 严永官. 档案工作与区域文化建设［J］. 浙江档案，2011（4）：12.

❸ 陈素文. 略论大学文化与城市文化的互动发展［J］. 福建师大福清分校学报，2015（1）：80.

质。城市文化对大学文化的影响尽管不能用十分准确的语言来描述，但肯定是高度关联的，城市文化培育大学气质，大学气质赋予城市文化更高的显示度，比如注重创新变革的杭州、深圳，历史厚重的北京、南京、西安，具有国际视野的上海，兼容并蓄的武汉、长沙，灵动开放的成都、重庆。生于兹成于兹的相关高校的文化也一定受这些城市文化潜移默化的影响，具备了与城市契合的大学精神或大学气质。

城市属于一定的地域，每个地域在自然、历史、经济、政治、文化、风俗习惯方面都有较大差异，也有其独特之处，地域文化在城市得到集中反映和体现，地域文化具有相对的稳定性。每所大学属于一个城市，也属于一定的地域，必定会受到地域文化和所在地域城市文化的影响。英国著名学者阿什比说过❶："任何类型的大学都是遗传与环境的产物。"城市文化务实、开放、兼容、创新，渗透在大学文化则更多地会体现在学生的勤奋务实上，大学生对城市的归属感可以看出文化城市的凝聚力，能够为城市引导、激励、规范市民的行为方式和道德修养，凝聚优秀精神力量，形成独特文化氛围，文化城市的包容和改造使大学文化能不断跟随时代前进的步伐❷。

大学和城市在长期的互动发展过程中，逐渐实现精神气质上的同化，城市文化不断哺育着大学文化，造就着大学文化的风格和气质，大学的文化都带有所在城市的文化烙印。城市的政治、文化、经济环境都会影响大学，究其原因，一方面，一届又一届大学毕业生在城市生活、工作，构成了一代又一代市民，他们作为城市文化的传承和创新者，带有大学的气质，反过来也会给大学带来气质，这种精神风貌是无形的。另一方面，源于城市的建设发展对大学的资源供给，与城市的理念契合。长此以往，城市和大学的精神存在某种契合，如深圳的"拓荒牛"精神，南京的"二桥"精神，绍兴的"胆剑精神"，嘉兴的"红船精神"，这些都或多或少地体现在当地的大学文化中。复旦大学的"博学而笃志、切问而近思"，上海交大的"饮水思源、爱国荣校"，南开大学的

---

❶ 阿什比. 科技发达时代的大学教育［M］. 北京：人民教育出版社，1983.
❷ 顾洁岚. 地方大学与城市文化软实力建设的互动研究［D］. 广州：广州大学，2013.

"允公允能"等，都从不同侧面折射出其所在城市的文化特征❶。北京大学更是带有北京城的贵气，其爱国、进步、民主、科学的精神也折射了北京气派。杭州高教园区对杭州精神的认同感和归属感，滋养出具有杭州地域文化特征的高教园区文化。如杭州的紫金港、下沙、小和山三个大学城都位于环境优美、风景秀丽的钱塘江畔，开阔、大气的布局，高大雄伟的教学楼、图书馆融入了大气磅礴、豪迈开放的钱江胸襟，钱塘江的大气开放滋养了学生们的远大志向。大学在与城市进行精神和物质的交流中，城市的现代化程度和文明程度，也会对大学生的现代意识的培养、文明素养提升创造氛围，潜移默化地影响大学生的人格。

第三节　大学对城市文化的引领超越

一、大学对城市公民科学素养的引领

城市创建全国文明城市，公民的科学素养是一个重要衡量指标。大学是人才培养高地和科研高地，培养人才、集聚人才，加强知识创新和科研，对于整个城市的文化素养提升有明显作用，比如大学比较多的城市，广州、郑州、武汉、成都、北京等，在校大学生量已经超过百万，占城市常住人口的比重约为10%。大学生毕业后基本上留在城市工作，逐年下来，这些大城市的大专以上学历人口数量也基本上占到城市人口数量的40%左右。大量的学生加上教师、科技工作者在城市工作，提高了城市整体的科学素养。二是高校围绕不同的学科、专业，可以开发利用有利于科普活动的科研资源、实验室资源、人力资源，通过和城市科学技术协会的合作，面向大中小学生、面向城市公民开展科普活动，主动在普及科学知识、弘扬科学精神、传播科学思想、倡导科学方法、推动全民科学素质持续提升方面积极作为。在城市公民科学素养提升方面，地方政府和高校有责任推动深度融合。要完善政府、高校、行业协会（学会）、科研院所、企业以及其他科技组织的联络联席机制，就科技资源科普

---

❶　刘文俭，高晓洁. 高校文化与城市文化关系探析［J］. 中共青岛市委党校青岛行政学院学报，2006（2）：13.

化、科普资源共享、人才培训、智库建设等开展务实合作，共同推动建立科普基地、开展科普教育、科技资源共享、科技创新人才培养培训等。比如绍兴文理学院拥有"化学与新材料"省级科普教育基地，基地充分利用化学、药学和科学教育（师范）等专业特色，以学校科普实验室为核心，建设趣味实验科普小队、食药安全科普小队、水资源保护宣传小队和大运河文化科普小队等。科普小队结合科普志愿者自身特长，把先进的科研成果和前沿科学，以通俗的方式呈现，通过科普宣传、科普讲座、科普实验、科普服务等使市民了解科学知识，享受科普活动带来的快乐，让科普走进中小学和基层，提升中小学生科学素质 ❶。

二、大学对城市精神文明的引领

近现代以来，我们创造了举世瞩目的物质文明，尤其是改革开放以来，随着社会主义市场经济的飞速发展，人们在奔小康的过程中创造了丰富的物质财富，极大地提高了社会生产力。但客观来讲，改革开放以来我们的精神文明建设相对滞后，尽管国家倡导"两个文明"一起抓，但在特定的历史阶段，重心仍然在经济方面，有的城市对精神文明建设明显忽略，有学者把它称为"城市文化荒漠现象"，具体表现为城市建设利益化、城市文化粗鄙化、城市景观浅薄化、城市形象趋同化、城市消费奢华化、城市休闲低俗化、城市历史虚拟化、城市娱乐商品化等种种不良趋向 ❷。冯骥才先生针对城市缺乏文化意识的现象一针见血地指出 ❸："我们曾经创造了无与伦比的文化，但我们必须承认，我们缺乏文化意识，也很少文化自珍。从无形的文化财富说，我们极其富有，从有形的文化遗产说，我们早已贫穷。如果今天仍然把这些觉悟和要求当成精神奢侈，那才是真正的文化悲哀。"这些都应该引起我们反思。

未来的城市如何才能拥有可持续的竞争优势，需要深入思考。城市最初诞生时，大概是以手工业为内核而形成的；工业化时代，我们的城市又是以生

---

❶ 韩超峰. 我校化学与新材料科普基地获批浙江省科普教育基地［EB/OL］. 绍兴文理学院官网.

❷ 赵洪波，吴岚. 论当代大学文化的现实价值：以城市文化建设为视角［J］. 宜宾学院学报，2008（5）：122.

❸ 冯骥才. 手下留情：现代都市文化的忧患［M］. 上海：学林出版社，2000.

产型企业为内核的工业化城市；在现代社会，越来越多的城市开始构建以科技型、现代服务业为内核的新型城市，实现了快速发展；未来的社会，围绕人的自由全面发展，围绕人们对美好生活的向往和追求，需要有新的思维，城市内核需要继续提升，要强调以人为本的城市文化内核，这种类型的城市，要树立新的发展观，突出高等教育的中心地位，构建以教育、科技、人才为内核的极具创新力、竞争力的城市，越来越多的城市有这样的前瞻性认识，在高等教育战略方面走在前列，投入资源支持城市高等教育发展。

作为"社会之模范，文化之中心"的大学应进一步肩负起传承和引领城市文明的时代责任。大学培养的公民应当具备较高水平的文化素质、道德素质、思想素质、政治意识、民主意识、法治意识，大学的天然使命使他们不遗余力地传播人类思想文化的精华，对城市文化进行引领示范，他们不仅仅是重复着已有的知识，而是在不断进行社会反思、观察社会、提出方案，对社会进行改良。如果没有大学，没有文化积累，没有文化创造，我们在人类的精神和实践领域里充其量只能重复一些前人已经做过的事，而没有任何新的建树。大学在传播人文精神中的意义早已为中外大学的实践证明，大学因此赢得"国家人才的思想库""社会良心"的美称 ❶，大学产生的思想文化要通过一定的载体传播出去，城市是最大的载体，城市的世俗文化也正好需要大学精英文化的引领，才能克服自身存在的内在弊端，不至于在社会快速发展和转型中引起思想的混乱、价值的迷茫，成为"文化的沙漠"。比如，五四运动时期，北京的高校引领了家国情怀意识，激发了中国近代民主和科学意识的觉醒；从南京大学开始的关于真理标准的大讨论，成了改革开放以来"解放思想、实事求是"思想的前奏，其超前的思想至今影响深远；作为中西文化交流的前沿阵地，上海诞生了中国第一所现代意义上的大学、第一所国立医学院、第一所党领导下的大学，推动了现代化高等教育在中国落地生根，这些高等学府的发展共同推动上海形成了"海纳百川、追求卓越、开明睿智、大气谦和"的城市精神和"开放、创新、包容"的城市品格 ❷。

---

❶ 陈继会. 大学的发展与城市品格的提升［J］. 特区理论与实践，2002（10）：51.

❷ 郭为禄. 让大学成为传承和引领城市文明的典范［N］. 文汇报，2021-12-23.

第四节　大学与城市文化辉映的案例

一、国外大学相关案例

以英国的牛津大学、剑桥大学及美国哈佛大学、耶鲁大学等为代表的欧美现代大学的兴起，为城市与大学的互动发展探索了路径，提供了经验。有的是大学造就了城市，有的是城市造就了大学，不论怎样的互动模式，到最后都是城市和大学的互动融合，互相辉映，互相成就。

美国知名的波士顿地区，聚集了哈佛大学、麻省理工学院、波士顿大学、威尔斯利女子学院等五十多所大学，这些学校每年给当地经济注入大量资金，吸引青年大学生、校友们创办了许多企业，曾经穷困落后的波士顿，仅用十年左右时间，就成为全美失业率最低、工业增长最快的城市❶，美国《财富》杂志曾将波士顿评为最佳国际商业环境、最利企业发展的城市之一。哈佛的历史早于美国，哈佛的精神深深影响着美国，因此美国人以哈佛为傲。美国斯坦福大学对硅谷科技创新文化的形成有着巨大的贡献，1959 年，斯坦福大学工程学院院长弗雷德里克·特曼教授提出的一个建议，为"硅谷"的诞生奠定了基础，他把一些属于斯坦福大学的闲置土地对外出租或出售，吸引大量企业和公司入驻，使"荒地"变成创业的"热土"，在和企业的合作者谈判中，他只要求这些企业未来优先考虑为斯坦福大学的学生提供实习、就业、创业的机会。随着时代的发展，校企合作逐渐巩固、深化，将硅谷打造成了世界科技创新的中心，形成了独特的硅谷文化。与之相似的是，位于北京海淀区的中关村科技园，也是北京教育、科技和人才资源最为密集的区域，这与中关村周边拥有北京大学、清华大学、中国人民大学等众多高水平大学密不可分。

英国剑桥大学所在的剑桥镇 20 世纪初人口已达 5 万，到 50 年代达到 9 万，剑桥大学周边的科学园是世界上第一个大学科学园区，遍布高新技术企业，涉及生物、电子、化学、计算机等多个领域，周围形成了高科技产业群，那里曾经是一片沼泽地，"硅沼"之名从此诞生，人们常常将美国加州的"硅谷"与

---

❶　王璐. 特色型大学与区域经济发展优势的研究［D］. 西安：西北大学，2012.

"硅沼"相提并论，这座欧洲最成功的科学园，被称为"剑桥现象"或"剑桥奇迹"，是世界著名创新中心❶。奇迹后面一定是一些创新机制制度的保障，剑桥为了激发创新精神，充分赋予研究个体以学术自由，确保他们能够自由追寻学术理想，创新学术思想，保留知识产权，这对今天我国的科技创新发展，也具有较大借鉴意义。牛津大学的诞生和发展，繁荣了一所城市，有人说，没有牛津大学，也就没有牛津郡的今天。20世纪60年代，牛津郡只是英国一个人口稀少的农业郡，拥有一所古老的大学、一些政府研究部门和一个汽车工厂，现在牛津郡拥有超过2000家的高新科技公司。牛津大学、剑桥大学，不仅为牛津郡和剑桥镇经济的繁荣作出了不可估量的贡献，而且两所大学又给牛津郡和剑桥镇的今天，注入了更多文化内涵。

现在我们常说的大学城，也是从西方现代大学开始兴起的，如英国的牛津剑桥大学城、法国巴黎大学城、德国波鸿大学城、美国的斯坦福大学城、日本的筑波大学城、俄罗斯的莫斯科大学城、墨西哥的墨西哥大学城等。这些大学城一般由一些历史悠久的大学为主体，按照市场法则和高等教育发展规律逐步自然发展而成，并不是政府集中短期新规划和新建造起来的，成长周期相对较长，发展速度相对较慢，至少需要上百年的时间才最终形成❷，这可能是与中国部分大学城有较大区别的地方。但大学城无论是属于"自然发展型"，还是属于"规划建设型"，都是城市中教育、文化、体育、卫生、科技资源最为集中的区域，它们能把城市边缘变成城市中心，对城市经济社会发展的整体推动力，也逐渐从"隐性"走向"显性"，变成城市创新驱动的"发动机"，推动城市经济与文化转型发展。

二、国内大学相关案例

（一）浙江大学城市学院

"双一流大学"浙江大学位于浙江杭州市，它是杭州市乃至整个浙江的文化名片，浙江大学的求是精神和这座城市的创新精神相映生辉。杭州市与浙江

---

❶ 李志红. 大学与城市互动研究［M］. 济南：山东大学出版社，2009.

❷ 应建华，边宏，蒋锋，等. 杭州高校校园文化与城市文化互动发展研究：以杭州市下沙高教园区为例［J］. 杭州研究，2008（4）：149.

大学签订新时代进一步深化全面战略合作协议，将持续开展高水平平台和项目合作，推进"名校＋名城"深度融合。1999年创建的浙江大学城市学院，近年来转变为由杭州市人民政府举办的全日制公办普通本科高等学校，称为"浙大城市学院"，它不仅继承了浙江大学的"求是"文脉，还吸收了杭州城市精致、和谐、大气、开放的城市精神，打造了城院大讲堂、城市理想、星光文化等具有一定知名度的校园文化品牌，服务于城市建设和城市文化发展，得到杭州市政府大力支持。

（二）浙江师范大学

浙江师范大学本部位于浙江中部的金华市，校训为"砺学砺行、维实维新"，是浙江中部高等教育板块的领头羊，有着"务实、求实、扎实"的育人传统。说到城市跟大学的关系，曾任校长郑孟状认为："如果城市缺少了一所大学，这座城市就缺少了一种灵魂。反过来讲，大学如果不能推动这座城市的发展，这座大学自身也难以发展，浙师大如果要对国家、对浙江省有贡献，首先要立足脚下，从贡献金华开始。它在金华起到了文化引领的作用，这种引领是潜移默化的。"郑孟状认为，大学把先进的文化和理念传递给学生，学生们带着先进的理念、文化融到金华的各个角落，这本身起到了个体对区域文化的引领。城市和大学之间的文化，会相互影响，这种影响不在于号召，而在于每个个体，包括教师、员工每个个体对城市的融入，这种融入是持久性的。他相信，金华文化中，早已深深地打上了浙师大的烙印。

（三）下沙高教园区

如前所述，大学集中的地方称为大学城，国内的大学城基本上是规划建设型为主。由于需要办学空间的拓展，大学城最初往往是建立在新开发的区域，先有大学，后有城市，这种模式必然导致，在大学城建设初期，大学对城市的辉映更为明显。各国大学城都经历过自然经济时期、商业经济时期、工业经济时期和知识经济时期4个阶段。下沙高教园区位于杭州市经济技术开发区，位于钱塘江畔，是在一片接近荒芜的土地上建立起来的，是浙江省规模最大的高教功能区，有14所高校，在校学生25万左右。与老城区相比，刚开始时，配套公共设施缺乏，更谈不上较强的文化积淀和文化氛围，曾被同学们戏称这里是"文化的沙漠"，但通过若干年的建设，现在的下沙校园文化带动城市经济文化发展，经过近20年的发展，形成了富有创新活力的城区，又称"下沙大学城"。其当前的建设成就，以及探索出来的高等教育发展新模式新机制，在浙江乃至全国都具有一定的示范性和知名度，高教功能区较快适应了经济技术开发区对人才与科技的需求，构建了产、学、研、用互动的良好机制。刚开始建设时也存在一定的不适应，主要是和当时的老城区相比，部分师生有一定的失落感。以前的下沙，文化氛围明显不及老城区，更谈不上下沙对高校的文化滋养，尤其是刚开始几年，教师下班后返回老城，到园区上课的教师一下课就忙着赶校车回城，教师"走教"现象严重，师生交流减少，学生的文化发展缺乏教师的指导和影响，其结果是课余闲暇时间，大学生在园区内"前不见师长、后不见学长"，师生之间存在明显的情感、观念断层，使下沙城市更加成为"文化孤岛"。后来随着政府的不断规划建设，配套逐渐齐全，功能逐步完善，文化设施越来越多，城市和大学的融合得到了加强 ❶。

（四）广州大学城

广州大学城位于广州市番禺区的小谷围岛，按照 20 余万大学生入住的规模建设。在建设初期，也存在一些质疑，主要是远离城市中心，有的人认为政府是出于经济的考虑，以大学城的建设拉动周边城市建设，而没有考虑大学和老城的文化的融合，抹去了大学文化与城市文化亲密接触的情景，为大学文化与城市文化的互动制造了障碍 ❷。后期政府不断加大了大学城的投入建设，将大学城打造成了国内一流的"文化之城、创新之城、生态之城"，比如有大学环岛马拉松赛、环岛自行车赛、国际高校赛艇对抗赛等品牌赛事，周边有广东科学中心、岭南印象园、广州画院、广州美术馆等。当前，广州大学城不断融入城市一体化建设，成为教育、科技、人才、经济协同发展的战略发展平台。

（五）山东教科研中心

山东青岛西海岸新区古镇口，当前也是高校林立，热闹非凡，以前这里是偏远的农村，如今是山东教科研中心，在大学城的带动下，未来这里必将是繁华的商业中心。为了实现城校进一步融合，青岛不断探索城校融合机制，专门设置了"校城融合办"机构，协调各类资源，统筹大学城建设中的重要事项，

❶ 应建华，边宏，蒋锋，等. 杭州高校校园文化与城市文化互动发展研：以杭州市下沙高教园区为例［J］. 杭州研究，2008（4）：149.

❷ 赵雨婷. 社会互动视野下对我国大学文化与城市文化互动的反思：以广州大学城为例［J］. 吉林教育学院学报，2015，31（1）：89–91.

使青岛和大学城不仅是实现"物理空间"的融合，更要在空间布局、人才资源、科技创新、成果转化、文化气质等方面实现"五位一体"的全面融合。国内很多大学城的建设存在同类情况，一方面，政府需要通过大学城的建设拉动新区的开发；另一方面，大学城的建设，老的城市已经不可能提供宝贵的土地资源，所以大学城在建设初期，都会受到一些质疑，使大学和城市的融合需要更多的时间。

（六）深圳大学城

深圳大学城创建于 2000 年 10 月，建立之初就定位于成为国内一流的高等教育发展园区目标。大学城特别注重引进国内外名牌大学及其一流学科、重点科研院所，注重与深圳市的产业发展的紧密结合，如引进的名校主要包括国内的"211"大学，特别是国家重点建设的面向世界一流的 9 所重点大学，还有世界排名前 100 名的大学；引进的学科是面向世界科技发展前沿的学科，是大学的特色、优势学科，是深圳市经济社会发展迫切需要的，并与深圳支柱产业发展方向相一致的学科，已经引进的学校包括清华、北大、哈工大和南开等著名高校，与美国加州大学伯克利分校、加拿大多伦多大学签署了合作办学协议等❶。深圳还注重新建高校，探索新的办学体制机制，投入大量资金，瞄准世界一流倾力打造南方科技大学。著名结构生物学家颜宁毅然回国担任还在筹建的深圳医学科学院院长，我想这一定与深圳对高等教育的重视，与深圳这座城市的创新创业品质是分不开的。

（七）大学与城市建设的深度融合

大学要深度参与地方城市建设，融入地方城市文化，服务地方文化发展，还需要在平台建设方面与城市文化进行对接融合。比如华南师范大学专门成立城市文化学院，在对文学、美学、经济学、管理学、法学、计算机、艺术等多学科师资和资源进行整合基础上，设置文化产业管理、网络与新媒体、数字媒体与艺术创作等专业或方向，该学院还是中国文化产业管理专业委员会成员单位。学校还充分把握地方文化特色优势成立相关研究中心，如珠江文化艺术研究中心、艺术产业研究中心（与岭南书画院、岭南印社共建）、新媒体文化研究中心、文化创意策划中心、音像作品创意中心、美学应用创新中心、笔迹学

---

❶ 周诣. 基于"发展变化论"的中国大学城反思［D］. 昆明：昆明理工大学，2007.

研究与应用中心、文化产业法制研究中心、城市传播研究中心等 ❶。大学人才团队要发挥优势，积极参与城市文化建设。2022 年，武汉大学城市设计学院设计系邓俊团队以"为武汉高质量发展之路佩戴城市徽章、缔造城市名片"为理念，以井盖为载体、武汉城市风貌为元素，构建了以"城市地标""重点保障""增值服务""文创周边"等为框架的"武汉文创井盖系统"，展现武汉的文化特色及其城市形象，并借助二维码增加井盖的信息身份。《长江日报》《武汉晚报》头版刊登相关新闻报道，湖北电视台、武汉电视台等多个频道于黄金时间播放专题采访报道，省市各级媒体累计报道近 20 篇次。"武汉文创井盖系统"获"中国水协"举办的首届特色井盖评选综合评分第一，入选联合国教科文组织创意城市网络特色案例，武汉被联合国科教文组织列为 2017 年全球创意城市网络设计之都 ❷。"小小井盖"所引发的"大大波澜"在意料之外，也在情理之中，大学服务城市，除了宏观的合作，更需要每个学生、每个团队、每个学科的参与。

全国 GDP 始终位于全国十强城市之列的"最强地级市"苏州，近年来对大学的重视和投入有目共睹，苏州拥有苏州大学、苏州科技大学等本科高校，但苏州的政府仍然认为当前的高等教育规模和质量，与苏州的经济实力不相适应。一方面，苏州加强对本土高校的投入，比如，2022 年苏州大学经费预算高达 38.1 亿元，在我国地方高校经费中处于顶尖水平；2022 年 9 月，总投资40 亿元的苏州大学未来校区一期即将投入使用，未来校区是中国第一个以"未来"命名的大学校区，同时也是长三角生态绿色一体化发展示范区内的第一个高校校区，这必将大大推进苏州大学建设世界一流大学的进程；另一方面，苏州还不断发力引进大院名校，如中国中医科学院大学、南京大学、中国人民大学、中国科学技术大学、西北工业大学、杜克大学、利物浦大学、牛津大学等中外名校把相关分校或研究院建在苏州 ❸。

除了经济上的差距，绍兴和苏州这两所地级市，有太多相似的地方，两所城市分别是吴越争霸时两国的都城，都是千年古城和历史文化名城。遗憾

---

❶ 城市文化学院简介［EB/OL］. 华南师范大学官网.

❷ 武汉大学师生作品获联合国教科文组织点赞［EB/OL］. 武汉大学官网.

❸ 最强地级市，正在拼命建大学［EB/OL］. 搜狐.

的是，绍兴一直没有一所与绍兴经济实力和文化底蕴相匹配的高水平大学，为地方经济社会和文化更好的发展提供强力支撑。直至1996年，在市委市政府领导和在绍兴旅港同乡会倾情支持下，掀起了全市人民办大学的壮举，政府推动使绍兴师专、绍兴高专等学校合并，筹建绍兴大学，使绍兴拥有了第一个综合性本科高校，结束了绍兴没有综合性本科院校的历史，当时教育部批准的校名为绍兴文理学院。为传承创新书法文化，培养书法艺术人才，在政府的推动下，学校还成立了兰亭书法艺术学院。为推动学校尽早更名为"绍兴大学"，绍兴市政府给予学校大力支持，一是加强校园建设投入，融入古城风貌加强新中式风格的校园建设；二是每年加强专项资金投入。

绍兴文理学院从建立之初就与绍兴文化血脉相连，学校一直努力在传承创新绍兴文化方面努力，成立了越文化研究院、鲁迅文化研究中心、蔡元培研究中心、阳明文化研究中心、文化创新与城市发展研究中心等。绍兴是治水英雄大禹陵墓所在地，秦始皇都曾来此祭拜，绍兴市每年都开展纪念大禹活动，传承大禹治水的伟大精神，绍兴文理学院每年都会参加公祭大禹活动，组建百名学生合唱团承担了诵唱《大禹纪念歌》环节。大学生是最有思想、最具活力的群体，是城市文化传播、城市宣传的最佳代言人，绍兴文理学院首先创造性推出"走读绍兴——地域文化沉浸与体验"特色通识课程，受到政府和社会广泛认可和推广。为了让大学生更好地融入绍兴、爱上绍兴、留在绍兴、贡献绍兴，绍兴市政府鼓励"走读绍兴"研学游活动，政府联合银行向绍兴大学生颁发3U卡。3U卡集研游卡、校友卡及银联卡三大功能于一体，将成为绍兴文旅的一张精准服务卡❶。

---

❶ 周能兵. 让10多万大学生爱上绍兴!高校"走读绍兴"实践课程启动［EB/OL］. 浙江新闻客户端.

第五章　时代变革视域下的大学文化传承创新

第一节　时代变革视域下的民族文化认同

树立对文化传承创新的自觉意识，其前提是文化主体对本民族文化的强烈认同感、归属感、荣誉感。世界上存在多种多样的文化，但不能认为有某一种文化，能够担负起塑造具有普遍性人的任务，承认文化本身存在的差异化、多元化，是文化认识的前提。不同的民族能保持相对独立存在的根本原因，在于对自身民族文化的认同，文化认同能从根本上回答我们的民族是谁，从哪里来，到哪里去等哲学问题，并用一系列文化符号或文化载体来界定自己，如我们的祖先是谁，我们信仰什么，我们的语言是怎样的，我们有什么样的历史，有什么样的民族习惯，有什么样的审美特点等。这些界定帮助找准我们在全人类中的定位，以及和其他民族的区分。

一、全球化背景下需要文化认同

全球化背景下，大学要在人才培养和科学研究的过程中，深入挖掘、阐释、传播中华文化的世界价值，全面展示社会主义先进文化的世界价值，引导青年学生坚定文化自信。大学的最大优势在于人才，最大的任务在于培养人才。要发挥好这两个优势，充分了解和研究世界文化传播规律、人类文明发展规律。中华文化既是民族的，也是世界的，要充分挖掘中华优秀传统文化的基因，结合时代发展需要进行创造性转化和创新性发展，这不仅是中华文明延续发展的现实需要，也有利于促进世界文明进步，为解决全球性问题提供宝贵的价值和理念❶。要打造优秀的文化精品、文艺精品，建好孔子学院、海外对外文化传播基地，加强对外文化交流。要充分利用"数字化改革"的优势，把握信息化、智能化时代发展大势，实现中华文化的数字化、智能化赋能，为文化的传承、保护和交流提供新的方式和新的思路。在新的历史关键节点，面临中

---

❶ 马超. 论新时代中国在全球治理中的贡献［J］. 学习与探索，2022（4）：44-51.

华民族伟大复兴的光荣使命，我们要进一步增强文化认同以负责任大国的担当参与全球文化治理和人类文明对话，发挥中华优秀传统文化优势，提供中国方案和中国智慧，提升中华文化全球影响力。

二、社会主义核心价值观培育需要文化认同

对于大学来讲，我们要从更深的层面去寻找社会主义核心价值观的基因。这种基因，就存在于源远流长的中华优秀传统文化之中，需要去发现、去挖掘。社会主义核心价值观的培育过程中，要推动传统优秀文化的认同和文化的自信，在开展社会主义核心价值观教育推广的过程中，要始终把握文化的根本，筑牢文化的底子，在夯实优秀传统文化认知和文化认同的基础上，保障社会主义核心价值观入脑入心，稳固长久。

如果解析社会主义核心价值观的 12 个词，我们不难发现，这些词的精神内核，都源于中华传统文化，或者说社会主义核心价值观先天就带有中华优秀传统文化的基因。比如中国社科院马克思主义研究院研究员冯颜利认为社会主义核心价值观包括了"人、义、法、自、信"五要素，可以实现一些对应，"人"即以人为本，"义"即公平正义，"法"即爱国守法，"自"即民主自由，"信"即勤劳诚信等❶。因此，我们要基于文化认同的基础前提，提升社会主义核心价值观认同。我国传统文化的内容和内涵十分丰富，以儒家文化为核心的价值观影响最为深远。当前社会主义核心价值观既充分把握了社会主义本质的内核，又考虑了世情、国情，最可贵的是它充分吸收了中国传统文化的优秀基因，比如借鉴吸收了"自强不息""以和为贵""天人合一""仁爱诚信"等，其中的思想精髓是社会主义核心价值观的重要思想源泉，是我们理解社会主义核心价值观的基因密码。这些思想在个人维度和社会维度上，可以归纳为"真、善、美""诚、义、信"，这是社会主义核心价值观实现大众化并获得广泛心理认同的源头，只有借助于传统文化，唤醒我们的文化自觉，才能促进社会主义核心价值观真正成为整个社会的普遍价值准则❷。

---

❶ 冯颜利，廖小明. 社会主义核心价值观凝练的三个维度与大众化［J］. 辽宁大学学报（哲学社会科学版），2013（1）：32.

❷ 张代宇. 文化认同视角下社会主义核心价值观的大众化［J］. 绍兴文理学院学报（哲学社会科学），2017（3）：49-52.

三、智能化时代发展需要文化认同

从社会发展的趋势来看，智能化是未来社会发展的必然阶段，这是人类社会发展的巨大进步。不少学者尤其是哲学家们开始思考人与技术的关系，这种思考是进步的、理性的，哲学家们应该思考在科学家的前面。技术是把双刃剑，有它自身存在的风险，尤其是未来的智能化时代，我们人类是否已经做好准备，在迎接层出不穷的新技术的同时，有发现和解决社会中出现的新问题的能力。科幻电影中经常出现这样的情景，人类没有绝对掌控技术，导致技术"失控"，使机器人"反噬"人类。这是一种想象，但也给我们提供了警示。

人工智能时代要更加重视秉持"人本"理念，关心现实人的生存方式、精神世界、生存价值和意义等方面，要加强对人本身的研究。新技术的产生是否会削弱人的主体性、强化人的工具性，虚拟现实下是否让人离真实的生活更远。且不说未来智能社会，就目前的信息化社会来讲，手机功能的日益完善和智能化就让全民成了"低头族"，人际关系变得冷漠疏远。是否应该思考智能化时代人类的专注力和创造力是否会被机器取代，更不用说人的人文精神、审美意识等精神层面的东西。智能时代我们要关注新的潜在风险，需要产生解决问题的新的哲学智慧，比如，人的主体性是否受到侵害，人的幸福感是否降低，人与人之间的信任感亲近感是否正在缺失，教育公平是否真能保障等。智能时代呼唤教育回归原点，赋予受教育者新的主体观、生命观、生活观、价值观，重新思考自身的知识体系和价值追求。要立足中国大地办教育，充分汲取中国文化土壤的营养，为未来智能社会的教育提供中国方案，以中国人自己的智慧构建中国式的现代化教育体系，落实以人为本的价值观。

第二节 数字赋能文化传承创新

全球处于信息化、数字化时代，目前是深入发展阶段，正朝"万物互联"的智能时代迈进，数字技术已经势不可挡地融入并深刻改变着人类的生活。新技术不断涌现，数字经济作为一种新兴的经济发展形态，近年来逐渐成为全球关注的重要经济模式。大数据、物联网、区块链、云计算、人工智能、第五代移动通信（5G）等数字化技术的快速崛起，以及这些技术与政治、经济、社会发展的深度融合，对社会经济转型升级、产业结构重塑、国际竞争力提升等方面起到十分重要推动作用。要通过数字赋能，改变文化传承创新的技术手段和思维方式，提升文化传承创新的效果。这些技术的发展驱动着文化传承创新的信息化变革，下面主要从三大方面阐述，一是数字赋能文化遗产保护，二是重视非物质文化遗产教育，三是数字赋能文化产业发展。

一、数字赋能文化遗产保护

文化遗产是历史留给人类的财富，从存在形态上可以分为两类，一类是物质文化遗产（有形文化遗产），一般是具有历史、艺术和科学价值的文物，比如故宫、秦始皇陵、都江堰等；另一类是非物质文化遗产（无形文化遗产），非物质文化遗产是指各种以非物质形态存在的、与群众生活密切相关且世代相承的传统文化，如白蛇传传说、京剧、中国书法等。

（一）物质文化遗产

中国的物质文化遗产十分丰富，但也面临着遭受自然和人为因素破坏的风险，有的是因为政府在城市化"大拆大建"过程中的主动破坏，有的是因为保护、维护措施不够造成的自然损坏，还有的是遭到个人破坏和盗用等。除了从法律的层面和教育的层面提高全体公民的保护意识以外，也需要从技术的角度加强保护。数字化保护主要是利用数字监测、数字修复、数字展示等有关技术，让文化遗产焕发新的生命力。大家熟知的敦煌，是古代丝绸之路的必经之地，是世界四大文明交汇地，史前文化、边塞文化、中原文化汇集交织，堪称华夏文明的地理坐标，千年风雨沧桑，见证着东西方多元文化的交流和融合，也见证了历史的风云变化。莫高窟是中国古代文明一个璀璨的艺术宝库，曾经的辉煌，因为遭到人为和自然的严重破坏，面临着奄奄一息的危机。敦煌研究院勇挑重担，承担了数字敦煌保护工程的重任，从 20 世纪 80 年代末至今，一直在探索如何利用先进数字图像技术对石窟文物进行修复和保护，为敦煌艺术顺利走出石窟、走进城市、走向永远开展了大量基础性的工作。敦煌的数字化保护离不开大学的参与，浙江大学国家重点实验室（CAD&CG）自 1997 年起就开展敦煌艺术数字化保护技术研究，取得了多方面的研究成果。比如，提出了壁画临摹技术和壁画色彩渐变技术，开发并实现了敦煌莫高窟虚拟参观旅游系统、敦煌壁画辅助临诊与修复系统及计算机辅助石窟保护修复系统，开展了

"民间表演艺术的数字化抢救与开发的关键技术研究"以及一系列基于书法和国画书写识别和鉴定项目，申请了计算机辅助进行书法作品真伪鉴别的方法等专利❶。浙江大学还与敦煌研究院共同申报建设国家自然科学基金委的"敦煌壁画多媒体复原"项目。高校的人才科技优势，在非物质文化遗产保护方面发挥了种重要作用，比如参加敦煌保护的还有兰州大学、武汉大学等。兰州大学开展文化遗产保护教育和研究，建立"兰州大学敦煌学数字博物馆"；武汉大学、中国科学院也正在积极参与"数字敦煌"工程，实现虚拟现实，增强现实，交互现实功能，帮助游客与虚拟数据之间产生更多的互动。

（二）非物质文化遗产

当前，对非物质文化遗产的保护显得更加紧迫。联合国教科文组织认为非物质文化遗产是"人类口头的、无形的遗产"，是指各族人民世代相承的、与群众生活密切相关的各种传统文化表现形式和文化空间，其范围包括作为文化载体的语言，传统表现艺术，民俗活动、礼仪、节庆，有关自然界和宇宙的民间传统知识和实践，传统手工艺技能以及上述表现形式相关的文化空间等❷。非物质文化遗产是一个国家和民族的灵魂，国家和民族的记忆，反映了人类活动印迹、发展特征、民风习俗、思想文化观念等，包含了世界各民族的文化基因、精神特征、价值观、心理结构、气质和情感等核心因素，是全人类共同的财富❸。比如中国入选联合国教科文组织的非物质文化遗产就有昆曲、古琴艺术、书法篆刻、剪纸、传统木结构建筑、针灸、京剧、皮影戏、珠算、二十四节气、太极拳等。国务院按照十大类，即民间文学、传统音乐、传统舞蹈、传统戏剧、曲艺、传统体育、游艺与杂技、传统美术、传统技艺、传统医药、民俗等，建立国家级非物质文化遗产代表性项目名录，将体现中华优秀传统文化，具有重大历史、文学、艺术、科学价值的非物质文化遗产项目列入名录予以保护❹。

---

❶ 秦境泽. 文化遗产数字化保护问题研究［D］. 兰州：兰州大学，2012.

❷ 樊嘉禄. 非物质文化遗产项目评定中的几个问题［J］. 安徽大学学报（哲学社会科学版），2007（4）：37.

❸ 宗睿. 我国非物质文化遗产在对外汉语教学中的应用研究［D］. 烟台：鲁东大学，2018.

❹ 朱兵. 我国非物质文化遗产保护与立法［J］. 文化遗产，2012（2）：3-4.

2021 年，中共中央办公厅、国务院办公厅印发《关于进一步加强非物质文化遗产保护工作的意见》，对非物质文化遗产的有关教育工作做出了具体部署，为高校开展有关学科建设、科学研究、人才培养提供了遵循和指导。比如文件要求将非物质文化遗产内容贯穿国民教育始终，构建非物质文化遗产课程体系和教材体系，出版非物质文化遗产通识教育读本，加强高校非物质文化遗产学科体系和专业建设，支持有条件的高校自主增设硕士点和博士点，加大非物质文化遗产师资队伍培养力度，支持代表性传承人参与学校授课和教学科研，引导社会力量参与非物质文化遗产教育培训，广泛开展社会实践和研学活动，建设一批国家非物质文化遗产传承教育实践基地，鼓励非物质文化遗产进校园等❶。

二、重视非物质文化遗产教育

在非物质文化遗产的教育方面，大学有义不容辞的责任，但目前还面临着一些问题，有的大学已经在开展一些宣传、教育、研究方面的探索实践，为非物质文化遗产保护做出积极贡献。

一是要重视学科专业等平台载体建设。改革开放以来，教育部对本科专业目录进行过多次调整，但非物质文化遗产保护一直没有独立进行专业设置，直到 2021 年才列入普通高等学校本科专业目录的新专业名单，西安音乐学院、兰州文理学院、河北美术学院、南京艺术学院、四川音乐学院、云南艺术学院等高校申报的非物质文化遗产保护本科专业先后获批设立，非遗专业教育进入了正常有序的轨道。大部分艺术类院校是以专业方向的形式开始人才培养，如中央美术学院、山东艺术学院、四川美术学院、南京艺术学院、西北大学、北京理工大学等。只有专业方向，在学科归属上就相对比较模糊，以致各学校专业方向点的研究领域、课程设置、培养方案有较大差别，一定程度上会影响非遗人才培养的系统性、科学性和稳定性，学科专业构建的规范工作还有待加强❷。有的大学尽管没有相关的学科专业设置，但也在探索如何结合城市资源

---

❶ 关于进一步加强非物质文化遗产保护工作的意见［EB/OL］. 中国政府网.
❷ 李钦曾，罗丹. 非物质文化遗产人才培养的困境与解决策略［J］. 教育与职业，2016（6）：118-120.

特点，成立相关研究中心，并借助于中心平台，整合校内校外师资，开展非物质文化遗产有关研究和实践。浙江师范大学成立于 2009 年的文化产业管理专业，在全国首招非物质文化遗产保护与开发方向本科生，建有浙江省非物质文化遗产研究基地、财政部非遗数字化保护实验室、国家级文科综合实验教学示范中心。2021 年，天津大学获批非遗学交叉学科硕士学位授权点，并录取了我国首批 7 名非遗学交叉学科硕士生，意味着我国对非遗保护人才的培养进入专业化、科学化、高层次的阶段。

二是要重视非物质文化遗产的课程建设。因为独立设置专业比较迟，相关的课程建设、教材编写等工作相对都比较滞后。是否拥有具中国特色的非物质文化遗产统编教材，关系到我国非物质文化遗产人才培养质量。非物质文化遗产人才培养需要多个学科的多门课程支撑，民俗学是其中重要的基础课，学者董媛媛就认为要将民俗学等非物质文化遗产相关的课程作为显性课程、隐性课程进行设置，民俗学传承传统文化精髓，要通过理论教学和实践教学让学生进一步体会课程的本质与内涵，深层次理解相关文化知识，达到情感上的认同与共鸣，从而激发其社会责任感❶。大学要结合创新创业教育加强非物质文化遗产的保护和传承发扬，在第十七届"挑战杯"全国大学生课外学术科技作品竞赛中，西华师范大学学生团队完成的"嘉陵江流域非物质文化遗产数字化保护现状调查与对策研究"项目斩获全国二等奖。北京电子科技职业学院主持建设了"国家级民族文化传承与创新专业教学资源库建设项目"，该课题针对每种"非遗"项目开发图文素材、音视频、动画、电子读物、教学案例、微课程、专业课程、互动产品等 12 种数字化教学资源，满足儿童、青少年用户、社会爱好者、专业学习者、行业从业者和专业教师的不同需求❷，是非物质文化遗产项目数字化保护应用和教育化传承创新中较为成功的案例。

三是要重视对非物质文化遗产相关人才的培养。加强非物质文化遗产保护和传承发扬，人才始终是稀缺资源。人才是大学的优势，高校结合自身优势助力非物质文化遗产保护，主要从三方面着力：一是高校相关专业人才、学者

---

❶ 董媛媛. 论非物质文化遗产保护视野下的高校民俗教育［J］. 文史月刊，2012（S3）：250.

❷ 付秋梅，何玲玲. 乡村振兴视域下非遗传承的逻辑必然、实践困境与纾解策略［J］. 安庆师范大学学报（社会科学版），2021，40（1）：97–106.

直接参与国家、省、市的有关非物质文化遗产保护数字化研究和实际工作，申报相关科研项目，从事相关保护工作的理论研究；二是发挥相关学科优势，成立研究院，如浙江大学文化遗产研究院、武汉大学数字文化研究中心、西北大学文化遗产研究院等，以平台聚人才，以人才强创新，以创新促保护；三是通过专业系统的教学，培养相关专业技术人才，为非物质文化遗产保护源源不断输送人才，确保非物质文化遗产保护和传承发扬"后继有人"。

目前总体来看，高校在相关学科专业建设方面还是缺少人才支撑，非物质文化遗产保护的高端人才十分缺乏，在教育教学师资方面尤其紧缺。因为专业成立时间晚，接受过正规训练的师资缺乏，只能从相关专业借调，由于借调的教师属于不同的学科归属，教师的教学之间缺乏有机的联系，容易使教学内容碎片化，极大地影响了非物质文化遗产人才培养质量。

除了对非物质文化遗产本身的研究和传承创新、知识产权保护以外，非物质文化遗产的数字化同样需要大量其他相关专业的技术、设备和人才来支撑❶，如音视频录制、图像处理、存储及显示、网络传输及检索下载等。高校要承担振兴非物质文化遗产教育的重任，关键在人才师资：一是要重视加强教师的在岗培训，提高教师的非物质文化遗产文化素养和专业水平；二是鼓励聘请民间艺人、非遗传承人、特殊工匠等社会专门人才到学校承担兼职授课、实践教学、创新创业指导等工作，激发学生的学习兴趣；三是要探索与政府、社会共建非物质文化遗产教育师资人力资源中心、非遗展示交流中心等，使政府、学校、家庭、社区非物质文化遗产教育都能利用这一中心的资源优势，提高学习效果❷。

三、数字赋能文化产业发展

联合国教科文组织给文化产业的定义是"文化产业就是按照工业标准，生产、再生产、储存以及分配文化产品和服务的一系列活动"❸。2003 年，《关于

---

❶ 赖伟权. 地方高校图书馆对非物质文化遗产的数字化保护研究［J］. 中国科教创新导刊，2012（28）：253–254.

❷ 董媛媛. 论非物质文化遗产保护视野下的高校民俗教育［J］. 文史月刊，2012（S3）：250.

❸ 刘志彪. 什么是文化产业［J］. 文化产业研究，2006（1）：4.

支持和促进文化产业发展的若干意见》中对文化产业的定义阐述为❶："文化产业是指从事文化产品生产和提供文化服务的经营性行业，文化产业是与文化事业相对应的概念，两者都是社会主义文化建设的重要组成部分。"后来随着时代的发展，很多关于"文化产业"的表述往往和其他产业合并提出，体现了产业融合的概念，如文化创意产业、文化旅游产业、数字文化产业、金融文化产业等。毫无疑问，文化产业的核心是文化资源，它需要通过市场化的手段对文化资源进行开发和生产经营，产生经济效益的同时，也同时向社会提供文化服务，满足人们对精神文化生活需要。根据这些定义，我们可以看出，文化产业是经济领域的概念，需要"文化 + 政府 + 市场"三个因素联动，文化是源头，是产品的来源，政府是推动文化产业化的主体，并要符合市场的运作规律，最终达到获得经济效益的目的。

传统的文化产业，我们最先想到的一般是报刊业、出版业、影视业、广告业等。当前，政府把旅游业、会展业纳入文化产业，尤其是"旅游 + 文化"的文旅融合，成为政府推动文化产业发展的主要方式，也是拉动当地经济效益最明显的文化产业。随着时代的发展，文化产业内容不断丰富，如网络文化产业、数字创意产业等。对文化产业的重视和发展，我国相对起步较晚，随着数字化时代的到来，如何数字赋能文化产业，使文化产业实现新的模式、创造新的增长方式，成为当前各国研究和实践探索的热点，也是各国文化产业新一轮竞争的焦点，因为，技术的发展会带来文化产业的颠覆性变革。比如影像技术代替纸张，推动了文化作品的批量化生产、重复性的展现以及快速的流通；数字技术运用于电影大片，产生了《泰坦尼克号》《冰河世纪》等全球叫座的大片等；网络社交平台的快速发展，给文化产业带来全新的生态发展模式。

（一）现代信息技术发展趋势

现代信息技术是一种借助计算机技术、网络技术、通信技术，对图、文、声、像、数字以及其他各种传感信号进行获取、加工、处理、存储、传输和使用的能动技术。信息学是现代信息技术的核心，它推动人类社会由工业社会向信息社会、智能社会进化，其对人类社会发展所产生的影响比以往任何科技创

---

❶ 邱旺健. 音乐产业发展中政府管理问题研究 [D]. 长春：长春工业大学，2014.

新成就都要深远 ❶。中国的"十四五"规划纲要中，人工智能、大数据、物联网、第五代移动通信（5G）、量子通信、卫星互联网等将是新一代信息技术创新发展的重点领域，在一定程度上代表着现代信息技术发展的基本趋势。现代信息技术不仅改变了人类的生产生活方式，也改变了人们的消费方式，更是在逐渐改变人们的思想观念和思维习惯，它在成为世界经济支柱性产业的同时，也在推动各国传统文化解构、消弭或者升华，给传统文化的保护带来新的挑战。

当前，大数据技术快速发展，中国是产大数据最多的地方，全世界有23%的数据都在中国。要对这些数据进行识别，需要新技术支撑，于是诞生了文字识别、图像识别、移动画面识别、语音识别技术等 ❷。腾讯希望通过文化、旅游、科技三方面的融合，让旅游体验更开心、省心、安心。比如跟云南省合作，整合互联网、物联网、大数据、人工智能技术，为目的地政府景区游客提供全流程服务。高校在助推数字文化产业方面起到积极作用。由北京大学信息技术高等研究院、浙江旅游职业学院和北京大学文化产业研究院联合推出的《中国数字文化和旅游产业发展报告（2021）——数智技术赋能新文旅的应用场景》新书发布会上，发售了该书的 NFT 数智文旅知识图谱，是目前全球首个自带知识图谱的数字藏品。该书构建了新文旅融实体旅游、数字技术、精神文化于一体的融合体系，在文化资源数字化保护、文化展示传播、文化沉浸体验消费、文化创意开发等方面都呈现数文融合的高科技趋势，让"旅游+"成为打开后疫情时代文旅想象力的线索 ❸。

（二）数字技术对中国传统文化产业的影响及有关对策

数字技术的兴起，对中国传统文化产业发展带来深远影响，这种影响有正面的，也有负面的。传统文化的创造性转化和创新性发展，离不开数字技术，要充分运用现代化数字技术的正面作用，才能使我们的传统文化保护走得更远，传统文化产业才能更具有市场竞争力、国际影响力。

数字化是现代化的重要表现，现代化对于传统文化保护传承来说，必定

---

❶ 李喜云，徐丽，现代信息技术对中国传统文化产业的双重影响及应对之策［J］，云南社会科学，2019（3）：76-82.

❷ 李晓东，周洪双. 大数据推动文化产业融合发展［N］. 光明日报，2019-05-29.

❸ 胡子轩. 数智技术赋能应用场景，文旅元宇宙来了! ［EB/OL］. 中国社会科学网.

也存在一些不利因素，这些因素或者存在的问题是我们要敢于直面并必须重视的。首先，很多传统文化长期以来都依赖广袤的农村，乡土社会是我们传统文化诞生和发展的最初的土壤，但随着城镇化和工业化的推进，大量年轻人的外迁，乡土文化面临消逝的危险。国家在大力实施乡村振兴战略过程中，要加强专项投入，注重农村传统文化的保护和开发。其次，数字化带来的异质文化的冲击，这种异质文化一方面是外来文化，另一方面是流行文化，它们通过大片电影、图书、动漫、综艺娱乐、西式消费等各种方式传播，给传统文化及其产业带来冲击。它们对人的影响是立体的，包括语言、思维、审美、认知、价值观、生活方式等。从某种意义上说，科技进步速度越快，科技发展对人类社会发展产生的推动作用就越大，反过来，其对传统文化及其产业产生的解构作用也会越强❶。最后，文化市场变革机制加速，传统文化发展模式难以适应新时代的文化产业发展模式，要从国家层面加速推进文化体制改革，让传统文化焕发生机活力。

数字技术等科学技术发展对传统文化的解构是必然的，主要体现在以下几个方面：一是先进的思想和创新的意识，在解构的过程中也对传统文化的糟粕进行筛选淘汰，比如民主和科学的精神、理性的思辨精神，对传统文化糟粕的涤荡作用十分巨大。二是开放性和国家化，通过借鉴吸收，促进文化产业改革视野的提升。在中国传统文化传承创新和走向国际的过程中，数字化、网络化起到非常重要的作用。三是现代技术尤其是数字技术的优势发挥，极大推动了传统文化的存储、保护、改造、传播和展示，赋予了传统文化第二次生命，另外，数字化技术的运用，还提高了市场要素配置的效率，对于传统文化的产业化、市场化创造了有利条件。多种因素共同推动，使传统文化产业焕发生机，展示效益，在此过程中，必定也加强了传统文化的传承与创新。

在数字化技术的开发应用方面，中国当前处于世界领先地位，这些优势，为我国振兴传统文化，培育文化产业市场，带来了难得的发展机遇。当前需要从以下几个方面着力。

一是要加强相关人才的培养。人才是第一资源，是决定文化产业市场竞

---

❶ 李喜云，徐丽. 现代信息技术对中国传统文化产业的双重影响及应对之策［J］. 云南社会科学，2019（3）：76–82.

争力的核心因素，当前中国的文化产业人才非常缺乏，尤其是高端人才，如文化创意策划类的高级人才、懂数字技术和文化产业的复合型人才、懂文化产业政策和市场运营的高端经营人才等，还大量缺乏文化创意产业应用型人才。高校要结合国家文化产业发展需要，培养适合现代化产业体系下的文化产业人才。

二是要加强传统文化资源的挖掘和保护。前面阐述了传统文化容易被数字文化解构，也正在不断流失、断层，需要利用现代化的存储技术、存储装备、存储手段，加强文化保护。文化保护是文化产业化的前提，这种保护，因为需要较大的投入、专业化的水平，因此需要通过政府行为加强指导，发挥文化重要平台载体的作用，实施集体行为，因此城市图书馆、大学、博物馆、文化研究院所等平台需要发挥更大作用，加强数字化投入，重视对珍稀文本的电子化储存，重视大型数据库的建设。

三是加强文化产业品牌建设。中国长期缺少比较有影响力的文化产业平台、文化产业品牌，近年来，情况有所改观，尤其是数字文化产业方面，呈现后来居上的状态，如百度、抖音、虎牙直播等平台，逐渐走出国门。但在传统文化产业领域，品牌产业或者品牌企业相对较少，中国有许多老字号的企业，它们也是中国传统文化的缩影，需要保护传承。我国文化产业起步晚，底子薄，当前面对西方文化产业还缺少竞争优势。

四是要充分利用信息技术，借助市场机制，优化要素配置，培育文化消费市场，使文化更加"热"起来，提高全民关注文化、感知文化、消费文化的氛围。

五是注重文化创意。传统文化需要创意的元素、创意的表达，现代信息技术为文化加创意提供了强大的支撑，如声光技术的运用等，要使创意元素有机融入传统文化产业，提高传统文化产业的核心竞争力，才能走出国门参与竞争。

六是要营造良好的文化环境。文化环境包括政策环境和法治环境，要形成政府主导、企业主体、社会参与的氛围，要完善有关法律法规，加强知识产权保护，尤其是现代数字化产品、作品，其知识产权保护的法制还不健全，需要尽快完善。

七是要面向未来技术，前瞻性开展文化产业布局调整。要加强对机器学习、大数据等技术的运用，帮助优秀传统文化个性化创新以及确保其弘扬的精确化，要着力培育数字文化产业，如网络视频、动漫、音乐、文学、游戏、社区等。

数字文化产业潜力巨大、影响面极广、创新性最强、对高科技运用最广泛，是现代文化产业不可或缺且日趋重要的一个组成部分，是当前文化产业领域各国竞争的重点，也是最容易培育大公司的行业。中国现在比较有影响力的网络公司巨头，也是数字文化产业的一部分，它们构成了一个庞大的网络生态，如优酷视频、百度文学、阿里音乐、喜马拉雅、抖音、腾讯、虎牙直播等。数字文化产业呈现创作主体多元化、大众化，创作内容丰富化、交互化，作品营销精准化、平台化，文化需求个性化、网络化的新趋势，展示了与传统文化产业完全不一样的特质，构建了完全不同的文化生态。数字文化产业渗透性交互性很强，通过大数据技术，促进文化旅游产业实现更深层次的融合。国家高度重视文化产业数字化战略，浙江省率先在数字文旅产业发展方面发力，推动浙江文旅产业高质量发展，比如较早启动了"浙朵云"文化产业大数据服务平台建设，大数据平台致力于为政府、文旅企业、群众、产业链其他服务机构等提供全方位数据服务、分析和评估，全省文化和旅游系统数字化转型走在全国前列，优化了产业结构，成长了一批品牌企业。

第三节　大学新媒体的建设与管理

媒体是获取信息、承载信息、传播信息、表达信息的工具、渠道、载体、中介物或技术手段，所以它既包括传统的报纸、电视广播、计算机、手机、户外广告等工具，还包括各类层出不穷的交流软件、社交平台等，具有传播资讯、引导大众、提供娱乐、协调社会关系、媒体监督、传承文化等功能。新媒体是一个动态的概念，不同的时代对新媒体的定义和认识可能会有变化，新媒体随着时间的推移也会变成传统媒体。新媒体是利用数字技术，通过计算机网络、无线通信网、卫星等渠道，以及计算机、手机、数字电视机等终端，向用户提供信息和服务的传播形态❶。显然，这里的新媒体，是与传统的报刊、广播、模拟电视、传统户外广告等相比较而言的。从我们现在的发展情况来看，这里所指新媒体，技术方面已经比较成熟，覆盖面也越来越普及，如数字电视、以计算机为终端的网络等，已经呈现向传统媒体转化的趋势。

就本书的研究对象和研究范围，我们需要结合当前的情况，结合大学生对媒体关注和使用特点，对新媒体的特点再次进行梳理：在技术上，以数字技术和网络技术尤其是无线网络技术为基础；在终端上以数字设备尤其是智能手机等移动数字设备为主；在软件上以 QQ、微博、微信、抖音等即时互动聊天社交软件为主；在功能上，实现了对原有传统媒体的优化重组和再造，使信息传播进入个人传播时代、复合传播时代、即时传播时代，使新旧媒体日渐融合跨界，实现了媒体集群效应，实现"资源通融、内容兼融、宣传互融、利益共融"的新型媒体表现形式，我们称为自媒体、全媒体或融媒体时代。

一、新媒体技术及其传播特点

（一）技术支撑越来越强大

数字化是这个时代的特征，尼葛洛庞帝说，这个世界不再是原子式的了，而是字节式的，数字已经变成了一种生活方式❷。新媒体更不例外，对文字、声音、图像、动画的数字化处理越来越成熟，尤其是大数据技术、人工智能技术、无线通信技术、虚拟现实技术等技术的发展和运用，对新媒体技术的变革发展也起到重要的推动作用，这种变革基本上是体系化的重塑、颠覆性的变革，从而推动着社会传媒的信息化、现代化，推动着我们生活的变革、教育的变革。大学作为文化创新的重要载体，如果没有跟上时代甚至引领时代，善于运用新媒体技术，就会与学生脱节、与社会脱节，就会失去在教育现代化领域、意识形态领域的话语权。因此，大学需要结合新媒体技术，在人才培养、学科专业设置、科学研究、文化传承创新等方面进行进一步探索实践。

---

❶ 丁霞. 新媒体时代初中生思想政治教育存在的问题及对策研究［D］. 信阳：信阳师范学院，2017.

❷ 宋安琪. 新媒体广告传播研究［D］. 哈尔滨：哈尔滨师范大学，2016.

（二）交互性越来越强

传统媒体采取的是线性传播，媒体内容制作方负责对传播内容和传播方式把关，受众则被动接受。新媒体的传播是非线性的，受众不仅可以自己选择和反馈，还可以使自己成为媒体人，制作内容并进行传播。新媒体的传播方式与传统媒体相比有着崭新的特点，主要的变化是信息的传播者和接收者角色的多样性、变化性。个人和民间组织在传统媒体时代往往只是信息的被动接收者，新媒体时代他们可能很快转化角色，成为媒体信息的制造者、发布者、传播者。而且任何人、任何组织，尤其是在传统媒体时代长期缺乏媒体表达机会的个人和组织，都具有强烈的表达意愿，十分愿意表达和分享自己的个性、观点，任何其他人也可以在网络上交换意见，互动时网民一般也不会在乎对方发信息的是谁，内容是否真实，这就反过来促进了更大程度的交互。新一代网民，非单纯地对媒介进行消费，可以对所观看的视频资料素材同世界上任何网民进行分享和评论。法国后现代主义思想家鲍德里亚也说过，在网络空间里，我们不再是"人"，而是出现在另一个人的计算机屏幕上的信息❶。而且目前交互的速度越来越快，传统媒体时代，可以通过"信件""电话"进行有限交互，后来出现了"BBS"，大大提高交互时效，但"BBS"最快的交互时间，也抵不过现在"网络直播"的在线即时交互速度。新媒体时代，人与人之间通过媒体的互动越来越多，越来越快，也越来越多维和复杂。

（三）开放性和个性化特征明显

新媒体由于每个个体都有表达和选择的欲望和权力，也越来越追求个性的释放，比如借助搜索引擎，选择自己感兴趣的信息，实行个性化的信息定制。新媒体的开放性，受众有更大的选择，可以发布新闻甚至制造新闻，可以自由选择性地阅读，可以放大信息，也不太愿意分辨信息真假，传播的主体与客体泛化而分散，人人皆可为主体。因此也有越来越多的人希望拥有自己的平台、自己的个性化空间，比如通过 QQ、抖音等大的平台建立自己的个性化空间小屋，建设自媒体平台。自媒体时代的最大特色就是人们拥有信息把控、传播的自主权，因此信息来源变得开放多元，信息传播出去也不再是单一的路

---

❶ 姚朝华. 新中国主流意识形态话语体系变迁及发展研究［D］. 上海：复旦大学，2014.

径，而是同时多向传播，因此信息的来源和去向都变得异常复杂，难以判断。越来越多的人希望释放个性，获得认可，在网络空间实现权力、发声的愿望，继而产生一些新的群体，如网络大V、意见领袖、网络红人等。网络视频的走红，造就了"网红"一词，这个词成为青年人热捧的流行词，因为传播周期短、频率高、热议时间长而迅速被人们熟知、追捧。"网红"不仅仅是指一个人，也可能是其他事物，如一个景点、一个书店等。"网红"逐渐形成新传播时代人的自我表达和社会参与的一种独特符号，相当一部分年轻人试图通过类似于抖音、酷狗直播、虎牙直播、斗鱼直播等平台来开设自己的直播平台，满足自身精神层面的需求。"网红"平台信息交换的流动性越强，这个社交媒体平台的"分享频率"和"分享欲望"就会越高，久而久之形成了"人人皆是网红""争上头条"等"娱乐狂欢"现象❶。

（四）风险性和政治性需要关注

因为新媒体开放性、互动性、主体的多元性、传播的快捷性、覆盖面的广泛性等各类特点，使新媒体时代的新闻传播面临更多风险挑战。比如，有的媒体被社会不良分子利用，成为虚假信息发布的渠道，成为网络诈骗的基地等。新媒体本身只是一种传播工具，关键在于谁在用、怎么用、用得怎样。用得好，可以反过来为治国理政服务，比如在反腐倡廉中发挥媒体的监督作用；政府的重要决策部署、重要声音可以通过新媒体传播，由于其亲和力、表现力，可能会起到比传统媒体更明显的传播效果等。新媒体对政治的影响力，受到越来越多国家的重视，政府关键还是要发挥"把关人"的作用，使新媒体成为有用的工具❷。

二、新媒体给文化传承创新带来的机遇和挑战

（一）新媒体给文化传承创新带来的机遇

科技是第一生产力，推动了社会的进步。掌握了先进的技术就拥有更多的话语权，成为推动社会的主流力量、中坚力量。技术本身是中性的，关键看谁使用、怎么正确使用。新媒体技术的产生无疑也为大学文化传承创新提供了

---

❶ 殷俊，张月月．"网红"传播现象分析［J］．新闻与写作，2016（9）：64-65.

❷ 魏丽．新媒体视野下传播内容的特点［J］．新媒体研究，2016（2）：7-9.

新的方式、新的技术，对这种新媒体运用的熟练程度，决定了我们在新的背景下开展文化传承创新的效果。新媒体为文化传承创新提供了良好机遇，创造了有利条件，其优越性主要表现在两个方面。

一是提高了文化传承创新的吸引力、辐射力。长期以来，文化所应用的传播媒介都是电视广播、书籍报刊等传统媒体，大学也不例外。在新媒体还没有发展起来的年代，大学一般都有校报、广播台等传统媒体，这是大学开展宣传工作的主要渠道。新媒体时代，很多大学开始探索成立"融媒体中心"，注重利用新媒体技术和平台，对文字、图片、音频、视频进行复合加工传播以提高传播效果。新媒体技术的出现打破了传统媒体在时间上的限制，且具有较强的交互性，符合当前大学生对新鲜事物的好奇心。新媒体促进了大学的开放性和多元化发展，有利于多元化人才的培养，并且增强了大学文化传承创新的辐射力和向心力，大学老师要主动学习适应，善于借助新媒体这个平台，为教学科研工作服务，尤其是找到与学生的"共同语言"，增强育人效果，增强对大学文化传承创新的亲和力、吸引力和实效性[1]。

二是新媒体在高校文化传承的内容、手段、效率、成本等方面都具有明显优势，提高了文化传承创新的效率。作为文化交流传播的新型平台，相对于纸媒、广电等传统媒体，新媒体平台的传播效率更高，时间和资金成本更低，覆盖面更广。新媒体信息的即时性优势增强了高校文化的吸引力，能够让信息第一时间传达到受众，保障了实效性。新媒体本身的特点能够有效拓展文化传承的深度、广度，具有更大的开放性和共享性。

（二）新媒体给文化传承创新带来的挑战

一是新媒体冲破了信息壁垒，给予大学生更多元和更丰富的信息选择，一个网红、流行歌手的直播演唱会几分钟就会有千万上亿的受众，而一个主流的信息、一个传统文化节目的展现，有时却很难受到学生的欢迎，这里面的深层次原因需要我们去探究，去破解。因此可以认为，新媒体在一定程度上也会瓦解传统社会信仰体系、价值体系，使人们内心出现价值观念认知上的迷茫。二是大学生获取知识的渠道更为便捷，给大学文化传播的能力水平带来更多挑

---

[1] 房新侠. 新媒体的内涵特点及其对大学文化传承创新的影响［J］. 新媒体研究，2016，2（22）：64-66.

战，教师需要掌握更多的方法、学习更多的内容，否则在教书育人的过程中将缺乏与学生对话的联系点，缺少话语权，在文化传承创新的过程中就容易陷入被动。三是部分大学管理者尚缺乏新媒体管理和运营的意识，往往还是用老办法解决新问题，节奏比较缓慢，跟不上时代的步伐，发挥新媒体正面作用的效果不是特别明显，而新媒体反面的效应却偶尔放大，给学校的安全稳定带来一些挑战，学校处理起来往往比较被动。

三、适应新媒体的大学文化建设理念和策略

（一）适应新媒体的大学文化建设理念创新

1. 要有正视现实、顺应潮流、主动创新的思维

要主动加强对新媒体的传播特点、传播方式的研究，大学要借鉴国际国内先进经验，加强专门研究、培养专门人才，加强有关人员的业务培训，主动适应融入新媒体时代，不能用"老爷车"来拉"新顾客"。现实情况是，高校在新媒体方面的研究和运用方面，有时反而走在了社会后面，没有跟上时代的节奏，没有发挥示范引领作用，若没有技术的运用和实践的引领，更谈不上思想的引领。美国哈佛尼曼新闻实验室总监Joshua Benton曾说道❶："如今的媒体生态，每一天都在让裂痕进一步扩大。主流的媒体形态日渐衰落，个性化的社交信息流在茁壮成长。这里独创的信息流在迅速传播，而空心化的媒体产业正在远离社交人群，正如膨胀的宇宙中，不同的星系正在彼此远离那样。"高校和相关研究机构要加强对新媒体的相关理论研究，加强理论和实践探索。

2. 树立一元主导与多元包容的理念

新媒体是工具，是思想价值和文化承载的工具，对传统媒体是一种冲击，我们既要适应，也要坚持以我为主，在传播内容和方式上创新。既要坚持主流意识的一元主导地位，又要包容多元思想的存在。多元文化的存在是构建正常文化生态的前提，确保文化创新和创造的活力，但如果缺乏主导的思想引领，缺少"主心骨"，多元文化就会呈现无序泛滥发展的状况，最终会影响健康文

---

❶ 胡钰，陆洪磊. 构建新媒体传播中的"新新闻伦理"［J］. 青年记者，2017（12）：11–13.

化生态的形成，因此，两者在矛盾中实现统一。在大学，大学生受新媒体的影响，追求个性发展，面临多元文化选择。新媒体的发展，极大地拓展了人的活动时空概念，赋予了大学生更多自由选择权利，同时当然也会导致大学生盲目追求个性解放与绝对自由、价值观不正、责任感缺失、无视规则权威等情况。因此坚持主流价值观引领，任何时候都不能抛弃和动摇，要倡导在多元追求中坚守主流价值，坚持在社会主义核心价值观主导下的多样化追求和个性化发展，允许和鼓励各种思想文化并存、交流、争论、探讨，既能彰显大学教育内容的丰富性和生命力，又能满足教育对象的个性差异和自主性选择，增强教育的针对性和灵活性 ❶。

3. 树立与网络传播特点相符合的教育理念

要树立平等互助、疏导结合的教育理念。长期以来，教育过程中的教师和学生地位是不平等的，新媒体环境下，学生的主体意识逐渐增强，学生获取知识的渠道和方式也越来越多，教师如果不注重学习，改变教育理念，很可能陷入被动，不适应当前的情况。新媒体环境下，学生获取知识信息的渠道更为广泛，时间更为快捷，内容更为丰富，自觉学习的主体意识更强，因此，如果教师还是采取传统的教学模式，不主动加强知识的学习，不对新的教育教学工具加强运用，将极大地陷入被动，极有可能站不稳三尺讲台而被淘汰。教师要改变过去单一主体、单向灌输的理念，建立平等交流意识，激发学生自主学习的潜能。教师在知识传授的同时，要加强育人工作，做到传道、授业、解惑三者的统一，理解大学生的现实需要和心理诉求，加强情感交流与支持，帮助大学生走出困惑迷茫、走出困境，尊重学生个性差异，寻找师生的共振点，提高育人效果。

（二）适应新媒体的大学文化建设具体策略

1. 大力弘扬中华优秀传统文化

新媒体具有前面所述的优势以及新的特点，同时也为我们的传统文化传承创新带来了挑战。一是新兴的网络文化和网络语境对传统文化的解构，让青年们更多关注时髦时尚、流行文化、快餐文化，缺少了对传统文化的关注。二

---

❶ 陈义红. 新媒体环境下大学校园文化建设的创新研究［D］. 武汉：华中师范大学，2014.

是社会不良文化、西方文化对大学校园文化的渗透加强。基于此，我们更应该重视传统文化的作用，增强文化认同和文化传播，维护自身民族文化的生命力，不丧失文化个性和特性。因此，我们要充分掌握信息优势和技术优势，学会运用新媒体文化，面对新媒体发展的现状，利用新媒体优势，大力弘扬中华优秀传统文化。尤其是大学，作为重要的文化阵地、教育阵地，更要坚定传承优秀传统文化的自觉意识，主动探索新媒体的运用，抓住时代机遇，走在社会前列，融入立德树人，弘扬优秀传统文化，通过教育教学、对外宣传、国际交流等讲好优秀传统文化故事，使更多的人了解中国，认识中国优秀的传统文化和民族精神。要培养青年学生的民族归属感、文化自豪感，使青年学生保持民族尊严和文化自信，增强民族自主的选择能力，具有深厚的扎根于自身民族文化的修养，在外来文化的冲击下既不闭关自守，又不盲目顺从。

2. 充分把握大学自身优势，加强主流阵地建设

新媒体的诞生促使各行各业发生深刻变革，对意识形态领域的工作带来新的挑战，如果我们不主动占领新媒体阵地，就会被别的思想占领。大学拥有独特的优势，比如拥有各类新媒体技术人才，拥有思想理论方面的专家学者，拥有大量的学生社团，拥有充满活力的、思想活跃的大学生群体等，这是我们加强新媒体运用，主动强化网络意识形态阵地建设的基础优势。要通过新媒体资源，用先进的文化和思想做引领。先进文化是人类文明进步的先导和旗帜，是人类历史发展中代表时代前进方向、体现时代精神的文化。社会主义先进文化就是与先进生产力和生产关系相适应、能够促进生产力解放和发展的文化，因此，大学要加强主流阵地建设。

课堂是大学教书育人第一阵地，要充分发挥新媒体的优势，加强线上教育的探索学习，强化新形势下的教育教学方式改革，提高育人效果。要重视信息化教育教学的技术优势，在课堂教学上，利用新兴媒体进行多角度全方位展示，坚持教学过程中的视听说结合，有利于受教育者扩大视野、更新观念、解放思想、提高境界，从而达到以往未曾有过的教育效果。大学还应适应社会形势的变化，加强网络教学的探索，策划制作优秀传统文化公开课，建设慕课教学平台，建设优秀文化学习网站等，扩大学生获取信息和文化知识的网络渠道。

在学生的管理和服务中，要用社会主义先进文化占领高校媒体阵地，让

新媒体成为传播时代精神和优秀知识的特殊课堂。通过 QQ、微信、微博、短视频等加强沟通和交流，是当前青年们比较喜欢的方式，因此这些工具同样也已成为思想政治工作队伍开展德育教育的重要载体，也更容易贴近学生需求，走进学生内心。要对传统的阵地进行改造提升，如各类官方网站、网上党校、网上团校、心理咨询中心、后勤服务网站等，都可以运用新媒体重新建构，一方面可以提高服务质量，让服务从线下走到线上，走向移动端的"掌上"智慧服务；另一方面，在服务的过程中，表达官方的立场，维护主流阵地，用新媒体引导大学生牢固树立正确的世界观、人生观、价值观，提高抵御不良文化侵蚀的能力，能够从网络提供的信息海洋中辨别真伪。

要大力探索新媒体背景下加强校园文化建设的途径，主动设计并开展丰富多彩的媒体文化活动，鼓励大学生成立各种文化宣传社团、新媒体管理和运营的相关社团等。比如，有的高校就成立了大学生新媒体传播运营中心，发挥学生的自我学习、自我管理、自我教育、自我服务优势，发挥朋辈引领作用，经常组织开展文化宣传交流活动，如文化交流论坛、文学大赛、各类知识竞赛、辩论赛、新生网络才艺展示、网络文艺晚会等，营造新媒体背景下的校园文化氛围，深受学生欢迎。以新媒体为载体开展的校园文化活动可以集声音、图像于一体，并可以不受时间、地点等条件的限制，还可以充分发挥学生的创造力，调动学生的积极性、参与性❶。

3. 加强政务新媒体建设

政务新媒体指政府利用新媒体工具开展政务工作的媒体平台，是政府官员进行与其工作相关的政务活动、提供公共事务服务、与民交流和网络问政的新媒体平台，如政务网站、政务微博、政务微信、政务客户端等❷。国家对政务新媒体建设高度重视，出台了有关制度，当前各级政府部门都开始探索如何充分利用新媒体平台，加强信息公开，注重政府和民间的沟通，提升政府亲民有为的形象，比如大部分政府部门目前都建有"政务微博""政务微信公众号""政务抖音号"等。2013 年 10 月，国务院办公厅发布了《关于进一

---

❶ 盛宏标. 基于网络文化背景下的高校校园文化建设研究［D］. 长沙：湖南农业大学，2010.

❷ 金婷. 浅析政务新媒体的发展现状、存在问题及对策建议［J］. 电子政务，2015（8）：21-27.

步加强政府信息公开回应社会关切提升政府公信力的意见》，提出要着力建设基于新媒体的政务信息发布和与公众互动交流新渠道，着重强调政务微博、微信的重要地位和关键作用，将"政务微博、微信"作为与"政府新闻发言人制度""政府网站"并列的第三种政府公开途径❶。在新媒体时代，政府要主动适应媒体变化的需要，这是政府提高媒体危机应对水平的需要，是政府治理现代化的具体体现。

国家鼓励新媒体与新媒体的整合、新媒体与传统媒体的融合，于是诞生了"融媒体"的概念。新媒体具有信息海量性、高度开放性、互动兼容性等特点，而传统媒体具有充足的人力资源、内容的深度性和品牌说服力，新旧媒体无论是在传播形式和内容上，还是在产品、服务和技术上都存在差异，但如果相互融合、优势互补，则有利于发挥各自的优势，起到"1+1＞2"的效果❷。国家不同部门先后发布了《关于加快推进媒体深度融合发展的意见》《县级融媒体中心网络安全规范》《县级融媒体中心运行维护规范》《县级融媒体中心监测监管规范》等文件制度，加强媒体融合工作推进，对新媒体关键技术的研究和应用、媒体内容供给侧结构性改革、媒体体制机制改革等方面做了具体部署和要求，媒体融合时代已经来临，走上了越来越规范的道路。这对高校有一定的借鉴启发作用。

高校具有事业单位和学术单位的双重属性，政务媒体就是学校的官方媒体，学校有校级的媒体、也有院系的媒体，不能成为失管漏管的地带，要抓好体系建设，做好媒体融合，加强硬件投入，促进融媒体中心建设。需要形成一点多中心的格局，在政务媒体建设上开拓创新，适应新的变化。我们传统的政务媒体是官网、校报，后来随着网络的发展，在大学出现了民间的论坛，有的论坛具有半官方半民间的性质。因为论坛具有很大的开放性，后来有的学校从管理方便的角度出发，采取了关闭校园论坛的简单处理办法，这其实是一种媒体意识的倒退。学校的论坛关闭，学生就转而到外面的论坛、贴吧，学校与学生的主动沟通渠道就堵塞了。后来出现了官方的 QQ、微博、微信、短视频等

❶ 褚亚玲，强华力. 新媒体传播学概论［M］. 北京：中国国际广播出版社，2018.
❷ 武军锋. 新媒体对潍坊传统文化艺术传播的影响［J］. 艺术与设计（理论），2015（9）：123–125.

平台。当前大部分高校进入了传统媒体和新媒体的融合时代，注重传统媒体的内容优势和新媒体的传播优势相结合。一是要促进渠道融合，广播、校报、电视等传统媒体具有人力资源优势，运行机制相对成熟，内容有深度，采编有质量，将这些媒体融入新媒体，把传统媒体的权威性和导向性发挥到校园政务媒体和智能终端上来；二是传统媒体注重学习革新，要从新媒体上开发信息资源，寻求大学生关注的热点进行深入解读，释疑解惑，增加关注度；三是要重视传统媒体中融入新媒体的及时互动性，打通互动的渠道，大学生可以通过留言、评论、讨论等方式对阅览内容发表看法和意见建议❶。

4. 加强队伍建设，提升新媒体背景下师生的媒体素养

基于新媒体时代特点和发展趋势，高校文化传承工作必须重视新媒体技术的价值，培养教师灵活利用新媒体的能力，并在此基础上运用新媒体手段进行教学活动和文化传承创新活动。有的大学，学校领导、中层干部、党建工作者、"两课"教师，尤其是直接面向学生一线的干部队伍，也开始注重搭建个人媒体平台，达到与学生亲切沟通交流的效果，学生可以通过个人平台与领导干部聊天、请教问题、请求帮助等，拉近了干群之间、师生之间的距离，提高了师生对学校行政管理的满意度。

此外，要提高学生的媒体素养，培养学生的媒体意识、网络自律意识和人文意识。要引导学生成为信息的主人，提高对信息的分析判断和整合应用的能力。家庭、社会和学校要加强对学生媒体素养的联合培养，家庭主要是引导学生树立底线意识，防止受到错误信息误导和侵害；社会媒体部门可以特设开放参观日，鼓励大学生参观和了解媒介制作流程，引导学生正确应用新媒体；高校是媒体素养培育责任的主要承担者，有条件的高校应当开设专项课程，完善媒体素养培育体系❷。要注重学生的网络道德教育，培养健康的网络人格，既要使学生学会利用网络学习，又要使学生学会控制自己的网络行为，把利用网络与控制网络行为结合起来❸，引导和培养学生的人文关怀意识和社会责任

---

❶ 陈义红. 新媒体环境下大学校园文化建设的创新研究［D］. 武汉：华中师范大学，2014.

❷ 胡明明，王莉芬，罗筑华，等. 新媒体背景下地方高校文化传承创新的基本路径：以南华大学为例［J］. 长春教育学院学报，2019，35（2）：14-16.

❸ 许波. 远程教育中以学习者为主体的校园文化建设研究［J］. 内蒙古电大学刊，2010（2）：79.

意识，新媒体时代学生的主体意识，让学生成为校园文化的主动参与者和建设者。要做好新媒体背景下大学文化建设工作，队伍保障是关键。队伍建设要注重专兼结合和师生共同参与。学校要对媒体管理队伍定期开展培训，用新的知识体系武装头脑、提升技能和本领，制定适合学校实际的媒体信息管理制度，使高校的媒体信息平台健康、平稳地发展 ❶。

第四节　大学网络文化育人

网络文化是与社会高度联通的文化，突破了时空的限制。网络自身没有文化，它的形成有其自身的规律和特点，与使用对象群体的特点、行为习惯等密切相关，以大学生、教师群体为主要使用对象，会形成比较明显的大学网络文化。与传统的大学校园文化相比，大学网络文化大大拓展了传统校园文化的时空，不仅突破了校际边界，更是通过"网尽天下事"实现了"去中心化"的泛传播，内容和形式方面也丰富多样。与广义上的社会网络文化相比，也呈现出与大学本身相符合的特点，主要体现在以下两个方面。

一是大学网络文化的学术性。大学是知识分子集聚地，具有较高学术性的教师群体和较高知识水平的学生群体充分互动交流，通过大学网络的交流平台，共享资源、相互交流，开展人才培养、科学研究、社会服务、文化传承创新工作，营造出较好的学术氛围。

二是大学网络文化主体的特殊性。大学网络文化具有特殊性，主要是学者、学生，他们求知探究欲望强，思想相对比较丰富，思维比较活跃，创新意识强，对社会的判断能力较强，有较强的社会思想引导引领意识和能力。

一、大学网络文化育人的内涵和特点

（一）网络文化育人内涵

大学网络文化与大学校园文化是互相包含的、交融式的。网络文化一方面是传统文化内容通过网络新技术的呈现或表达，是现实文化的延伸、拓展

---

❶ 刘楠楠. 网络环境下大学文化建设研究［D］. 沈阳：沈阳师范大学，2013.

和丰富，包括文化内容的表达、文化形态的表达等，呈现出新的特征。另一方面，网络文化又因为参与主体的大众化、个性化，身份的相对隐秘性，表达方式的丰富性、交互性，长期以来，又形成了与传统文化明显不同的新的文化，形成了独特的文化行为特征、文化产品特色、价值观念和思维方式特点❶。文化来源于实践，网络文化也不是凭空产生的，来源于现实校园文化实践和文化创造，是现实校园文化的拓展、延伸和多样化的表达，是校园文化的二次创新。这种创新不仅是线下向线上平移这么简单，它还包含了内容的创新、方法的创新、思维理念的创新等，比如，通过网络开展线上教学，开展网络直播分享，进行网络文化创作等，注重资源共享，注重时空突破，注重形式塑造，注重互动交流。

网络文化源于现实文化，大学文化和社会文化的差异和联系，也导致大学网络文化与社会网络文化有区别也有联系。大学网络文化是社会网络文化的一部分，由于网络的开放性，使大学网络文化更是"突破围墙"，与社会网络文化表现出极强的交互性。大学网络文化不仅是文化在大学校园的表达，它完全超越了校园范围，具有较强的社会性，与社会的关系更加紧密，对我们研究大学网络文化带来新的挑战。研究大学网络文化离不开研究大学的特点以及大学网络文化参与对象的特点。相对来讲，大学网络文化特色鲜明，文化品位较高，教育属性较强，这是与社会网络文化有明显区别的地方。

大学在开展育人工作过程中，常提到五个育人：教书育人、管理育人、服务育人、环境育人、文化育人。"五位一体"协同育人具有内在的联系，文化育人既是重要组成部分，也是内在联系的灵魂。人才培养包括育人和育才两个方面，使培养的人才德才兼备、德业双优，两者不可分割，统一于人才培养全过程，其中育人更是根本，是本质，是基础。"文化育人"就是通过文化知识来教育人，用文化艺术作品来感染人，用文化修养来引导人，从而达到启迪思想智慧、涵育文化修养的育人目标。文化知识普及是文化育人的基础，大学生只有具备一定的文化知识，教师在开展文化育人的过程中才可能形成有效的互动，才能够启发学生思考体悟，所以基本的文化知识是必备的，但只强调知识教育又是片面的，要将心灵培育、人格塑造融入知识传授过程中。可以

---

❶ 关昱. 浅析社会化视角下的大学生思想教育［J］. 科教文汇，2016（6）：17-18.

说，文化育人即以文化的态度、以文化的内容、以文化的方法、以文化的气韵育人，是一种"人化"和"化人"辩证统一的过程❶。当前，我们强调的文化育人，主要是聚焦于四大类别的文化，即中华优秀传统文化、革命文化、社会主义先进文化和人类文明优秀成果，其中优秀传统文化是支撑，是土壤，是基础，是不同时代社会文明发展的源泉，只有在育人的过程中强化传统文化的支撑作用，使新时代的人才既具有深厚的传统文化底蕴，又具备现代意识和国际视野，才能构建起新时代具有中国特色的人才培养体系，在人才培养方面给出中国经验。

在信息化时代，网络将成为文化育人的不可或缺的重要载体，甚至可以认为，是否会运用网络资源、设计网络文化载体、形成有效的网络文化互动，关系到校园文化育人的实际成效。大学网络文化育人是广义的各类校园文化活动在网络空间的拓展，当前大学网络文化精芜混杂，思潮涌动，各种蹭热点、带节奏的事件层出不穷，热议评论甚至谣言扑朔迷离。大学生正处在人生的"拔节孕穗期"，在各种力量角力、各类利益群体表达思想和意志的网络主阵地，如何使青年大学生拥有正确的辨别力和价值观、"扣好人生第一粒扣子"显得十分紧迫重要。网络改变了生活方式，也改变了教育方式，教育在进行文化传播、促进文化变迁的过程中，如果不能因势而变、兴利除弊、大胆创新改革，将在网络化的时代变得无所适从。大学拥有能够立足网络文化前沿、引导网络文化朝正确方向发展的优势，是优秀网络文化创造、创新和弘扬的主要力量。大学不仅拥有众多从事理论研究的教授学者、文化专家，还有众多整体积极向上、可塑性很强的青年大学生，他们的网络互动，创造了带有大学特色的校园网络文化，受教育者的价值观念和行为方式都会受到这种大学网络文化的影响，打上大学网络文化的烙印。大学要不断创新发展网络文化。自觉地运用高校网络文化来教育人、熏陶人、影响人、塑造人，从而实现网络文化育人的目标❷。

（二）网络文化育人特点

高校网络文化育人是大学适应时代变革的一种文化实践活动，表现为开

---

❶ 马丽华. 高校网络文化育人研究［D］. 武汉：武汉大学，2019.

❷ 李兴保，胡凡刚. 网络文化与教育［J］. 电化教育研究，2001（2）：36–41.

放性、互动性、多样性等特点。

1. 开放性

首先，空间和时间的开放、内容信息的开放。网络文化育人空间是在现实育人空间上网络拓展，具有育人空间的跨界性特征。从物理范围上看，网络空间没有界限，可以无限拓展，从校内到校外，从国内到国外都是联通的，所以我们的育人空间不仅限于教室、学校，只要有网络的地方，不管是教室还是寝室，不管是餐厅还是地铁，都可以成为育人的空间。尤其是智能手机的普及、无线信号的覆盖，只要有网络的地方都可以是学习的地方。育人空间的拓展意味着教育阵地的扩展，教育阵地的保护受到冲击，网络文化育人的空间突破了国界和疆域，各个国界和民族的文化信息都可以通过网络交流和展示。一方面给我们带来更多学习的机遇和机会，我们可以相对自由便捷地获取网络上公开的各类教育资源，如国内外名校的慕课资源；另一方面也存在着危机挑战，主要是网络的话语权、主导权不够，网络文化出现倒灌，在后面关于文化安全方面进一步阐述。

其次，时间的持续性。没有网络时，学生学习时间相对比较固定，传统育人的方式高度依托于课堂教学，时间地点相对固定；而网络文化育人是持续性的，可以自由选择时间，可以延长教学时间，可以选择学习地点，可以随时与老师互动，在线提交作业、参加考试等，突破了时空限制。大学生可以利用碎片时间进行学习，比如很多视听软件为学习创造了便利条件，现在流行的有声阅读，在吃饭、学习间歇、运动时都可以收听，且内容丰富，如"喜马拉雅""学习强国"等平台软件。

再次，信息的开放性。因为时空的开放，信息也是海量的、开放的，知识和信息在网络时代呈爆炸式增长，给大学生提供了无穷无尽的选择，网络空间给知识的承载和传承创造了优越的条件，这给我们学习的方式提供了便利。但也对我们如何进行深度的、有效的、自主的学习提出了新的挑战，对这种学习能力的掌握，其作用远远超过对知识本身的掌握。

最后，开放性意味着共享，教育平台共享、资料内容共享、师资人才共享。比如，在资源方面，很多高校的图书馆都购买了众多高质量的共享数据库平台，高校师生共享这些优质的网络文化资源，为师生的学习和研究提供了极大的便利。例如慕课，最早是从国外部分大学开始的，中国慕课从2013年起步，教育部遵循"高校主体、政府支持、社会参与"的发展模式，支持各方建设了 30 余家综合类和专业类高等教育公共在线课程平台和技术平台，截至2022 年 2 月底，中国上线慕课数量超过 5 万门，选课人次近 8 亿，在校生获得慕课学分人次超过 3 亿，慕课数量和学习人数均居世界第一，并保持快速增长的态势[1]。

2. 互动性

互动性主要体现在育人过程中的共同参与，育人过程的交互作用。网络扁平化的结构、交互性的优势、平民化的风格、开放性和匿名性的特点，使学生与学生之间、教师与学生之间、学校师生员工与政府机构、社会人员之间的沟通交流更加便捷，更加频繁，通过自由平等的交流、辩论和互动，可以有效地解决部分问题，回应有关诉求，在服务过程中达到部分育人目标。传统育人环节，主客体角色相对明确固定，网络文化育人打破了既定的主客体模式，主客体某些时候是可以相互转化的，我们所认为的网络文化的创造和传播的主体，在另一些时候会变成网络文化接受的客体，反之，客体也会变成主体，正是因为这种角色互相转化，不仅提高了交互的频度，也打破了等级和秩序，提升了活力、创新力。网络文化育人的互动性，让教与学的互动更加有序和频繁，使得教学相长可持续进行。美国当代杰出的文化人类学家玛格丽特·米德运用现代传播学的有关理论，从不同文化传递的视角入手，提出了著名的"三喻文化说"，即前喻文化、同喻文化、后喻文化[2]。前喻文化中主要是指晚辈向长辈学习，这是传统教育学习模式；同喻文化主要发生在同辈之间，有时我们称为朋辈学习、朋辈榜样；后喻文化主要是长辈向晚辈学习。当前的年轻人是网络的"原住居民"，从一出生就处于网络的世界、信息化的世界，对网络的熟悉了解程度深，接受新事物快，因此后喻文化在网络时代是一种必然的趋势，这种趋势削弱了年长者知识的权威性，教育者的主导地位被弱化。因而要发挥思想、经验、方法的优势，学会从知识的传播者转为智慧的点燃者，从思想观念的传输者转为与学生互动的合作者、思想的启发者，从单纯的理论研究

---

[1] 教育部. 中国慕课数量、学习人数均世界第一 保持快速增长［EB/OL］. 光明网.

[2] 李星. 网络青年亚文化在"90"后青年学生群体中的表现［J］. 江西青年职业学院学报，2015（1）：36–39.

者转为与学生共同成长的实践者❶。

3. 多样性

当前新媒体技术、虚拟现实技术发展十分迅速，文字、图像、声光多种元素能深度互动，为网络文化创造和传播提供了更为精彩的表达内容和表现形式。不管是商家还是普通网民，开始善于制造流量，达到"圈粉"的目的，有的大学生也热衷于被这种快餐娱乐文化、消费文化牵引。因此在育人的过程中，要学会发挥网络优势，运用网络语言，设置网络话题。当然，我们要克服网络文化快餐式的内容提供，要加强主流文化引导，大学要让有深度、有思想的内容占据主流阵地，防止功利化、世俗化、娱乐化对大学生主流阵地的冲击。比如，挖掘身边正面的典型形象，用生动形象的微故事、微视频来呈现，让正能量的"网红"占据媒体的重要位置。当前我们进入了微时代，很多高校也开设了"三微一端"新媒体官方平台，直接面向育人的对象。实践教育对大学生的成才成长起着关键的作用，影响着人才培养的质量。美国著名统计学家、哈佛大学教授查得·莱特教授历经10年调查研究，结果表明，所有对学生产生深远影响的重要事件或活动，有五分之四发生在课堂外❷，可见实践的重要性。实践教育不是一定得在线下开展，网络文化来源于实践，网络本身也可以成为实践的载体，比如有的大学在线上开展社会调研，有的在线上进行文化艺术作品创作、直播等，有的称之为大学生虚拟社会实践。虚拟社会实践是对现实社会实践活动的重构，可以充分利用非现实环境或虚拟学习社区，拓展大学生自主学习、协同学习、创造性学习的途径❸。

二、大学网络文化育人的原则方法

（一）网络文化育人要始终坚持"立德树人"的根本任务

网络文化育人只是载体和形式的变化，其目标导向与传统育人一致。高校网络文化与社会网络文化是互联互通的，这与传统文化育人阵地相比有明显的差异。对于传统的报纸、电台广播、宣传栏，大学有比较成熟的管理体

---

❶ 黄进. 论网络文化条件下大学生道德人格的培育［J］. 道德与文明，2007（5）：73-75.

❷ 申纪云. 高校实践育人的深度思考［J］. 中国高等教育，2012（Z2）：12.

❸ 吴满意，肖永梅，曹银忠. 大学生社会实践活动的新形式：虚拟社会实践［J］. 理论与改革，2010（2）：122-124.

系和主导权；而面向网络，我们需要有新的思路和方法。为了防止社会网络文化的倒灌，首先需要国家政府从宏观整体层面做好引导，加强网络综合治理，确保社会整体网络生态的健康向上。另外，高校的网络文化有其自身特色，要在打造主流网络空间等方面主动探索，有责任对社会的文化起到主动引领示范作用，同时也为加强学生基础道德修养提供网络资源、创造网络环境。爱国，始终是大学开展德育教育的第一课，大学具有国家属性，担当着为党育人、为国育才的使命，要在网络文化建设中厚植爱国情怀。要发挥网络文化优势，开辟爱国题材相关的专题网站、专题栏目，组织开展有关爱国、爱社会、爱家乡的社会实践活动并通过网络进行宣传报道，策划制作爱国题材的微视频、微电影等，要引导学生关注国家形势，关注社会发展，把个人的发展和社会的发展紧密结合起来。比如当前浙江正在大力推进共同富裕示范区建设，有的高校就开辟助力共同富裕、融入乡村振兴有关专题网站，鼓励学生社团开展有关社会调研、志愿服务、创新创业大赛等并通过网络宣传展示。有的大学生通过网络为乡村旅游代言，或开展直播带货、帮助农民增收等，通过这种形式，引导大学生走向社会基层、融入时代舞台，展示了新时代大学生的蓬勃朝气和使命担当，树立了正能量。推进网络文化与立德树人相融合，注重融合效果，要将旗帜鲜明的"灌输式"教育和润物细无声的"隐性教育"统一起来，用优秀的网络文化启迪思想、陶冶情操、温润心灵，播撒真善美的种子，塑造人、改变人、发展人，促进大学生身心健康成长。

（二）网络文化育人要与校园传统文化育人有机统一

网络文化拓展了校园文化的时空，一个大学的优秀校园文化作品通过网络直播或传播，可以对高校的宣传推广起到非常重要的作用，对广大学生来说，也起到了育人的作用。这时的育人对象，已经超出了本校的范围。网络文化来源于实践，内容是网络流量的根本，因此，开展网络文化创作，最根本的还是要立足于校园传统文化实际，创造出优秀的作品，再结合网络的优势进行传播。若没有供给侧的优质内容创造，校园网络文化就会陷入内容上的空洞，甚至是资源的消耗，反而起不到育人的作用。

（三）网络的虚拟性要与现实的真实性相统一

网络是虚拟的，大学是立德树人阵地，大学的网络文化不等同于社会的网络文化，要尽可能促进大学生线上线下的思想、行为融合，做到知行统一。而事实上校园网络亚传播圈在一定程度上本身也具有现实性的特征，网络主体的身份具有较强的现实性和可辨识度。因此要引导大学生正确使用网络，使大学在校园网络亚传播圈中开展的文化传播，与现实生活中的校园文化育人相结合，加强大学生线上线下的思想行为教育引导❶。美国学者伯格奎斯特和波拉克提出了"虚拟文化"（virtual culture），他们认为，虚拟文化有效回应了后现代社会的知识生产和知识传播能力，其核心价值是开放、共享、适应性教育，并认为高等教育机构是全球学习网络的组成部分❷。虚拟文化来源于现实文化，虚拟文化育人不仅是一种虚拟空间内的实践活动，而且成为立足于虚拟空间与现实空间共同建构的整个网络社会之上的育人实践。虚拟文化育人有其自身难以避免的缺点，尤其是人与人之间缺乏面对面的交流，我们在某些时候也需要反思，教育需要人文回归、人本主义回归，而不能迷信技术，成为网络的奴隶。

（四）要引导大学生强化网络行为规范

大学生是中国网民的主体，是最活跃的一个群体，他们思维活跃，是大学生网络文化的积极创造者、传播者。但部分大学生对网络缺乏正确的认识，网络道德弱化，自律意识、法治意识淡薄，因此有的高校开设网络道德教育基础课，有的高校结合国家安全教育开展网络安全教育专题，有的高校开展网络安全周活动等，通过教育引导，使大学生对网络伦理的重要性认识进一步增强。主要有以下几方面。

一是要引导学生遵法守法，守牢法律底线。网络是社会的反映，社会的竞争、矛盾和冲突也会带到网络社会，产生一些网络犯罪活动，如网络诈骗、网络赌博、网络谣言、网络攻击等。国家推动建设完善了有关法规、部门规章或条例，学校也有自己的网络安全管理办法，法律体系逐渐健全，大学生要主动加强学习，避免违规违法。要注重网络使用规范。大学一般都会制定网络管理相关规章制度，这些纪律应当成为大学生必须自觉遵守的行为准则，维护校

---

❶ 张再兴，张瑜. 校园网络亚传播圈及其德育意义［J］. 清华大学学报（哲学社会科学版），2005（4）：83–85.

❷ 樊文强. 对大学虚拟文化的解读和思考［J］. 学术论坛，2011（10）：204.

园的网络环境和上网秩序。

二是要形成网络道德伦理规范。网络不是自由的法外之地，大学要有清醒的认识，注重网络言行。作为教育者，要了解大学生上网情况，对网络失范行为进行认真分析，掌握基本规律，再结合传统道德规范要求，提炼和总结网络道德规范，积极倡导"爱国守法""诚信友善""文明自律"等网络基本道德规范，提高大学生在网络空间明辨是非的能力和道德自律能力，使大学生认识到，任何借助网络进行恶意破坏的行为都是非道德的或违法的 ❶。通过以上措施共同作用，引导大学生积极抵御有害信息的侵蚀，培养和提升学生对网络信息价值的判断能力，使学生能够自觉抵制互联网上的不良诱惑和不健康甚至违背民族大义的信息。

三是要完善网络信息有关机制制度。要规范网络信息发布、审核、过滤、监督、反馈等机制制度。比如建立以宣传部为牵头部门，学工部、保卫处、网络信息技术中心等共同参与的网络协同管理机制。对于官方信息，建立网络信息发布预审机制，完善"院系部门—宣传部"逐级审核、统一出口的模式，防止错误信息传播造成不良影响，学校重大信息建立新闻发言人制度，及时进行解读回应，掌握工作主动。在网络信息发布和网络信息过滤体制健全的基础上，校内校外联动，建立反馈监督机制，及时消除不良信息谣言对学校和社会造成的负面影响。在网络化、信息化背景下，要主动完善建立网络沟通疏导机制，建立健全一个科学的网络平台，这个平台既要相对开放多元，又要严格监管；既要发挥服务功能，也要发挥育人功能，这是保障大学主体发展的一项重要举措。鼓励在校学生能够通过这个平台建言献策，进行问题咨询，开展正常的互动，给大学生创造一个沟通的平台，甚至偶尔也是一个情绪倾诉的平台。管理者要对网站进行管理，要对意见进行分类整理，做好信息分析和归类，向有关部门反馈，形成"信息收集—整改—反馈"的闭环处理机制，防止信息沉积和问题发酵，防止小问题变成大舆情。

---

❶ 龙显成. 大学生网络行为的他律与自律［J］. 科技咨询导报，2007（21）：131.

第五节　筑牢文化安全防线

一、文化安全概述

安全指的是事物生存免受威胁或危险的状态。从研究对象上来说，有关于个人安全的研究，往往指个人的生命和财产等受到威胁和危险的状态。本书关于文化安全的研究，主要是从民族和国家视角出发进行研究，继而提出大学和大学生的使命和责任。

文化是决定一个民族之所以存在的全部合理性与合法性之所在，是各民族间相区别的重要标志，同时也是确定其人类学身份的最后依据，对于一个国家和民族来说具有十分重要的意义[1]。当一个国家和民族原有的精神世界系统和文化系统受到渗透、威胁和危险，并不足以确保这个国家和民族继续独立自主发展时，这个国家的文化安全就遭受到了威胁或破坏。当前世界文化观念还存在分歧和冲突，加上还存在部分国家的文化歧视、文化侵蚀、文化殖民现象，带来诸多不稳定因素，也考验我国的文化治理水平。

一个国家和民族的兴起是文化的力量，一个国家和民族走向衰落往往也是因为文化的失落。如果这种文化的失落是暂时的，没有完全丢失，还可以再次重建和振兴；如果已经完全被别的文化替代，民族的印迹和灵魂不复存在，那么这个民族实际上已经不存在。也就是说，文化的存在，是一个民族和国家存在的核心因素。

文化安全是非传统安全研究和关注的重点，是整个国家安全体系的重要组成部分，但文化安全往往最容易被忽略，因为文化因素对安全的影响往往是深层次的、潜移默化的、长远的，不会马上导致损害国家安全利益的直接后果[2]。国家的文化传统和文化发展不受到威胁和侵害，有保持独立性和自主性的权利，主要从以下三个方面理解。一是国家文化主权的完整性，国家文化主

---

[1] 徐淑红. 网络文化与我国文化安全［D］. 长春：东北师范大学，2006.

[2] 王永明，张建友. 论全球化背景下我国软实力与文化安全体系的构建［J］. 学术交流，2010（9）：46.

权是国家主权的重要内容，一个国家是否能够不受外部势力干扰，独立自主选择发展道路，包括自己国家的文化发展道路，是衡量国家文化主权完整性的重要标准，比如是否能独立自主决定国家的文化体制制度，制定文化宏观政策，维护文化产业安全等。国家的综合实力的强大，包括军事、政治、经济等各方面的全面发展，是保护文化安全的根本前提，否则文化安全就没有基础保障。如果一个国家的主权和独立性都不被保障，文化安全不可能实现，但是军事、政治、经济领域的安全又不能完全代替文化安全❶，文化安全有其特殊的规律。二是传统文化的安全，包括历史古迹、建筑艺术、文化典籍、现代书籍以及知识产权等，近年来非物质文化遗产的安全是学者研究比较多的领域。三是语言、思想、精神、价值、意识形态层面的文化安全，这些方面关系到国家内在的精神价值是否稳固，关系到民族的凝聚力和向心力，更不能因受到其他思想的侵蚀而失去独立性。

我们研究文化安全，其逻辑前提是文化具有民族性和多样性。文化是由某个民族或种族所创造的，各个民族诞生的历史背景，民族发展过程中的变迁动荡，民族生存的外部自然环境、人文社会等都具有差异性，所以不同民族的民族心理、民族性格也存在较大差异，它们所创造出来的文化也就存在差异。各民族都拥有独具特色的物质文化，也拥有不同的语言、思维、风俗、习惯、伦理、道德、生活方式等精神文化，它们构成了该国家和地区民族独特的印迹和灵魂，是民族、国家和地区存在的标志。比如，世界上就存在游牧文化和农耕文化的差异、海洋文化和大陆文化的差异等；如果按照民族相对集中的区域特点划分，有华夏文化、印度文化、两河流域文化、阿拉伯文化等。

我们研究文化的民族性，就笼统概括而言，主要指中国文化和西方文化的关系，两种文化对人与自然的关系、家庭伦理关系、宗教信仰关系的理解和实践都有较大的差异性。比如，在人与自然的关系上，西方文化主要强调自然与人的对立关系，人类可以征服自然、战胜自然、改造自然，崇尚个人英雄主义。16世纪英国哲学家弗兰西斯·培根提出的"知识就是力量"，就认为人们追求知识是为了认识自然，研究自然规律，以便在行动中征服自然、改造自

---

❶ 杨世生，张育贤. 全球化背景下的文化霸权与文化安全［J］. 前沿，2010（24）：160-162.

然；法国哲学家笛卡儿强调科学的目的在于使人成为自然界的"主人和统治者"等❶。以中华文化为代表的东方文化则秉持"天人合一"的宇宙观，主张人与自然和谐共生、主体与客体不可分离，所以也就有了"顺其自然""顺势而为"等观点。

文化的民族性意味着文化的独特性，要确保民族的独立性，就必须保护好文化，使自身的文化不受侵蚀，如果受到其他文化的侵蚀而丧失了独特性，也就意味着文化安全受到侵害。不同的民族创造的不同文化，构成了多样性的人类文化生态圈，各民族群体和社会表现出文化的不同形式，体现出明显的区域性和地方性的差异。文化安全就是要保护文化的民族性和多样性。在经济社会不发达的时候，区域与区域之间相对封闭，关于文化安全问题的关切也许表现并不十分明显，除非是战争入侵直接带来的文化安全问题。文化多样性源远流长，在地区相对封闭的封建社会，文化安全不会成为显性的普遍关注的问题，只有在全球化的时代，尤其是殖民主义思想还仍然存在的时代，文化安全才逐渐成为普遍关注的问题。世界文化要互相尊重、借鉴吸收、取长补短，才能和谐发展。哲学家冯友兰在分析中西哲学各自的特点后，自信"只有两者相结合才能产生未来的哲学"❷。2001年，联合国教科文组织发布了《世界文化多样性宣言》，2005年又制定了《保护和促进文化表达多样性公约》等一系列保护各国文化遗产、保护多样性的国际性文件，这种全球范围内的关注促进学界对这一领域展开了广泛的研究。

二、我国文化安全面临的挑战

（一）文化霸权和文化渗透

全球化是社会发展的大趋势，原本主要是指经济领域，如劳动力、资本、信息等生产要素在全世界范围内的生产、流通、交换、分配、重组等，伴随着经济全球化，国与国之间的交流越来越频繁。因此，全球化意味着人类社会的整体化、互联化，文化也随着社会经济的发展而发展，随着人们的交流而

---

❶　金磊. 安全减灾呼唤人与自然的和谐观［J］. 安全与健康：上半月，2002（5）：12.

❷　冯友兰. 中国哲学简史［M］. 北京：北京大学出版社，2010.

交流，伴随经济全球化进程的加快，世界各种文化也加快了交流和融合，部分小众文化、独特的民族文化挡不住全球化背景下其他文化的冲击，加上缺少保护的意识和能力，久而久之，将给世界文化的多样生态造成不可逆转的破坏。

此外，语言也会成为渗透工具。语言是一门工具，是文化传播和交流的重要载体，是一个民族历史延续和文化独立的标志❶，对民族性的保持有着至关重要的作用。外语本身不附带意识形态，学好外语也是借鉴和学习西方文化的重要途径，但我们对学习外语要有客观的、理性的认识。如果一个国家长期学习和大范围使用一门外语，势必会忽视母语的教育，不仅会使母语水平下降，对本民族的文化认同有所减弱，还会使思维习惯和价值观发生变化。当今大学生从小就加强英语的学习，而对母语的学习重视程度没有引起足够重视，导致当代大学生对传统文化的了解、汉字书写和国语的表达能力都有所减弱，应该引起足够的重视。

（二）优秀传统文化保护和传播不够

中国拥有十分丰富的传统文化资源，有时没有好好珍惜，不注重保护和传播，反而被其他国家利用。比如，中国的端午节被韩国抢先申遗；有的韩国学者说中医是韩国发明的，王羲之写《兰亭序》是用韩国的高丽纸写的等。这些论调尽管我们嗤之以鼻，但也是对我们文化的伤害，中国自身认为这些理所当然就属于中国的，没有特别在意，导致有的国家趁机宣传造势，容易制造话题，形成舆论，在国际上难免会引起误导。在传统文化保护方面，我们还缺少主动意识、现代治理意识。比如，在西方学者的误导下，有的西方人就认为活字印刷是德国人古登堡15世纪"创造"的，也有人认为约翰·福斯特是印刷术的真正发明者，甚至否定毕昇的真实存在等，事实上，这已比中国活字印刷晚了近400年。中国还有大量传统节日，比如二十四节气，在2016年正式列入联合国教科文组织人类非物质文化遗产代表名录，甚至在国际气象界，把二十四节气称为中国第五大发明❷，但我们没有很好地理解和传承，传统节日的气氛渐渐淡化。传统节日是传统文化的重要组成部分，然而，随着圣诞节、

---

❶　王凡. 略论国家文化安全［J］. 广西社会科学，2006（6）：174.

❷　崔彦.　"中国第五大发明"二十四节气的由来［EB/OL］. 人民网.

情人节等西方洋节和各类为了促进消费而创造的节日广泛传播，传统节日活动空间被压缩，尤其是在青年人中，还有多少人在端午节赛龙舟、吃粽子，重阳节登高插茱萸，中秋节团圆赏月，腊八节吃粥祈平安，这都值得反思。

有一组数据对比，说明我国现在文化传播面临的困境，在第九届北京国际图书博览会上，国内出版社输出和引进版权的比例大约是 1∶8；在第 54 届书展 20 余万平方米的展出面积中，中国图书只占 786 平方米，不足 0.4%，参展的 34 万种图书中，国内图书只有 4610 种，仅占 1.37%❶。据国家版权局统计，中国引进版权和输出版权表现非常不平衡，长期处于文化交流的逆差和落差。

大学是意识形态的前沿阵地，大学作为培养社会主义事业接班人的重要阵地，就目前来看，尚未完全建立起维护自身文化安全、防御和化解外来文化消极因素干扰和冲击的有效体系，在西方文化的冲击下，我国大学固有的文化传统、价值体系和道德观念始终面临着被侵蚀解构的危险❷。我们时刻要保持清醒的认识，保持对脚底下这片丰厚土地的热爱，保护和弘扬我们自身的文化，构建我们自身的话语体系，构筑具有中国气派和中国格局的文化传承创新体系。

（三）现代信息技术下的文化安全

信息技术是一把双刃剑，信息技术加速了全球化的进程，推动了文化的交流和互动，提高了生活水平，比尔·盖茨曾说："信息高速公路将打破国界，并有可能推动一种世界文化的发展或至少推动一种文化活动，文化经济价值观的共享。"❸ 但是国家与国家之间的信息技术水平发展是十分不均衡的，信息技术发达的西方资本主义国家，往往借助于信息技术的先发优势进行文化强势输出，导致文化霸权，给发展中国家造成文化安全隐患。因此信息技术可以成为侵犯国家主权、侵蚀当地文化和传统的工具，信息时代的文化霸权、文化殖民主义更加隐蔽和快捷，如果没有防范意识，国家主流的、传统的文化就会被外

---

❶　王岳川. 大国文化创新与国家文化安全［J］. 社会科学战线，2008（2）：219.

❷　孙成武. 当代中国大学文化安全问题探析［J］. 北京交通大学学报（社会科学版），2010（3）：69–72.

❸　比尔·盖茨. 未来之路［M］. 北京：北京大学出版社，1996.

来文化解构。

　　新媒体分布式的网络结构作为去中心化的虚拟世界，它为道德相对主义提供了极好的滋生土壤，网络社会的高度自由很容易使一些意志薄弱的大学生忘却自己的社会地位和社会角色，肆意放纵自己的道德行为，淡化或消解其道德意识和社会责任感❶，自控能力和责任感较弱的青年大学生，很容易导致道德失范现象。另外，信息革命、网络技术让世界政治问题变得更为复杂。互联网多对多、一对多的特征似乎"非常有助于网络文化无视权威、平等和自由等特性的形成"，其效应之一是由特定问题或事件触发的"瞬间运动"。在这一领域，网络舆情危机是传统文化安全的一种延伸和转移形态，具有比传统的文化安全形态更大的危害性，它所构成和形成的文化安全对社会安全的破坏力比传统的文化安全危机对社会的破坏力更大、范围更广、传播速度更快、动员力更强、内容更广泛，是当前和今后最为严峻的国家文化安全挑战❷。

三、大学的文化安全责任

（一）加强主流文化教育引导

　　大学要坚持中国特色社会主义文化发展方向，胸怀国之大者，坚持立德树人根本任务。一个国家的文化软实力如果失去了先进文化的价值取向，文化也就失去了灵魂，这样的文化也就没有了精神的力量❸。要始终用体现社会主义核心价值观的教育内容引导主流文化教育，守牢校园文化阵地。要加强大学生国家安全教育，系统讲授政治安全、文化安全、网络安全、科技安全等有关理论和目前面临的形势任务，提高大学生的文化安全意识。要充分发挥新媒体优势，推出优秀作品，讲好中华优秀传统文化故事，讲好身边大学生的先进故事，提高主流文化传播效果。

---

❶　王景云. 新媒体环境下中国大学文化安全的四维视域［J］. 湖南社会科学，2016（6）：219-222.

❷　胡惠林. 非传统安全与中国国家文化安全研究新范式：兼论"第三种安全"［J］. 新疆师范大学学报（哲学社会科学版），2012（4）：2-3.

❸　冯刚. 提升大学文化建设水平 服务文化传承与创新［J］. 2012年高等教育国际论坛论文集，2022：43-45.

（二）增强文化自信，用优秀传统文化夯实文化安全的根基

民族传统文化是一定的民族在长期的共同生活和生产中的文化沉积，是民族的"原始地层"和共同的"集体记忆"。杨叔子说，没有先进的科学技术，我们会一打就垮，没有人文精神、民族传统，一个国家、一个民族会不打自垮 ❶。一个民族如果失去了先进的科技可以导致亡国，而一个民族失去自己的民族文化可以导致亡种 ❷。

文化自信是民众对自身文化价值系统的充分肯定与坚守，是文化传承创新的前提，是保护好文化安全、推动文化繁荣复兴的内因，也是中华民族实现伟大复兴的必要条件之一。文化自信的关键是对传统文化的自信，长期以来，中国人民对我们的伟大的文明和文化感到骄傲，也充满自信。全球化的浪潮不可逆转，改革开放还将继续，我们国家在快速发展的同时，西方文化仍将涌入。西方文化虽然为我们提供了世界文化信息、文化资源、现代科技成果和学术成果，拓展了我们的思维空间，丰富了我们的想象力和创造力，但我们绝不能只做西方文化观念的模仿者、传播者，必须是立足于本民族的文化传统，植根于民族的沃土，创造出崭新的中国特色社会主义的大学文化 ❸。大学要借助于先进的技术、创新的方法和手段，增强中华优秀传统文化研究与传播力度，使中华优秀传统文化在新时代焕发生机活力，成为捍卫文化安全的坚强卫士和坚固底盘。

我们理应拥有文化自信的充足底气。在人类文明史上，中华文明是从古代存留至今的文明，中华文明对世界文明产生了重要影响，做出了巨大贡献。首先，中华文明创造了发达的古代物质文明，中国是世界最早的农耕文明发祥地第一，浙江良渚文化遗址的发掘，更加证明了我国早期农业文明的发达，石犁、石镰等农用工具的使用，玉石制作、制陶、木作、竹器编织、丝麻纺织等原始手工业的发展，都达到了较高水平，良渚遗址的发现，实证了中华五千年文明史。2019 年，良渚古城遗址申遗成功。良渚文化还有许多未解之谜，对它的持续发掘研究是中华文明探源工程的一项重大课题。我们的先人创造了无

❶ 杨叔子. 一个民族不能没有文化身份证［EB/OL］. 广州日报大洋网.

❷ 张其学. 民族传统文化与文化安全［J］. 广东社会科学，2009（4）：46-51.

❸ 李长真，牧士钦，白清平. 关于推进我国大学文化创新问题的几点思考［J］. 理论导刊，2017（1）：10-104.

比辉煌的物质文明，在《中国科学技术史》序言中，李约瑟先生说❶："谁要是不嫌麻烦，从头至尾读完这本书，我相信他会惊奇地看到，欧洲从中国汲取去的技术是何等的丰富多彩。"

中国更创造了辉煌灿烂的古代精神文明，研究中国问题的专家费正清认为："对于艺术、文学、哲学和宗教领域的学者来说，中国的传统社会是西方文化的一面镜子，它展现出另一套价值和信仰体系、不同的审美传统和不同的文学表现形式。对于社会学家来说，中国在人类学、经济学、政治学、社会学及历史方面的文献记载，就某些时代和某些领域而言，远比西方丰富、翔实。"❷中华文明对亚洲文明甚至世界文明的发展产生了重要影响，尤其是整个东亚、东南亚文化圈，追根溯源，其文化源头都是中华文化。后来中华文化逐渐传入波斯、阿拉伯、欧洲、非洲等。中国的精神文明，对欧洲的启蒙主义运动产生过巨大影响，伏尔泰在其著作中曾经说❸："我们绝不应该站在欧洲人的立场上，来对这个民族的历史加以评头论足，因为我们还处于野蛮年代时，这个民族就已经具有高度的文明了。"法国著名汉学家安田朴认为❹："在西方文艺复兴和工业革命之前，中国文明非但不比欧洲文明逊色，反而还要先进得多，中国对全世界、全人类做出过巨大贡献，以至于今天的西方文明中仍有借鉴华夏古老文明的成分。"

世界文化是多元的，各个民族的文化也是独特而丰富的，都是世界文化的重要组成部分，但因为各国综合国力的差异，各国文化所表现出来的势能是不对等的。随着世界的开放程度越来越大，有的国家借各种机会实行文化霸权主义、文化殖民主义，在文化不对等的交流互动中，文化处于弱势地位的国家往往会表现出不自信，对本民族文化的保护意识欠缺、保护能力不够。这种不自信的文化心态、不正确的文化态度会造成国家文化的不安全，文化的开放性不能代替文化的独立性，要防止民族虚无主义造成对传统文化的破坏。对于中国文化我们经常用博大精深、源远流长、包罗万象来形容，的确是一座巨大

---

❶ 郝建平. 中华文明在世界文明史中的地位［J］. 天府新论，2006（2）：121.

❷ 费正清. 中国：传统与变迁［M］. 张沛，译. 吉林：吉林出版集团，2013.

❸ 苏建国. 建构中国先进的哲学文化 注重东西方哲学的互补［J］. 理论学习，2006，（2）：22-24.

❹ 安田朴. 中国文化西传欧洲史：上［M］. 耿昇，译. 北京：商务印书馆，2013.

的精神宝库。青年们对于中华传统文化要有正确的认识态度，青年代表了国家的未来和希望，正处于世界观、人生观、价值观形成的关键期。加强中华传统文化的传承创新，增强中华文化自信的重任，落在了一代又一代青年人身上。

（三）重视科技发展和文化创新

从深层次、从战略层面来看，要从根本上解决文化安全问题，必须大力实施创新驱动工程。首先是技术保障创新、科学研究创新。在文化保护方面，我们同样要坚持"科技是第一生产力、创新是第一动力"的理念，只有国家综合实力增强了，构筑起强大的科技防护屏障，文化才能得到真正的保护，弱国无文化安全。大学是网络入侵的高发地，大学要通过自身技术投入以及和社会相关部门的协同，提升准确捕捉和快速处置网络风险的能力，大学是科技、人才资源高度集聚之地，部分有条件的重点大学要承担国家使命，争取建立高水平的实验室，借助于最新的信息领域的科学技术，在网络风险防范、监测方面建立主动性，有效预判文化安全发展态势，做好应对和反制措施。其次是用科技推动文化产业创新发展。文化产业创新有利于为文化发展创造良好的物质基础，激活文化事业整体的生命力和创造力，激发民族的创新精神，确保国家文化创新能力的整体提升。在四大文明古国中，中国文化以顽强的生命力发展并延续下来，创造了世界文化史上的奇观，其奥秘也来自中国文化所固有的"自强不息、求变图强、日日维新"的文化精神和不断吐故纳新的文化创新活动❶。

当前社会经济进入了高质量发展阶段，文化产业的发展也需要摆脱传统的模式，需要借助科技创新、体制创新，实现文化产业的高质量发展，从而提高国家文化软实力，提高文化产业的国际竞争优势。我国文化产业相对于其他产业，起步较晚，整体实力偏弱，如果没有创新的机制和思维，很难实现弯道超车。令人欣慰的是，我们越来越重视，也有了一定的基础。文化资源十分丰富，这是我们创新的基础前提，我国文化资源是一座"富矿"，可以为持续创新提供丰富内容，也为文化产业发展创造了巨大空间。我国科技赋能文化，推

---

❶ 郝良华. 论全球化背景下中国国家文化安全与文化创新［J］. 理论学刊，2004（10）：106–109.

动文化产业跨越式发展，已经有了卓有成效的探索，在文化科技融合、数字文化产业、电商经济、网络文化娱乐平台等文化产业新业态方面，表现出强大的动能，呈现强大的经济活力。比如融媒体时代催生的短视频行业佼佼者"北京字节跳动科技有限公司"，其旗下的 TikTok 短视频平台（抖音国际版）短短几年时间迅速风靡全球，应用软件全球范围下载量约 20 亿人次，在对外传播领域具有强大的影响力。大学要发挥人才和科技优势，基于国家文化发展规划，以移动互联网、大数据、区块链和人工智能等现代高新技术为支撑，与市场结合，研发出更多具有国际竞争力的文化产品❶，政府、大学、行业、企业多方联合推动，形成鼓励文化传承创新的机制制度，让中国文化产业的发展展现新的活力、呈现新的气象，努力推动文化产业向科技化、集群化、规模化、专业化和国际化方向发展。

（四）重视国际文化交流

国学大师季羡林先生认为"文化交流是推动人类社会前进的主要动力之一"，"三十年河东，三十年河西论"和"东西方文化互补论"是他对东西方文化的一种论断。大学不仅是文化传承创新中心，还是国际文化交流和融合的中心。在全球化、国际化日益深入发展的今天，高等教育领域的国际交流日益活跃，大学通过学术交流的渠道和形式，在研究、消化异质文化和弘扬传播中华优秀传统文化、社会主义先进文化方面具有独特的作用❷。因此，重视文化安全并不意味着闭门造车、保守封闭，相反，随着国家更高水平推进对外开放，文化的交流与互动将越来越频繁、越来越深入。

在正确处理大学文化对外交流与大学文化安全的关系上，要主动适应经济全球化的形势和世界多元文化发展态势，充分加强文化交流与互鉴。一是要加强人才之间的交流互动。在有条件的情况下，要鼓励支持大学教师和学生要通过进修访学、学术交流、学习交流、留学等走出国门，开阔视野、兼收并蓄、博采众长、吸收借鉴、为我所用，不断丰富和完善我们自身的文化认知水平。中国的大部分综合性大学也都招收国际生，不同国别的学生在一起学习工

---

❶ 张文元，范青. 融媒体时代维护我国文化安全的路径研究［J］. 理论月刊，2021（9）：95-103.

❷ 李晖，冯晓莹. 大学·文化·传承·发展：大学在文化传承与创新中的作用［C］. 天津市社会科学界第八届学术年会优秀论文集（中），2012.

作，客观上也促进了国家与国家之间的文化交流。大学在对外国留学生进行教育培养的过程中，要让留学生感受中国的文化魅力，使他们成为中国文化的宣传者、中国故事的讲述者，成为中外文化交流的重要力量、重要桥梁。二是要坚持文化走出去。要让中华经典文化活动、文化产品走出国门，对外传播中华优秀传统文化，讲好中国故事。总体来讲，我国当前还缺少比较优秀的、能够走得出去的"既叫好又叫座"的精品文化作品和文化活动，需要不断努力。新媒体、新科技、新平台的出现，也许是能够实现弯道超车的最佳途径。比如"数字敦煌"资源库英文版上线开放，踏"云"走向世界，短时间内其访问用户就涉及 70 多个国家，访问量超过千万人次。

2020 年 10 月，国家对三星堆祭祀区 6 个祭祀坑的考古发掘工作全面展开，截至 2021 年底，共出土编号文物一万多件，黄金面具、顶尊人像、青像方尊、大面具、神坛模型、跪姿铜人等众多文物出土震惊全球，国外主流媒体纷纷报道，抖音上关于三星堆话题总播放量达到 2000 余万，外国网友无不惊叹中国数千年历史的丰厚底蕴与独特魅力❶。2021 年中央广播电视总台策划推出了大型原创文化节目《典籍里的中国》，节目对《尚书》《论语》《孙子兵法》《楚辞》《史记》等享誉中外的经典名篇进行创新的呈现，使闪耀古老东方智慧的经典引发海内外网民强烈共鸣热议。

现代大学与生俱来的国际性格，使它可以超越国家和文化的边界成为世界文化和学术的交流中心，在促进各个国家、民族文化间的沟通、交流、借鉴、认同、融合等方面发挥着重要作用❷。大学要通过国际交流，发挥自身优势，加大文化宣传。比如广州大学就积极利用与意大利帕多瓦大学共建的孔子学院，每年举办一些传播中华优秀文化的主题活动，如配合意大利"中国文化年"举办了"中国宣传周"活动，举办"东方雅韵"主题活动，在端午节、中秋节、春节等节日举办中华文化展演活动等，起到了在国外传播中华优秀文化的积极作用❸。

---

❶　《2021—2022 中华文化国际传播十大案例》发布［EB/OL］. 中国日报网.

❷　李硕豪，刘立宾. 现代大学的文化传承与创新功能及其实现［J］. 扬州大学学报（高教研究版），2012（4）：18–22.

❸　屈哨兵，纪德君. 以大学为核心构建中华优秀传统文化的传承体系［J］. 高教探索，2017（5）：22–25.

中国现代化大学既要立足中国办大学，传承中国文化，弘扬中国精神，构筑中国气派，又要具有人类意识和世界眼光，牢固树立人类命运共同体意识，更加开放自信，大气包容，开拓创新，善于吸收借鉴，勇攀高峰，争创一流。因此，中国大学要积极开拓更广泛的国际文化交流平台，参与中国文化的国际推广工作，坚持"引进来"和"走出去"相结合，妥善处理外来文化与本土文化、现代文化与传统文化的关系，妥善处理借鉴、吸收外来文化与积极传播中华文化的关系，做到视野开阔而不盲目媚外，与时俱进而不忘继承传统，引进吸收而不忘传播自我❶，在发展中找好定位，保持独立，在包容中不断创新，培育出自己独具特色的大学文化，保持大学精神的与时俱进，使大学能真正成为文化传承创新的坚固前沿主阵地。

---

❶ 李硕豪，刘立宾. 现代大学的文化传承与创新功能及其实现. 扬州大学学报（高教研究版），2012（4）：5.